SCIENCE
&
CULTURE

科文经管

SCIENCE & CULTURE
科文图书
www.beijingkewen.com
科文变革领导力系列

# 6个月扭亏为盈
## The Six-Month Fix
## 企业变革大手术
## Adventures in Rescuing Failing Companies

[美]加里·萨顿/Gary Sutton◎著
燕清联合 ◎组织翻译

中国劳动社会保障出版社

**著作权合同登记号：图字 01-2004-5227 号**

**图书在版编目（CIP）数据**

6个月扭亏为盈：企业变革大手术/（美）萨顿（Sutton，G.）著；燕清联合译. —北京：中国劳动社会保障出版社，2005

（科文变革领导力系列）

书名原文：The Six-Month Fix：Adventures in Rescuing Failing Companies

ISBN 7-5045-4988-6

Ⅰ. 6… Ⅱ. ①萨… ②燕… Ⅲ. 企业管理 Ⅳ. F270

中国版本图书馆 CIP 数据核字（2005）第 010673 号

The Six-Month Fix，by Gary Sutton

中国劳动社会保障出版社出版

**中国劳动社会保障出版社出版发行**
（北京市惠新东街 1 号　邮政编码：100029）
出版人：张梦欣
*
**北京科文剑桥图书有限公司承销**
（北京安定门外大街 208 号三利大厦　邮政编码：100011）
**购书热线：010-64203023**
*
中国纺织出版社印刷厂印刷装订　新华书店经销
787 毫米×960 毫米　16 开本　23 印张　330 千字
2005 年 5 月第 1 版　　2005 年 5 月第 1 次印刷
**定价：58.00 元**
**读者服务部电话：010-64929211　发行部电话：010-64911190**
**出版社网址：http：//www.class.com.cn**

# 前言

如果你是一位被生意搅得焦头烂额的首席执行官（CEO），希望我们永远不要见面。

我是企业挽救人员，我要是来了，你就得走，然后利润才能重现。本书将告诉大家如何避免这种尴尬。

也许你比我聪明，对你所在领域的熟悉和理解远胜于我，又或者也许你是公司的高级行政长官，我的优势在于，我曾经挽救过若干家公司。我从不固执于不切实际的幻想，也从不犹豫于一些事务的变革。不只是我，任何一个心眼明亮的人都知道，在讨厌的债权人关掉你的公司大门之前，要做一些富于理性又显而易见的事情。

作为局外之人，我们看惯了破产和追债的事情，因为没有感情包袱，所以在找到调整办法之后，我们这些人更能大刀阔斧地实施变革。变革伴随着痛苦，这会让你觉得不舒服，毕竟你对自己的事业就像对自己的孩子，虽然它现在步履维艰，但你仍感情相系，心怀不忍。我们会帮你规范这孩子的行为，训练他的素质，最终挽救他。可能不久之后，我们会为公司的成长和成熟举杯相庆。那是后话，现在你要做的，就是靠边站。

如果你对我的可信度表示怀疑，请你翻到第68章，这里汇集了从1980年到本书付梓的2002年期间我的全部经历，包括我在担任从CEO、创业者到董事长的每一个职务时所做出的业绩，这些基本上都得到过媒体和公众的报道。你将会看到我所从事的诸多行业，包括垃圾拖运、卫星通信、建筑行业、零售广告、航空航天制造、印刷、私立大学、防贼报警器销售和数据存储业务。当然，绝对完美的业绩是不存在的，但至少每个投资商都亲眼见到他们的企业如何很快地遏止亏损，或者如何使利润跃居行业水平之上，有些还狠狠赚了一笔。有些人比较幸运，有些人就相对差些。我也不能确定是哪条规则起了作用，可每次总有些基本的法则和技巧是不变的。

在8个行业内担任挽救CEO的经历给了我超乎寻常的视野，是的，我能洞察一英里宽、一英尺深。你会认为自己的业务和别人的不一样，是独一无二的，基本上每个人都会这样说，但是很遗憾地告诉你，你想错了。我在本书列出的若干技巧具有普适性，如何应用就依自己的状况而定了。

1. 假定你是一位董事长、股东或者CEO，如果你的公司正在亏损，而且照现在的速度亏损下去不出一年就会破产，那么朋友，请不要阅读全部章节，因为你没那么多时间，直接去看那些目录中标有“*”的章节，在这些章节中我将专门谈论如何挽救公司颓势，并告诉你如何为公司“止血”。依计行事，不出6个月，你的公司一定会境况好转，摆脱亏损，稳定财务，让那些久违的微笑重现。如果你是CEO，你还要做更多的事情，就是把书中的理论和具体的行业实践相结合，这样你的公司就会重新焕发朝气了。
2. 如果你现在的生意不赚也不赔，或者获利微薄，在残酷的竞争中被对手逼得喘不过气来，就略过谈挽救的部分，直接去看除后3章外以及标有“※”的其他的章节。这52个管理法则简单易懂，每章的最后都有三个具体的行动步骤，每周只要把其中一章的精义应用到你的管理实践中，一年后你就会做出不俗的业绩，你的公司就会像印钞厂一样的挣钱，并体会到“一切尽在掌握”的成就感。我个人对那些业绩平平、不赔不赚的企业的深深担忧，远胜于那些正在亏损中挣扎的企业，因为这些企业在看似风平浪静的港湾休憩，实则暴风雨即将来临，亏损的阴影日益逼近却毫无察觉和防范。这样的企业一定要为将来的成功做充分的准备，否则后果不堪设想。

3. 如果你正大把大把地赚钱，利润持续增长，那真是太好了（如果你能垂青本书，我真是感激涕零）。或许你会比其他的读者更能体会书中的真义，百忙之中，抽出闲暇，或大快朵颐，或慢咂细品，相信书中的故事和道理一定让你爱不释手，读罢方休。书中带有＊号标题的是关于挽救行动的，除此以外，除却后3章的其余部分是关于利润增长的。嗨！商场上的赢家们，看我为你们奉上的美味大餐。

遏止亏损和提高利润，如同日与夜、冷与热、阴与阳，相伴而相生，相辅而相成。如果把企业再生视为打铁匠的工作，火星四溅，丁当作响，力量凝聚，手臂挥舞，功成而忽寂，再塑而重生；那么，提高利润就是钟表匠的活计，沉着冷静，细微谨慎，专业规范，三思后行。前者是挽救经理人的强项，后者是专业经理人的天地。同样是锻铁造物，两个不同的职业舞台需要迥异的心态、速度和领导力。

要想挽救你的业务，就要请专业的公司挽救人士，局外人才能心明眼亮。可是林子大了，什么鸟都有，挽救人员当中，有些是为债主工作的，有些则是为股东做事的。即便是那些久经沙场的专业人士对两者的区别也是一知半解，更不用说那些晚生后辈，他们可能都没有意识到其中的差异。如果不明白这个区别，所思所想、所作所为就很成问题，结果也很难和公司的目标一致。本书在谈论公司挽救问题的章节中会告诉你两者之间的不同，并教你怎样识别骗子。

噢，是的，有很多的骗子。一旦董事会或者公司所有者因为持续的亏损而陷入僵局，这样的骗局就会出现，失业的 CEO 们打来电话，接着是那些号称专注于扶危济难的高利贷者，在公司债台高筑的时候，把公司推向更可怕的转抵押借款人的盘剥深渊，然后公司就只能在生意的冰川寒流中祈祷复苏……你从书中会清楚地看到他们的骗术是怎样得逞的。

另外一个陷阱，似冷风般平常，就是即使最好的企业挽救经理人也不能领导好被挽救的企业，灰姑娘不能在舞台上跳得太久，否则午夜过后，就会变得异常丑陋。我们在第 17 章论及了此类窘况。

如果你的生意不错，就算是不赔不赚，也千万不能有一丁点儿延请挽救经理人的念头。

你所要做的是巩固你的利润。大多数挽救经理人在利润回升之后的时期遭遇了失败，他们总是庆祝得太早，而忘了把企业带到下一个环节，这就是我为什么要花52章的篇幅专门讲如何增加利润的原因，它将会引领你走过修复期，把企业提升到新的高度。

这个重建利润的部分实行起来很容易就会花上一年的时间，相比之下，挽救行动往往只需要短短的6个月。

如果这听起来速度太快，难以置信，那就是你的问题了，我没有理由戏弄大家。那将是一个需要两种不同类型管理人员处理的创伤，只要能使公司从一个失败者转变成一个成功者，一定程度的动荡和混乱都是可以容忍的。

摆脱失败，赢得成功。看到你的属下在胜利带来的甜醉的微风中自由呼吸，总比把每个眼神茫然空洞的雇员都带进散发着尿骚味的、到处都是嗜血的蛆虫的棺材，然后埋进失败的坟墓里好吧。好了，好了，一次的失败不能断送所有人的终生前途，但是声誉的重建、自尊的再生、生活方式的改变又要花去多少年？不仅如此，顾客受到伤害，股东蒙受损失，银行家承担亏空，想想看，由于你不能缴纳足够的税金，连我们理应缴付的养路费、建校费、国防保障费都交不起，你就彻底成了社会寄生虫。

失败是我们所不愿看到的，让我们杜绝失败。

# 目 录

# 第1章 FIRST STOP THE BLEEDING 先止血

首先声明，我们不是在讨论脑外科手术。

一个失败的公司恢复元气大概要花上 6 个月左右的时间，这个过程的确让人心忧如焚，整个挽救行动最好或者可能只有在某个新人的带领下才能成功。正因为外人与公司之间存在着距离，没有感情上的顾虑，所以行动起来才能毫无掣肘，快速制胜。

在开始其他行动之前，你必须先“止血”。如果生意上尚未达到收支平衡，管理就无从谈起。当机构正在亏损的时候，投资方、银行家、贷款人有协助管理的权利，可这种协助往往于事无补。

请不要让你的行动方案偏离了解决亏损这条主线。首先要做的是降低你的成本。

我们无法控制收益和利润，不是吗？的确，我们试图去控制，然而我们的客户在销售额和涨价幅度方面的影响可不是一点点，所以我们只有把成本压得更低。除非你的生意十分罕见，比如说增加销售额却不增加费用；或者你的情形很怪异，新业务的增加会提高平均价格。如果不是这样，就不要骗自己说更多的销售额会从根本上解决你的问题。

请你暂时忘掉那些漂亮的计划以及“包治百病”的新产品，或者是臆想将会有来自某位未知客户的大额新订单。先遏止住负向的资金流，在你现有的基础上想办法。唯有如此，你才能更加理性地思考下一步的部署，才能按照自己的计划更加明智地行动……当你收支平衡时，你要从最后一次失败的业务开始，更加细致地分析将要面临的下一个风险。当你摆脱了失血的境况，最终实现了收支相抵的时候，重新审视原来那些光鲜大胆的想法，似乎并不是那么有前途。

停止亏损，要做两件事。下面我们一起看看这份1995年我挽救经历中真实的年度报告，你可能会发现这两个必要的步骤。

**1995年9月11日**

亲爱的骑士保安（Knight Protective）的股东们：

我现在宣读的是最后一次年度报告。你们的低期望加上我的糟运气，使得今年成为盈余的一年，并且也到了卖掉它的时候，事实上我们也这么做了。

骑士保安自从营运以来净利润超过了200万美元，我们把公司的控制权卖给了第一保安（Protection One）公司，把商标、一项专利和租赁物改造部分卖给了美国电报电话公司（AT&T）的一家分销商，然后把两项新的专利特许使用权授权给了业内领先的制造商和销售商，为此我们又增加了1 200万美元的收入。

除去税收和各项零碎的开销之后，你们收到了有一堆“0”和逗号的支票。现在这是第二张，也可能是最后一张——这就看近期的销售订单了。你们也许还会收到一张，不过都是些用来支付零星碎肉和油炸糕点之类的开销，对不起，不包括可乐的费用。

像分奖金这类鸡毛蒜皮的小事成了我的工作，那种似曾相识的感觉再度重温，所以，明年本CEO希望到别的地方讨生活，其他任何地方。

必须承认，这是一份不够严肃的年度报告。

要是在我对骑士公司历史存有偏见的情况下，没有成功地挽救你们的公司的话，我现在敢这么做吗？

这个危机四伏的公司在1989年就亏损了350万美元，在那之前的几年亏损了800万美元，在我1990年出任CEO的时候，倘若不算股票之类的报酬，公司剩余的现金只够支付6个月多一点的工资。

在我的职业生涯中，我还从来没有遇到过比这更具挑战性的工作。

我们加州公司的经济状况使每项恢复工作变得甚为艰巨，而雪上加霜的是，报警系统的平均价格从3 200美元降到了1 800美元，更增加了这次挽救行动的难度。在我加盟那年，我们那些胆小如鼠的审计师拒绝给出公司尚在发展的证明，结果美国通用人寿保险公司（American General）和霍姆财团（Home Finance）拒绝了任何与骑士相关的贷款申请。

1989年，员工流失的比率一度高达380%，3个分销商控诉骑士有欺诈行为，AARP委托制作的独立测试结果显示，我们最好的产品属于行业内最差的那一种，但是在价格上，骑士保安公司绝对堪称领头羊。骑士公司最大的两位股东，一位是中西部公共退休养老基金组织，一位是合伙人落基山公司（Rocky Mountain），在1990年到1994年间彼此控诉，纠缠不清，分散了不少的精力，让我不胜其烦，仅在法律事务费支出上，就达400万美元之巨。他们到底在吵什么呢？吵的是究竟谁拥有骑士公司的控制权，还是最后谁争到了控制权呢？没有。可笑的是，他们彼此都坚持认为对方应该拥有这家放射着诱人光彩的公司。

还有呢！

我在骑士公司召开的第一次董事会议上，发现其他的董事会成员的态度很奇怪。是的，特别是对我。原因是什么呢？很可能是我的新老板，也就是主席先生，和我之间不断升级的争吵，很可能是因为他批准的决议上说任何董事会的花销我只有说"是"的份儿，而我对此极力反对；也有可能是我没有对主席先生的背景表现出足够的敬畏，对了，他可是前国会议员，掌握着数以亿计的养老基金，在20世纪80年代，令人尊敬的共和党领导人为他的书作过序，政绩卓越的民主党首脑也曾主持过他的理事会。

天啊！不说这些了。就算是一头受过培训的黑猩猩也不会看不出这个家伙身上的缺点。他从两个党派那里都获得了足够的支持，希望从政治方面寻求一些恩惠，这本身就能说明一些问题了。

所以我必须采取行动了。我从大股东之一的退休基金会那里拿回了董事会的委任书，把他们全部开除了，包括董事会的主席。这简直是一次棘手的外科手术。

一年之后，这位前董事长把纳税人的6 700万美元放错了地方，在第一次向公众做出解释以洗刷清白的活动进行之前的两个星期，被人用38口径的枪朝上身打了4枪；另外一个执行董事成员被送进了科罗拉多州（Colorado）的监狱，现在整天做着打石块的工作；第三位执行董事正被证券交易委员会（SEC）指控；第四位正在申请破产。真是一个世界超级董事会，难道不是吗？

这些绝对不是骗人的鬼话，我可编造不出这么动听的故事。

这些给我们骑士保安的员工带来什么样的影响呢？我很荣幸地在此汇报，在我们的团队之中，我们发现了真正的"企业家"。比如，北加利福尼亚地区的安装人员，竟然夜间到客户家里行窃；奥伦奇的办公机构做起了可卡因的生意，赚了不少钱。做这些勾当挣的钱显然要比每月收取的报警监控费多得多。噢，对了，我们的两位高级副总裁还注册了一家假公司，有趣的是，这个假公司竟然成了骑士保安公司增长最快的一家经销商，我们竟然和一家假公司签了那么多的大额订单，从他们那里接货，而且还欠了他们不少钱，太滑稽了。这两个混蛋当然不敢公然催缴欠款。在这样一个千疮百孔的公司体系中期望公平和公正简直是不可能的。尽管如此，骑士保安还是有一批真正的“脊梁”，依靠他们的帮助，在我到任的上半年就使公司实现了资金的正流向。

只有止住了“血”，你的思考才会变得更加顺畅从容。

此前的几份年度报告也说到了一些情况，我们的员工不断地超越和刷新以往的各项记录。骑士保安一直以来拥有一项几乎是独一无二的监控技术，称做“双声道”，为公司带来了不菲的利润。管理层迅速抓住了工作的主线，力排干扰，集中精力在“双声道”上面，结果和每次发生的一样，一切变得好了起来。取得利润的同时，也赢得了新的客户。

“你都做了些什么?”一位惊讶不已的股东问道。

“没什么。”我回答。

首先声明我不是搞核子物理的，我只不过从满满一袋子的悲剧因子中找到了一个正粒子，集中精力在上面，然后带动了其余的转变。你如此盛赞，我不能欺骗，的确就是如此简单。

你们都是在不同的时间以不同的价格投资我们公司的，也感受到了不同的回报。从公众报道中我们得知，退休养老基金组织在1991购买的骑士股票，仅在去年就取得了600万美元的现金收益。应该说，业绩还不错。

皆大欢喜的结局，并非总是充满欢笑。正如某人所说“为了保持心智的健全，我必须做一些更有挑战性的尝试”，在这五年期间，我还协助别人开展了其他的一些业务。这些业务的确和骑士保安没什么关系，也没有什么值得惊喜。因为一些股东还不知道我兼任的第二份工作，另外一些对此很感兴趣，曾经问过我这个问题，在此我向大家做个详细说明。

所谓的其他业务，就是我在1989年与人合伙开办的一家公司，计划开发基于卫星的通讯网络，为全球为数不多的高新技术领域提供服务。为了满足这个需求，这个项目必须能够：

1. 发射840颗低轨道卫星；
2. 获得全球许可，包括从阿尔巴尼亚人、蒙古人、佛教徒、穆斯林，甚至是法国人那里获得许可，允许卫星进入他们的领空，让信号在他们的国家传播；

3. 根据目前的成本商议发射事宜；

4. 在天线接收技术方面的论证、投资和攻关；

5. 开发砷化镓芯片技术；

6. 实现声音信号包的快速交换。

小菜一碟，是不是？顺便说一下，这个项目的启动资金要 90 多个亿美元。注意，这里是“亿”，想想看“9”的后面有好多个“0”，好像一碗大蚕豆。完成了这 6 项任务，投资人就可以看到 Teledesic 的正式启动运行了。

是我的一位疯狂的风险投资商朋友构思了这个伟大的计划，我将面对更多的投资人，赢得他们的适当反应，这一切都是为了一个目的：这份计划中的卫星通讯网络将开辟新的市场，能够提供以分钟计的成本收益，以及提供其他的所谓信息高速公路架设技术所不具备的任意可能的带宽（你们知道信息高速公路是什么东西吗？我也不知道）。

所以我和他一起列举出了大概 100 个可能的投资者，每个都是亿万富翁，财大气粗、有着超强的鉴别力。我们两人鼓足勇气，整理了一下思路，做了几张幻灯片，列了一张表格，然后把我们的想法展示给最先要见到的 3 个人。

“好的”，“对”，“是”，他们都是这样的反应。我们设想了一万种可能，也没想到事情会如此顺利。

形势一片大好，在这种情形下，我们竟然拒绝了一家投资商，因为我们已经得到了足够的资金进行可行性研究和最初的创业。

在随后的几年里，航空航天、电话通讯和资本运作方面的领先公司纷纷递来橄榄枝，有些还表现得十分热忱，还有一些公司直接送来了支票。这简直就是一次绝无仅有的商业传奇，在《坚船不沉》（*Tight Ships Don't Sink*）的 215 页～219 页详细地叙述了这个故事。西蒙—舒斯特出版公司（Simon & Schuster）出版这本书时，我还不能确定那些金融大鳄是否会对 Teledesic 感兴趣。如果你想知道详情，就从书店订购吧，这可是本畅销书，它带给我的版税足够让我当个好纳税人了，而且也不贵，只卖 15.95 美元。下个月它的精装修订本将会出版，其中更新了关于 Teledesic 的故事，还加上了关于骑士保安公司的一章内容，不过名字改成了《利润的秘密：CEO 实战》(*Profit Secrets from a No-Nonsense CEO*)，价格也卖到了 21.95 美元。这本书的确值得一读。

不管怎样，克雷格·麦考（Craig McCaw）同意投资；比尔·盖茨

(Bill Gates) 紧随其后，在1994年也为Teledesic投入了资金。他们的加入引来了媒体的极大关注，Teledesic一下子成为了公众舆论的焦点。1994年10月份，《福布斯》(*Forbes*) 杂志的科技版ASAP，登载了一篇长达10页的专稿，比较了Teledesic和摩托罗拉的铱星（Motorola's Iridium）计划、通用/休斯的空间之路（GM/Hughes's Spaceway）计划、高通公司的全球星（Qualcomm Globalstar）计划。这里引用其中乔治·吉德（George Gilder）的一段话如下：

"摩托罗拉应该现在就加入Teledesic，不能再等了。"

"从目前的趋势来看，全球星计划很容易成为胜者，但是Teledesic能够把电话和计算机宽带服务绑定在一起，所以用不了多久，Teledesic就会超过全球星；铱星计划的代价太为昂贵，而且提供的带宽也太小；空间之路正在趋于成熟。未来10年的赢家应该是Teledesic。"

"Teledesic对整个世界的影响将与麦考对蜂窝技术和盖茨对软件业的影响相提并论。"

噢，说起这些总是让我呼吸急促，可是高科技领域可没有漂亮的大灌篮，不可能毕其功于一役。Teledesic业务的快速增长还是快速衰落，你完全可以有自己的判断，对于每年耗资数百万美元的议员游说活动，我们这些老家伙肯定是不合适了，所以在自讨没趣之前，我还是远远地站在局外，做一个小小的股东，让那些有着高雅社会交际手腕和华丽衣装的年轻天才去抛头露面、冲锋陷阵吧！

是不是很难过呢？不，一般吧。可能会比较难过。比如，如果设身局内，我也许现在正在和华盛顿的某位政府官员一起喝着夏敦埃（Chardonnay）呢，但是这种管理权的转移，会让我远离政府里那些呆头呆脑的怪人们，这样彼此都会比较舒服，避免不必要的尴尬和冲突。

所以，去年夏天我搬到了位于基督教堂附近的牛津大学宿舍，开始研究罗马历史，凯撒大帝、王后、王子的故事占据了我的大脑。我故地重游，是为了寻求一些新颖的思想见解，给自己一个提高的机会。现在我的学业快结束了。

如果你认识

1. 一个陷入困境的公司的不上班的业主
2. 一个差劲的资本投资商
3. 一个从事投资的银行家
4. 一个注册会计师事务所的合伙人

5. 一个来自外部的主管，在几个董事会任职

那么你还会把这份报告转交给他么？

他们可能会比较感兴趣，也可能会打电话给我。在我的辅导下，总可以让他们那些不及格的学生通过考试，这是毫无疑问的。

请放松，千万不要认为我在暗示你去做些什么。如果你的联系人有所反馈，在我们见面之前，我会寄给他们一些剪辑和年度报告，以证明我在愚弄那些审计师、媒体和华尔街方面的能力，还有一份详细说明材料，列举了西部最大的印刷厂在我担任CEO的1980年—1986年达到平均每年增长30%的利润收益，仔细观察你会发现，30%的业绩是在举债经营下获得的；1986年—1988年，在我加盟普华永道（Price Waterhouse）的那个时期，他们的PC零部件业务回报在10年亏损之后上升到接近行业的最高利润记录，后来被行业内排名第一的公司以不菲的价格收购；1988年—1989年，在我担任安永国际公司（Ernst & Young）的主席期间，扭转了他们航空业务急剧恶化的亏损局面，后来这家公司也被收购了。从那以后，就是我的Teledesic公司和骑士保安生涯了。

要是你的某位熟人对于我们严肃谈论的话题感到惊讶，我还可以提供给他们下面的材料：

1. 1964年—1989年间，我为之工作过的每一位主管或股东的访谈录，这是几年前由一家十分热心的西部基金组织资助下的调查公司制作的；
2. 关于我的两种截然不同的心理剖析，这是LBO的投资者在20世纪80年代搞的。

这些材料可能会干扰他们的正常工作，我也不知道会带来什么。有些人更喜欢看第二项。除此之外，它会让你摆脱看不见的钓钩，不过我从不提供咨询，我需要完全的控制，拿适度的工资和利润增长的20%，1 000万美元基本上是个回报的下限，对我来说，多一些会更好也会更轻松。

世上没有轻松愉快、稳健无忧的买卖，只有创业的艰苦或者是注定的失败。

谢谢各位在骑士公司给我的支持，看到生意这么好，大家都有钱赚，我就放心了。好了，好了，啰嗦这么多，我都有些吃惊，甚至目瞪口呆了。

加里·萨顿

**在我5年的任期内，公司的股东们在股票上平均获得53倍的现金**

收益，我的银行个人账户也表现不错，而且工作十分轻松，我还有闲暇写上一两本书，同时开创了 Teledesic 公司，顺便说一下，Teledesic 公司从最初在机场餐巾纸上的胡乱涂鸦开始，便一发而不可收拾，到现在已经有 10 年了，在这 10 年内公司的市值已经高达 30 个亿。

有些人问我骑士保安是不是真的如我写得这么糟糕。我的回答是“不”，实际上比我写得还糟糕，但是我不愿意再多泄露任何可能引起恐慌的材料。公司的糟糕境况，恰好是我十分珍视这份机遇的原因。其实寻找这样一个机会真的不容易，只有拯救了这样的公司，才是“沧海横流，方显英雄本色”，换句话说，你根本不必担心结果，因为对于坏到极点的公司，你每做一件事都会让事情变得更好，况且这里的管理简直就是一团糟，所以顺藤摸瓜，一点一点地解决问题，你一定会给公司增添很多起色。

这也是为什么真正厉害的挽救人士总是寻找特别糟糕的公司。在这样的公司里面，大家的期望值几乎为零，而且外界的干扰也降到了零点，业主和债权人都已经是惊弓之鸟，当你傻乎乎地要一肩扛住下滑的巨轮时，他们早就乐癫癫地躲到了一边，这样你就会以最小的阻力实现最快的转变。

在骑士公司，我们做了两件最寻常的事情：第一件是找到了利润之源，在骑士公司，利润之源就是监控业务；第二件，我们要么关闭、要么卖掉所有和业务利润增长关系不大的东西，无论回报有多好。这可不是什么脑外科手术。

既然如此，制造、市场和安装部门就要被全部砍掉。我可不懂某人所说的“雇员的最小调整”原则，在我上任的第一个季度，骑士公司的员工从 230 人降到了 40 人。普遍争议的焦点是，如果没有这些失败的业务支撑，就没有盈利业务的表现。这种主张一度甚嚣尘上，当然，通常这种担心和恐惧都是错误的（许多人对公司的亏损泰然处之，甚至感觉良好，他们惧怕任何一种改变。你必须往他们脸上泼上一盆凉水，给这些反对者看看银行账户的余额和下滑的趋势曲线，并根据这些材料，估计一下即将到来的停薪日期）。

一定要坚持这么做，如果你认为这种残酷的裁员有失宽厚，那么只能说明你的愚蠢。

想想看，我们的股东之一是退休养老基金组织，举个例子，比如他们有5 000名退休职工，这些蓝领工人一辈子辛辛苦苦，才换来每个月不到20美元的退休金，如果我们破产了，这对他们来说无疑是一个巨大的灾难，他们只能向纳税人伸手要钱。大多数的失业工人的确会痛苦很长一段时间，而且我们的客户也许刚刚安装骑士报警系统尚未完善就被迫停工，不得不担负精力、时间和金钱的损失。从各方面综合来看，即使裁员行动会带来短暂的不快，从长远和广泛的角度来看却是正确无疑的。

挽救行动总共耗时5个月，结果拖了四年多才把公司卖出去。原因是，两个最大的股东彼此控诉，根本无暇顾及转售之事，直到这种吐沫比赛结束之后，才腾出精力处理此事。这么长时间，我只能做个公司闲散的看护人。

有时候，发现利润增长点是很容易的。在骑士公司，账目十分清楚，什么盈利、什么亏损一目了然。唯一严重的问题是，如果选择为其他报警公司的客户提供监控服务而不去培育自己的客户群体，这样的业务能否持久。

为其他公司的客户提供监控服务的利润十分微薄，因为这属于批发销售行为，而不是零售，数量的扩大可以弥补单项利润的低微。而且这个领域的竞争并不激烈，参与者也不多，对专业性的要求又很强，竞争对手进入的壁垒相对较高，所以我们只需要不断地发展新的大客户，寻求其他报警器安装商即可。结果我们成功了。

在此几年前，有一家情况完全不同、但同样陷入危机的公司Checks To-Go，它的利润增长点是隐蔽的，不易发现。Checks To-Go制作并销售两种产品。一种是软件兼容表格，主要是支票表格，还有一些发票、信封之类的表格，能够适应不同软件的格式，比如桃树公司（Peachtree）、英图公司（Intuit）和大平（Great Plains）公司的软件格式；第二种是定制表格，用来满足客户的不同需求。这种产品的销售都是通过电话进行的。

定制表格的利润是100%，大多数来自外部订购，成本主要集中在绘制方面，很容易就实现了利润的翻倍。这看起来很有前景。

软件兼容表格的利润是40%，需要在标准表格的基础上实现磁性条码和客户签名的套印。

但是在软件兼容表格业务领域，我们只有4家竞争对手：快速制表公司（RapidForms）、NEBS、摩尔公司（Moore）和Deluxe Check。与他们相比，我们的特异之处在于色彩，很微小的一点差别，却给我们带来了更多的生意，而且我们在这方面越做越好。绝大部分的市场还是黑白表格的天下，但是很明显，我们并不期望占领绝大部分市场，而且从发展的趋势来看，在各行各业，彩色都是不可避免的潮流。

另一项主要业务——定制表格业务在圣地亚哥地区（Sai Diego）就有99位竞争对手。而且定制表格经常需要变更和免费更换，它的返工率（10%）是软件兼容表格（1%）的10倍。

经过一番简单的比较思考，会发现与软件兼容表格相比，定制表格业务的绘制加上接听客户服务电话，将会多花费多少宝贵的时间，但是这些在账面上并没有显示出来，我们看到的只是定制业务为我们带来的高额回报（100%的利润）。

尽管看到了问题的关键，我还是犯了一个严重的错误。

由于害怕简单地停止定制表格业务会带来资金回报上的影响，并且担心因此可能带来的资金紧张，所以我仅仅采取了温和的涨价策略。在整整一年时间里，我们坚持每个月将定制表格产品的价格提高7%。一个月接着一个月，价格不断攀升，一个月7%，一个季度21%，一年就高达84%。我们吓走了一批客户，开始从剩下的客户身上狠狠地榨钱，虽然客户的数量在一年内只剩下了一半，但这一半仍然带来了丰厚的利润。最多的抱怨来自那些一看涨价就立即逃跑的客户，所以剩下的客户对付起来就相对容易得多（这有个普遍的真理：让那些吝啬的牢骚大王趁早走开）。

现在看来，定制表格业务已经成为公司内部正在衰落的一部分业务，这个涨价的举动看起来很聪明，但是与直接停掉相比，还是分散了太多的时间和精力。一次砍掉一小截尾巴总是会带来更多的痛苦，而且分散了去迎接更大的发展机遇的精力。

在 Checks To-Go 的挽救行动之后，来骑士保安之前，我在斯麦丽工业公司（Smiley Industries）也做了同样的事情，结果它的效果显现得更为迅速。在第 13 章我们会提到，这家公司的利润点很清晰，几乎所有的利润均来自一种特殊的工作。在挽救过程中，最简单的就是寻找到公司业务中的最佳利润增长点，这样可以促使员工和销售人员表现得更聪明更优秀，而且利润总在一夜之间就会到来。这种业务根本不需要削减成本，只需要注入其本来的力量。我们要做的工作就是简单地确定我们在什么方面做得最好，然后提高价格，如果我们做的工作与众不同，价格提升就不是什么难事。

亨利·福特（Henry Ford）因为他“只卖黑色”的销售汽车的理念常被世人诟病。但是大家忽视了一个更伟大的真理。的确，亨利忽视了客户表面上对色彩的需求，但是由于他对客户的深层次需求把握准确，比如降低成本方面，所以即使他只卖一种颜色的汽车产品，仍旧创造了大量的市场份额。他的错误在于坚持得太久。他一开始拼命地削减成本，满足了市场的迫切需求。每公里汽车运输的费用甚至降到了比每公里路程喂一匹马的费用还要低。但是在那之后却没有太多的新创意。

寻找利润之源，切断其他业务。

我们生活在一个专业化程度日益提高的时代，那些“全面地”经营着平常业务、靠做与别人公司差不多或者更差的产品来获得生存的公司只有迅速死亡一条路。

在个人电脑领域，国际商用机器公司（IBM）无法赢得竞争。的确，他们销售表现不错，总是排在全世界的前五名，而且不断地推陈出新，品质不断提升，但是 IBM 每卖一台 PC 机都会亏损一些钱。那为什么他们还坚持这个业务呢？可能是有些人喜欢看到他们的股票下跌吧，我说不清楚。蒙利公司（Montgomery Ward）的消亡一方面是科斯科

(Costco)的冲击，一方面是像 Limited 这样的街头小店的狙击，同时更大型的百货商店西尔斯（Sears）也在几十年间逐步步入死亡的终点。凯玛特（Kmart）也难免一死。你当然会指出沃尔玛（Wal-Mart）的胜利，的确如此，但你不要忘了，他们曾经的商业原则是只在不足 10 万人口的地方设立商店，这才是瞄准市场的重要一击。

一定要专业化，只做带来利润的专业业务，停止一切其他的事情。

世界上有各种各样的可能性，但是如果你是把公司弄得一团糟的 CEO，你就绝对不会有机会去修复它，你的员工会认为这是你的错，根本不会再满怀热情地听你的挽救建议，而且董事会也绝对不会给你挽救公司的权利。

因此，挽救的重任总是由来自外部的人员担负。如果你想知道如何找到这样的人，请先存疑，在第 65 章，我会给出回答。

如果你就是那位将要奔赴挽救前线的战士，你要做的第一件事，就是确保股东们已经对激进的变革做好了心理准备。如果不是这样，就不要碰这笔生意。这说明他们还没有痛苦到认清真相的程度。

作为一个外来人员，你有许多无法比拟的优势。你不会对梦想中的新产品开发计划心存感情，或者对有趣却不赚钱的旧业务心存留恋。你可以问一些愚蠢的问题，而往往这些看似愚蠢的问题将会带来光明的前景。

正如大多数人期望的那样，你会发现你拥有员工们绝对的忠诚与信任。其他的管理人员也会尽忠职守，因为他们知道你就是他们的最后一次机会，而且现在的一切问题都不是你造成的。他们总是比业主和董事会更早地觉察到业务偏离了轨道。如果你的气度温和，行为适中，而且不鲁莽狂傲，他们很快就会让你看到真正的问题所在。他们并不全对，但是暴露了一些事实，如果最终还是丢掉了工作，对他们来说也不会太过痛苦，毕竟你们双方都尽了最大的努力。

如果你已经收到了业主的聘书，那么第一天早晨你应该做什么呢？

先和CEO见个面，不管他在哪里，然后是首席财务官（CFO）、运营副总裁（VP Ops）、营销部副总裁（VP Marketing）和工程部副总裁（VP Engineering）。向他们询问问题出在何处，以及他们认为的解决办法是什么。第一天早晨就要这样做，每个人一个小时，一次一个人。不要让他们对问题缄口不语，这是关键时刻，虽然让他们给出这样的答案会很意外，也可能于事无补，但是毕竟从中你能知晓他们对事态的清醒程度。给他们一天的时间去思考这些问题，让他们知道你必须要听到他们的回答。如果谁避而不答或者胡说一通，就是你的问题了。

如果他们的手指向了别处，当然也很好，没准能够暴露另外一些问题。但是一定要详细阐述他们发现的问题，说出在自己的部门哪些做得不够好，并且让他们给出如何能够做得更好的办法。

第一天下午用来听客户电话。对市场部说明，你需要随机选择几个客户，同他们简单地聊聊，但是谈话的客户中要包括两三个大客户，很可能还要包括没有谈成的客户。向客户介绍你自己，就说你想对这家公司进行投资，很想知道在他们眼中这家公司的最大优势和最大弱点是什么。在当天下午，你的脑海里就有一幅清晰的图像，展示出什么做错了，你的最大竞争对手是谁。如果大家的反馈意见不太一致，就说明你的业务太散，这种情形下的修复工作相对较难。如果客户的抱怨焦点是价格问题，就说明你没有真正让客户打开心扉说出真心话。没有人想要多花钱，价格当然是重要的，但价格说明不了任何实质性的问题。

当天晚上召集高层管理人员，共同商议如何做出反应。试探一下他们对这些评论的意见，如果大家的看法不一致，第二天就重复第一天的事情，如果还是没有任何集中的意见，那么好了，一切决定都靠你“独断专行”了。这样的结果也不坏。

第二天早晨的工作之一就是要花上一个小时检查一下支票簿。如果可能的话，你就设立新的规定，只有你亲自签字的支票才算数。这可能会带给你一些压力或者别人的愤怒。要知道，每一张签名的支票都会减少公司的一部分寿命，同时你也会从中发现一些很愚蠢的事情，这些是账面的损益表上体现不出来的。

这也可能是个陷阱，有些人在小事上显得大大咧咧，有些人害怕为小事情做决断，你的角色决定你不可以充当其中的任何一种，你的目的是在小事情上来个快刀斩乱麻，在公司里面定个调子，这种亲自为之的榜样作用往往比任何人为的规章制度更能激起广泛的涟漪。即使如此，你也不可以在这个问题上自我吹嘘，做完了就算了，让事实替你说话，然后把精力迅速转移到更大更难的行动上去。

"我们要不要在那个展销会上租个展棚?"

"不，但是我们会在那个地方待上几天，和我们的潜在客户X和Y开个早餐会。"

"人们会不会注意到我们没有参展?"

"这个世界不会再如此关心我们，我们付不起钱，况且我们在展会走廊走来走去都比固定在一个展点上签的合同多。"

另外一个经理人牵着你的衣袖问道："我们能不能抽个时间谈一谈明年的某个小产品的开发计划时间表?"

"当然可以，晚上8:30如何?我们能否在今晚就彻底敲定时间表的问题?这样我们就不必下个礼拜或者下个月还要重复做这件事。"

你的秘书询问你："我们在底特律的丽嘉豪华酒店（Ritz Carlton）为您订上一套商务豪华间，您看这样可以吗?"

"不必，在最靠近客户的地方，为我订上一间假日旅馆的普通间。"然后解雇这位秘书，下次请旅游代理商为你预订最低廉的房间，或者干脆自己动手，在线预订。给秘书一份不错的离职补偿金，这不是她的错，这是错误的领导方式和不必要的开支习惯导致的结果。切记不可陷入这类小事情的决断泥潭中，你必须快速从此类事情上抽身，你的目的是营造一个良好的氛围。也不要做任何有损公司形象和品质的事情，除非品质和形象不重要。但是在这个世界上，还没有几家公司认为"磨光炮弹"之类的面子活是没有意义的。一定要努力地维持最有发展前途的新开发项目，公司总有一天会需要它的，但是不能在乱七八糟的事情上耗费太多。

既然你已经签署了一大堆支票了，下面要做的就是随机会见一些员工。至少和10个人谈一谈，某些时候要开个小组谈论会。这些人会指出一些业主和董事会没有意识到的问题，而且多半都是兴衰攸关的。

你的行事风格也很关键。你必须开门见山，一针见血，但又不能伤害别人。

如果你刻意地数纸张的页数，并且郑重其事地指出如何进行双面打印来节约成本，就只能适得其反，也毫无意义。事实上，如果不是出于自然地做出这些微小的降低成本的行为，又不能在日常工作中贯穿始终，并且有意大张旗鼓地宣传它的话，你就无法传递一种勤俭节约的态度信息。你只需要在事情出现之时表现出节俭的一面，而且不声张，就可以让这些小事口耳相传。这样当你在公众场合谈及更大的事情时，才会保持士气的高涨，并展示出更为突出的领导魅力。

“简（Jane），你认为是什么原因导致联合伟杰公司（Amalgamated Widgets）一直亏损的?”

听着，你一定要引导她说出熟悉领域的一些细节。

询问其他的员工，“如果你来掌管这家公司，你会怎么做?”以此向大家表明，你唯一的个人动机就是要挽救这家公司，如果不能成功的话，你会遭受经济上的损失，而且如果没有激烈的变革，公司就可能土崩瓦解，同时用现金情况和损失比率来支持你的论断。

现在你对公司的基本情况应该相当熟悉了，是该打电话给一两个商务编辑的时候了。你的目的始终如一：你在公司的危机时刻临危受命担任CEO，就是要考虑如何渡过难关，如果哪位出版商或是编辑能够提供一些有益的建议给你，你当然会感激涕零。你一定要多问问题，他们这些人的一生大多数时间都是在听别人说，而现在你要让他们体会一下不同的滋味。他们也许十分热衷于谈论他们杂志或报社的最大广告客户，对他们的做事风格大加赞赏，没关系，听听这些竞争对手是如何成功的，也许会给你一番启示。一定记得要给他们一份私人名义的答谢信和小礼物，以表明你在认真倾听并且对他们的个人兴趣有所了解。

这些编辑人员也是那种注重自我与张扬个性的人士，但是他们整天都和各行各业的CEO们打交道，甚至有的CEO努力巴结他们。这些编辑人员也非常清楚自己的报酬比起这些商业巨子要少上几位数，不过他们已经适应并接受了这个事实，虽然偶尔也流露出一点抱怨或是牢骚，但是他们毕竟有可取之处，所以你必须学会和他们友好相处。他们有的时候真的使人不快，但是他们头脑中有你所需要的观点与见解。

你必须学会如何迎合这些舞文弄墨的人，他们会在结果尚未呈现之时，就私下里谈论你在某某公司的所作所为。

在几个星期之后，注意不是几个月，也不是一个月，你应该了解到公司在哪些方面取得了长足进步。在公司内部，你有必要和所有人分享财务信息，使每个人都会理解和支持公司的变革。事实上，他们会为任何可能的变化做好充分的准备。

对那些将要被裁掉的员工，公司要与他们直接交谈，尽可能慷慨大方地给予他们一定的离职补偿。对那些不应该被裁下来的员工，要从你个人的角度给予一定的关怀，让管理人员打电话或发个私人信函介绍他们到别的地方工作。如果他们没有被裁掉，还有领工资的机会，或者有一次涨工资或是短距离通勤的机会，你已经通过这次裁员对本公司的各个方面进行了一次大幅度的提高。努力做到这一点：请你给周围的50位CEO发一封个人名义的介绍信，说明你在裁员问题上的烦恼和困境，并以个人的名义请求给这位特殊的应聘候选人一个面试的机会，你会发现这么做的效果往往让人惊异不已。

这种行动虽然不能直接地帮助公司，但是会让你感觉良好，而你感觉良好，公司才会运转良好。尽管律师和人力资源部会劝你让所有的人都有这样的特惠待遇，但是你必须明白对于那些表现不佳的人来说，这么做就是对其他公司的欺骗，也是对那些真正有价值的离职者的不负责任。

为“幸存”的员工们展示公司的蓝图，这是你们共同的希望。在忧郁的时候，展示激情也未尝不可。

在计划缩减开支之前，花上10分钟做个小测试。写下你所知道的因为没有足够的日常开支而倒闭的企业名称。我敢打赌，你的名单肯定少到几乎为零。

这也是你修复资产负债表的关键时刻。你刚刚重组完毕，许多人被裁掉了，你的竞争对手正在兴奋地奔走相告，告诫你的客户说你的公司正在边缘挣扎。这是他们的事儿，你的编辑朋友们会帮你平息这些流言蜚语的，但很可能这类噪音还要持续一阵子，你还会接到几个担忧的询问电话。

大多数人认为公司在裁员前是健康的，裁员后就会濒临死亡。通常把这句话反过来说才是真理，公司在裁员前是病病怏怏的，裁员之后才会恢复生机。下面告诉你如何把这类偏见变成你的优势。

首先，不要在澄清这类问题上花太多时间。你不可能说服每个人，只要对那些打电话询问的关键客户解释清楚就足够了。

但是很有可能你的某些债主、租借主和投资人是最最紧张的。他们也许很真诚，也许是因为他们的组织有了新的政策来提高品质、减少风险，也许是某个借贷人因为没有借贷天赋结果一生都在担惊受怕。

这些人也会打电话来。你要耐心地向他们解释现状，告诉他们为什么现在采取这样的变革，以及在什么时候你要达到什么样的效果。一定要试图说服他们，然后等他们再次询问（一般会在数天之后）时，你要诚恳地解释你也希望尽快看到现金正流向的迹象，同时说明一下尚未解决的问题。

你完全可以坦诚相见，因为这本身就没什么需要隐瞒的。那些经过两次解释仍然不买账的人，一定是头脑有问题了。如果他们 30 天之后再打电话来，你就要换个说法了。同意尽早支付他们的钱，解释说你还没有为任何其他人开此绿灯，但是要求他必须只能收回 1/5 的现金和一些凭单。

然后寄出这个数目的支票，同时附带上一封信，鼓励他们不要兑现，再次解释你对公司恢复元气的期望，以及希望将来的某个时候一次性付清的建议，如果你的变革计划一旦奏效，他们现在兑现支票的行为就是犯了一个严重的错误。

你之所以这么做，前提是你必须对自己的计划有充分的信心和把握，而且你的信心要比其他任何人强烈，现在就是履行计划、重整河山的时候了。

在支票上打上一句“背书更改无效”，在支票的后面写上“可用来议付全额未付清的欠债”。在他们收到支票的一两天后打电话给他们，再次重申暂不兑现支票的建议，并鼓励他们等待全额支付时刻的到来。对他们这样说“给出这么一份特别的支票，我有些不安，但不得不告诉你支票会在一个星期后自动过期。”然后在第七天早晨打电话提醒他们再有几个小时支票就过期了，通过电子邮件再次确认。

在骑士保安，第一位债权人还是兑现了支票，我们支付了25%，但是没有凭单。当第一债权人同意这种支付方式后，我们给其他债权人也打了电话，说有位债权人跟我们谈过了，我打电话的意思是不想让大家觉得有什么不公平，我们当然极力提倡暂不兑现支票，但是考虑时间只有一个星期。大多数人还是兑现了支票，当月的资产负债表一下子由正转负。资金紧缩了一段时间，最终还是缓过来了。那些眼睁睁地守候着支票一星期没有去兑付的人才是真正的债权人。

每个公司在财务季度的早些时候，总是乐观主义占上风的，但是到了季度的最后一个星期，接近现实之后才开始刻意把账面价值做大。在私人公司，这种现象几乎月月发生。

现在必须修补这个环节。你已经紧缩了现金，现在的资产负债表也已经平衡，你会开心地发现大家的表现是多么得好，你们完成了怎样一个不寻常的任务，而且公司也在专注的基础上越来越兴旺。

统一行动的目标。提醒每个人，我们的核心任务是什么。在演讲中、邮件列表中和广告中，都体现出这一点。一定要花些心思用10个字左右来精确地描述你们的优势。不要在那些偏离主题的方向上投入时间与财力。

然后看着现金先是点滴溅出、继而成为涓涓细流、然后喷溅，最后源源不断地流入你们的账户。你会发现银行家开始频频光顾，公司的停车场总是车满为患。

现在你需要一位新的领导人。在挽救行动的二三个月内，你就要开始物色永久的CEO人选。

假定你是挽救经理人，你接受了这份职务。你所具备的超常素质、超凡冷静将引领一次成功的挽救行动，但却无法将公司带到下一个阶段。这是我们再次更换CEO的原因。我们将在第17章给出强有力的证据。

在寻找新CEO时最为普遍的一个问题是：“你需要通过使用招募者、广告或者你的私人关系来寻找合适的人员吗?”

答案是“是的”。这一步太关键了，错过任何一条渠道都是损失。大多数的挽救行动成功之后又失败，因此这不是一场小型的战役。

你可以延请招募者，但是你必须要操控整个过程。我们在第16章为你介绍了一些这方面的技巧。不要委托那些大型的招募机构。他们总是拿出一份长长的列表，吹嘘说在你这个行业有多少他们的客户，这只能说明他们无法在一个合适的公司找到你需要的人。如果他们坚持说完全可以办到，你就要小心提防了，他们有可能会在熟悉你的公司并了解在你公司里谁是“明星”之后，依样画葫芦地挖你的墙脚。

这也是大型招募机构业绩平平的原因。找上一家小的招募机构即可，在“执行官猎头目录（Directory of Executive Recruiters)”中就可以找得到，你的资料室应该有一份这样的东西。在你的领域找上几家，记住一定要选择那些专注于你所在的领域的，小一点的招募机构不会像大机构那样有太多的冲突和麻烦。

每周商议出将要拨出的电话，并回顾本周的反馈。你可以向招募公司索取一份日志，看看在最初的几个星期内打出的150个相关电话。为了保证真实性，你应该抽查一部分，并提前让招募公司知道你要这么做。每个月只付1/3的报酬，如果他们没有履行责任就不给另外的2/3。

你需要通过电话面试十几个人，调查他们对某些客户评论的兴趣点在哪里。

建立这样一个流程比寻找合适的招募机构更重要，因为在遴选的过程中，招募机构通常都会表现得恰到好处，别忘了他们就是干这行的，他们知道努力到什么程度能够决定成功地被你所用，同时会巧妙地向你隐瞒他们过去错误的寻找和委任经历（当这种事发生了，你永远都会被蒙在鼓里。你只会在90天过后不停地抓脑袋，想知道究竟哪里出了问题，抱怨自己花了大价钱，结果一个合适的应聘者都没有。几乎40%的招募机构都存在这种现象。所以你要未雨绸缪，提前规划总能增加你的机会）。

准备一份介绍文档，交给招募机构，让他们通过信件或电子邮件的形式派发。一定要精心准备，使用那些你想用在广告中的文案，同时加入公司的历史介绍和市场表现，给应聘者一个完整的公司概念。

不要试图招聘处在行业龙头地位公司的副总裁，这种人通常没有担负过真正的账目盈亏的职责，却在升职方面经验老到。这种人的工资都是根据所在部门的规模和预算而制定的，所以他们的全部动机就是招聘更多的人、花费更多的钱，这样他们才能获得更高的报酬，结果养成了非常糟糕的职业素养。如果你把他们请进门，他们一开始要做的可能就是立即招聘人员，上马新的IT系统，扩大人力资源部的规模。

许多人都明白一个道理：最好的推销员未必是最好的销售经理；但是大家却没有明白另外一个相似的道理：

最好的副总裁未必能成为最好的CEO。

副总裁颇能把握政治脉搏，而且在公司有许多同等职位的人协同工作。CEO总是独立工作，以效益来论胜负的（审计员向CFO的转变同样困难，虽然要求的技能相同，但是个性迥异，所谓“江山易改，秉性难移”，就是这个道理。审计员做预算、节财流、做控制。CFO却是要做预测。一种是对外扩展，一种是向内紧缩）。

稍大型公司的经验往往也起不了作用。李·艾科卡（Lee Iacocca）在克莱斯勒（Chrysler）曾领导过一次辉煌的挽救行动，一方面是“K”车型起了作用，更多的是他的个人魅力，以及公司的超大规模迫使政府不得不给予紧急援助。后来艾科卡先生试图复兴酷酷袋鼠（Koo Koo Roo），一家鸡肉食品连锁店。他在此仍然想故伎重演，无奈员工的数量太少，远远无法引起政府资助的兴趣，所以他只好悄然退出。

也不要雇用规模只有你的公司 10%的小公司里的超级明星，那种人不会指挥员工做事，只会事无巨细一手包揽而每天疲于奔命。有时候公司的规模也是有关系的。一定要找到一个相同规模的跟踪记录。

不要局限某个行业，如果你代表赛斯纳商务飞机制造公司（Cessna）招募 CEO，却有一个来自默克制药厂（Merck）的 CEO 应聘者和一个来自克里斯—克拉福特造船厂（Chris-Craft）的 CEO 应聘者，你就会有一次有趣的选择了。

船厂的人来自满布着焊接器、渔具和模具的工厂环境，他对市场的理解就是为满足高消费人群的休闲舒适提供相应产品。嗨，这有点像那种小型飞机制造公司。但是默克的人将会对食品及药物管理局（FDA）比较熟悉，也有可能很善于和联邦航空局（FAA）打交道。对一个飞机制造商来说，和联邦航空局打交道的能力可是挺关键的。考虑一下需要的人员品质，然后列举一些搜罗人才的公司范围。

从通用电气（GE）来的人可能会好些，尽管他们公司的规模庞大，但是通用的做法是建立若干自负盈亏的中心，让这些人可以真正地接触和控制那些成败攸关的数字，也避免了业绩平平的人滥竽充数。来自 IBM 的人可能就无法胜任了，IBM 建立了一整套流程，只要不制造混乱的家伙都可以成为那里的优秀分子。

招募了几位 CEO 的候选人之后，我就在思考是否有些固定的挑选模式呢？

的确有这样的模式。为了发现其中的奥秘，我专门调查了 1 000 位董事，他们都在 6 家以上的董事会任职。从他们的阅历来看，应该能够对不同类型的 CEO 有些深刻的洞见。于是我寄去了邮件询问他们工作经历中最棒的和最糟的 CEO 是什么样的。问卷上注明可以不必说出 CEO 的名字，只需要回答一些简单的问题，最终收到了 280 份反馈问卷。

为了引导他们详细地描述出心目中最棒的和最糟的 CEO，这份问卷试图避免他们的个人偏见，因此我列出的问题是：有什么样工作背景的 CEO 会带给企业最佳或者最差的效果。如果我问什么样的阅历最好，就肯定会带来个人的偏见。通过这种精心设计的提问方式，基本能够使他们的回答更接近真实。

最重要的成功因素是此前有过负责盈亏账目的经历。没有这种经历，灾难的系数会大大增加。有了这种经历，成功就非常有可能。CEO的位置决定了他根本没有在职训练的机会。注意一点，所有的应聘者都会声称在目前的工作中有些利润方面的责任，而且大部分应聘者还深信他们的确如此。但是除非他们的报酬是基于利润的多少而发放的，否则就不存在这样的责任。

职业经历并不能有效地预言所有的事情，但是可以从中看到趋势。有着盈亏责任经历的工程师将是首要人选，其次是财务和运营类型的人员，接下来是市场人员，法律和学术人员则在最后面。有两种人是最不可能成为CEO的，一个是整日奔波、气喘吁吁、过早歇顶的市场人员，一个是研发部的再就业培训人员，我敢断言，而且不怕指责。

他们的回复还显示，来自相似规模要比来自同一行业更为有效。如果从客户或者供货商那里转行过来，一般还是表现不错的，但是如果直接来自竞争对手，就很糟糕了。这里面可能掺杂了一些感情的因素，因为来自供货商或客户的应征人员，在应聘之前就已经和他们相识了。

如果我做另外一次调查，没准会发现相似的增长速率也很关键，因为在高速成长的机构中人的态度，和低速发展的环境中人的态度是有很大差异的。

现在到了猎头公司登场的时候了，他们总是承诺不需要打广告就可以找到那些在职的并没有想到跳槽的管理执行人员。猎头公司的确值得一用，但并不排斥打广告。你对猎头公司的要求通常是寻找那些乐于当前工作的人。这同时也暗示了另一种可能：别人将来也会把这个人从你的公司挖走，即使你给了他更大的快乐。而且这种人的成本也会更高。但不能因此而忽视了一个应聘者目前的工作状态，因为这种状态往往能说明一个人的能力和智慧。所以，你也可以运用广告和猎头公司双管齐下寻找人才的办法。可是你必须要做好心理准备，因为广告会给你带来一大堆烦人的垃圾求职简历。

在为Teledesic公司招聘市场精英的时候，我就在《华尔街日报》（*Wall Street Journal*）的南加利福尼亚版上登载了一份三栏两寸的广告。一共刊载了两次，价格大约在1 200美元左右，结果收到了两大包简历，大多数都是垃圾，只有少数精品。

在招聘的过程中，很多时候要在堆积如山的简历中去粗取精，抽出时间通过电话面试20人左右，正式面试8～10人。如果在广告中限定他们的公司、职位和薪资情况，这将会使简历的有效投递率增加一倍，并且合格率更高（原来是98%不合适，现在下降到96%不合适）。这样做，你得回复所有人的申请，增加了工作的琐事，但是你可能会多挑选出两倍数量的好人才。

千万不可让人力资源部来起草和投放广告。他们总是会把事情弄砸。人力资源部的人总是担心字句会有漏洞，打上差错待查（EOE：Errors and Omissions Excepted）的标记，反复地修改确认，却从来没有想过如此一来，会造成前后文字彼此矛盾，而且四平八稳，毫无生气，根本不能引起别人的兴趣。

广告的投放刊物也要有所选择。《华尔街日报》的当地版加上一些合适的商贸出版物就足够了。如果你正在为赛斯纳公司寻找合适的CEO，那么在《航船商务月报》（*Boating Business Monthly*）或者《药业经理人》（*Pharmaceutical Executive*）上投放广告显然比较恰当，当然，《航空周刊》（*Aviation Weekly*）也是不错的选择。

选择在本地版投放广告的原因很简单，无论你身处何处，你都可以在你的时区范围内找到你所要的各种人才，因为我们的国家幅员太辽阔了，相应的人才也为数众多。与其在全国或者在全球打广告，不如紧紧盯住本地。毫无疑问，在这个过程中旅行、出差和住宿的问题将不可避免，而且很快就会成为这段时期的主旋律。不要走得太远，你一样能够找到足够数量的人才，同时避免走太多的冤枉路。要尽量避免因为地域问题带来的反复权衡，谁都不愿意感受“热锅上的蚂蚁”那种滋味。

你会说，是的，我知道这些，可是那位远在异域他乡的应聘者的确是最佳人选，怎么办呢？好的，相信我，如果一连串打上3次广告，那么应聘者一定会让你门庭若市。招聘的过程耗时费钱，你选择本地的人才，意味着你节约了时间、节省了开支。在这个过程的一开始，你会非常兴奋，然而最后的时候，总是很疲惫，状态很糟糕。保存你的精力，才能避免选来选去，结果却选了一个庸才。

在广告中要尽可能说得详细，这样你才能一下子把不适合的应聘者摒除在外。像下面这样就很好：

**小型飞行器制造公司**
**招聘CEO**

联合伟杰公司（Widget）专注于制造最为安全、经济、轻便的飞机。这家公司在两年前陷入困境，如今正以崭新的姿态重新出现。公司推出的新型号的飞机将以优异的性能、卓越的品质震撼整个飞机行业。在这样的形势下，我们极其需要一位能够抓住机遇并引领团队成功转型的CEO加盟。

我是一位过渡时期的CEO，我即将离职。

对于这位将要担负起公司发展大任的CEO，我们将提供适当的工资，加上可观的股票配额作为激励的因素。如果你有过几年自负盈亏的经验，而且对飞机行业兴趣浓厚，请与我联系，我将向你提供一份更为详细的材料，其中包括所有你感兴趣的公司信息。当然，我们的联系仅限于两人之间。

有非常多令人激动的可能性在等着你。我很想听到你的回应。我们公司的董事会多年来重视自负盈亏的经验，所以我希望你过去的大部分酬劳都是建立在激励机制之上的。

你诚挚的

挽救经理兼董事会成员　某某先生

[电话号码，地址，电子邮件地址]

不能让招募机构参与广告工作，他们总是中意于自己找到的人才，而对广告挖掘的人才心存偏见。但是要让他们知道你同时也在打广告，这没准儿会给他们一点竞争的压力呢。

好了，现在是收获广告“硕果”的时候了。广告投放之后，迅速复印200份，放大到剧本的幅面。把复印件发送给行业内你所有的联系人，在便笺上询问他们是否有意加盟（他们看到广告之后总是会认真考虑的，所以你将会收到更多值得一看的回复）。给卖主和客户也发上几份。如果他们能找到公司所需要的合适人选，就为每个人提供每周一到两次前往伦敦或香港的旅行机会，费用全部报销。同时也给私人通讯录上的好友发上几份广告，请求他们把广告转给熟识的合适人选，不管此人是否有意离开现在的岗位，并提醒他们大多数的经理职位都掩去了他们永不停息的奋斗光辉。

把广告复印件发给股东和董事，让他们给出一两个提名，这一步要最后做。这些人，一直是你最坚实的后盾，往往错误地希望你能留下来，但是一旦最佳人选出现，他们会以大局为重，参与进来的。

做了这些之后，你会发现它远比广告本身更能给你正确的导向。你的联系人会更加慎重；你会更加清晰地描述这份工作机会；他们会更严肃地考虑这个职位。你所做的工作，将会成为他们口耳相传的消息。这也是广告的最重要功能：在人与人之间传递信息。

对于招募机构，不必有地域的限制，否则就达不到预期目标。经常发生的是，他们给某人打了电话，那个人会介绍某个更为适合的人选，并且这些候选人来自于某些生产效率比较低的地区。对于广告，地域问题只是必须做出的一个选择，所以地区性的范围要好于全国性的范围。

下面谈谈薪资问题。你不要糊里糊涂地认为，只有拿出双倍于行业平均的报酬，才能笼络合适的人选。过高的报酬会让应征人员觉得此等美事不会再来，所以表现出追求高工资和低奖金的报酬结构。对比一下个人所得税和股票资本利润会发现这种问题，所以一定要提高奖励的比率，但是也要有限度。对于那些没有信心和勇气接受你定的薪资结构的人，要立刻排除在外。你应该知道，某些人极其善于罗列各种理由来解释他们的犹豫，他们会在你的面前大谈父母妻儿的期望，陈述离开的职位之优越，诸如此类，你千万不要掉进这些讨论的陷阱。他们向你封闭他们的内心，在那里你看不到他们的自信。

这已经不再是你的决策范围了，因为进展到这一步，董事会必须选择你的继任了。作为董事会必须给予的支持，启用新人和设定报酬是十分重要的两件事。在这个问题上，董事会往往草率处理，你一定要提醒他们，为了不让辛辛苦苦的挽救行动带来的成果付诸东流，一定要付给少量的工资，更多的奖金。

一旦招聘大业完成，你首先把新任领导介绍给员工，然后立刻消失，绝对不要有任何留恋。如果你被邀请加入董事会，你完全可以接受，但前提是在6个月内不参加任何会议。新任的CEO总得在不必担心你是否批准的情况下实施一些新的决策和改革。让我们祈祷，这位新的CEO不是照搬所有你做过的变革和政策，他们必须要依靠自己的决断和行动决定公司的前途与命运。

作为挽救经理人，你接管了这个烂摊子，有着非凡的优势。你可以没有任何感情障碍。员工视你为最后的希望，特别当你和他们坦诚地交谈，在勉强说出坏消息的同时给出新的希望的时候，这一点表现得更为明显。你可以问一些愚蠢的问题，而且你不会像你的前任一样被打败，一副新面孔具备以上各方面的优势。

第二步就是建立新业务，这需要一年的时间和丰富的经验技巧。然后，不可久留。

为什么挽救的期限是6个月？为什么建立一个稳定的利润基础要一年？好的，我希望你心里的疑惑是："真的要那么长时间吗？"这是一个非常积极健康的态度。对于那些建议"是否能够慢一点、稳妥一点"的人，我的看法是他们将成为问题的一部分，采取缓慢节奏的想法总是有情绪的因素，他们总是惧怕不得不直面的现实，总是认为在情况变得更糟糕时，他们的表现会自然而然地更好些。结果由于他们的存在，事情变得更坏了。

挽救行动的两方面工作都富于煽动性，如果你长时间维持原状的话，就很有可能蜕变成为自我欺骗。由此来看，时间就是你的敌人。

如果目前的亏损状况将会导致年内濒临破产的境地，而且你也在董事会任职，请立刻延聘一位挽救经理人，和他签订6个月的合同，奖金的比率要高于工资。那位经理人将会本能地找到利润之源，然后大刀阔斧地砍掉所有产品开发计划，不管是不是有前途的新产品，也不管是否有可能会重新启动。你不要挡住挽救经理人的路。在挽救行动进行到第二三个月的时候，开始物色长期的 CEO 人选，并且尽量积极地参与这个搜寻过程。

# 第2章 TURNAROUND SCAMS AND SCREWUPS 挽救的正与邪

在 1986 年，蜂窝岛公司（Celluland）是个行业宠儿，但是它在信号发射站业务上表现不佳，连连失败。最初的 30 套发射基站是为车载电话服务的。它的两位主要投资人为公司的亏损状况头疼不已，请我去看看，我受宠若惊。

我在他们公司花了几个小时，然后请来了两位蜂窝服务的卖主，和他们交换了一下意见。

第二天我向投资人提交了一份报告，报告中这样写道：

“公司存在着 3 个很严重的问题。第一，投资理念有失偏颇。你们的大部分投资都放在了漂亮的发射站上面。蜂窝电话是为那些非常忙碌又无暇思考他们的忙碌的人服务的，所以第一件要做的事情，就是请来一些这样的客户，花上他们半天左右的时间，把这种节约时间的蜂窝服务推介给他们。放弃那些发射站，改成车载设备，随时移动到客户的办公区、停车场或者机场，这样他们就不会损失一分钟的时间，同时也减少了你们的资金投入。

“第二，目前你们每发展一个客户，服务提供商会给你们 300 美元的报酬。他们正计划下调这部分酬金，你们的财务状况本来就已经很危险，而且有继续恶化的趋势，而你们的 CEO 并没有意识到这一点。

“第三，随着电池技术和通讯技术的发展，你们正为手提电话是否会取代固定电话而忧心如焚。

“其实目前没有必要去思考这恼人的问题，事实上蜂窝电话市场正以每年 100%的速度递增，而这种状况会让很多解决方案成为可能（没有人知道如何去挽救市场，你也没有必要知道）。

"我愿意加入你们公司，每周工作两天，报酬是每月 5 000 美金，外加上净资产的 5%。真正要做的工作是迅速把你们租借的发射站派做其他用途，安装在卡车上可以到处移动，同时在蜂窝市场饱和、手提电话登陆之前找出服务增值的办法，也有可能是那种在停车场帮人家更换挡风玻璃、修零件或者加油什么的。"

他们拒绝接受我激进的主张，至少我想他们是的。17 年来，我一直在等待他们的回音，但至今没有看到什么希望。

我当时没有认识到的另一个问题是，这样的公司往往应市场机遇而起家，很快就取得了成功，他们在繁华商业区有很好的办公位置，但是他们忽视了在未来的发展中他们最初的机遇已经不可重现。

这种依靠某种优势而起家的情形在房地产业更为突出，比如只要有个好地势，无论经营肉饼小吃，还是围巾、面纱，或是鲜花，都会盈利。

我的建议过于突然，也太激进，对于四面楚歌的投资人来说，一时难以接受。他们后来雇用了 Grisanti，Galef & Goldress 公司，这家公司在当时或是此前的几十年里都是业内最受尊敬的挽救公司。这家公司派人每个月在蜂窝岛公司工作 6 天，每个月抽取 3 万报酬，结果蜂窝岛公司在两年后销声匿迹了。

这并不是批评谁。我发现了这家公司存在的问题，但是没有给出详细的让人满意的答案。同时说明了当公司陷入困境时，他们会在帮助他人方面花上大把的金钱。这件事还使我明白了一个道理，那就是我应该多花些时间分析问题，并严肃地提出自己的意见以及详细的解决方案，事实上你不可能说服所有人。

许多挽救机构高傲地声称，他们不会碰公司的一分钱，他们只需要丰厚的现金报酬，这样做是为了避免利益冲突，这只能说明他们关心的是债权人。我稍后就会为大家展示，如果你遇到这种情况处境将会是怎样的。

为挽救行动支付丰厚的酬金和太少的激励奖金，就如同为销售人员支付高额的薪水和低廉的提成一样。所以不能这么做。持这种观点的挽救公司通常不愿意展示他们的业绩简历，也不可能充满自信地说出让你敬佩不已的挽救功绩；另外一层原因是，他们寒碜的挽救水平并没有让病人起死回生。结果他们丰厚的酬金也成为问题的一部分，而不是解决办法的一部分。

现在回头看看债权人和资产拥有者之间的关系。在此我要讲述一个关于这个国家最大的借贷人的故事，看看他们是如何对待陷入困境的客户的。

他们约见客户，共同回顾拖欠的债款问题，然后提出一些要求。

“顺便提一下，吉姆（Jim），”客户经理说，“你是否想咨询下一步的行动建议？我们听说有些人解决过类似的问题。”

一段尴尬的沉默。

“如你所说，”吉姆回答道，“我们可能真的需要这样的咨询。”

“太好了，”经理说，“我打几个电话联系一下，然后给你份名单。”债权人离开30分钟后，来自客户经理的一份联邦快递（FedEx）的快信送到了吉姆手里。

亲爱的吉姆：

正如你所需要的，我这里有几位咨询师的联系方式，都是你们领域的，我以前就听说过他们的事迹。在选择谁的问题上我们没有权利说三道四，还是由你们做主裁夺，招聘的主意由你们来拿。

荒谬！胡说！事实上这位客户经理十分清楚，1号和3号咨询师都很忙，也可能委派了别的任务，只有2号还很空闲，正在等待债权人帮助介绍工作呢。

结果，咨询师兼挽救专家2号先生成功应聘。经过几天的熟悉之后，他就鼓动吉姆停止所有新产品的研发（错的），卖掉一些不怎么赚钱的产品（错的），削减成本（对的），将公司建筑和设备的一部分卖掉或者出租（错的）。

经过了这一系列活动，公司有了足够的现金用来偿还债款。好了，现在是另外一些租借人和承包商控制了整个公司。

挽救专家2号做了这么多让吉姆和公司管理层印象深刻的事情，让人刮目相看，但是吉姆他们忽视了一点，2 号先生是债权人推荐的爱将，他们都是为债权人服务的，目的是在一个行将就死的公司咽气之前还清所有借贷的款项。所以债权人会继续支持他们的工作，帮助他们掩饰失误，并且会在圣诞夜给他们送上几瓶好酒。挽救专家 2 号没有任何促进资产增长的动机，因此这些可怜的公司人员和股东们，也不会有更好的收入。即使当公司破产之时，他们也无法倾诉与埋怨，毕竟是他们自己选择的挽救专家，而不是债权人指派的。这其实就是一场骗局。

吉姆和公司的管理层都拿公司的前途作为赌注，而结果只能使情况越变越糟糕。

但是对 2 号挽救专家来说，失败和破产并不会影响他的职业生涯，他的聘书还会继续飞来。挽救的骗局的关键，就在于找到这类人（一些自我吹嘘者甚至无耻到著书立说的地步。就是本书这样的题材，不过我写的这本书是现有的极少数真正的挽救指南，也是唯一一本可读可操作的指南，在本书中我只谈真实可能的情况，既没有夸大自己，也没有哗众取宠）。

为债权人工作将为挽救人员创造稳定的工作机会，但是会误导公司追求短期的解决方案，从而给股东带来极大的风险，这无论怎么说都是不公平的。债权人比任何人都渴望公司还清拖欠自己的债务，因为它的名称就是债务，而一旦承担的风险超过了他们愿意承担的限度，“逼迫”拖欠债务的客户还钱就成了他们义不容辞的“责任”。

但是作为股东，你也有责任不必过于担心债权人的问题，而且要避免拿自己的前途去妥协。我们虽然目标不同，但应该彼此配合。

（眼睛雪亮的读者一定注意到第 1 章骑士保安的股东在我任期的第五个年头得到了 53 倍的现金回报。目光敏锐的读者还会进一步发现在我任期的第一年，骑士保安的债权人并没有得到什么。因为我是被股东雇用的）

在“求职要闻（One-Trick Ponies）”和“伪装的求职者（Job Seeker in Disguise）”中我们还会发现其他两种类型的骗子。大多数不为债权人工作的挽救专家都是数一数二的人物。如果候选人只有一次引人注目的胜利，你就要小心了。深入调查一下看看，这位候选人是不是有真才实学，能不能说清楚常见的问题和解决的办法，同时试探着询问他是否知道他唯一一次成功的关键所在，千万不要听到“靠运气”这样的答案。

“肢解大王”艾尔·邓拉普（Al Dunlap）在斯科特纸业（Scott Paper）有过一次辉煌的胜利，他降低成本的同时幸运地碰上了日用品价格调整，使得他大获全胜。在接下来的一份工作中他却栽了大跟头，下一段我会提到此事。

“伪装的求职者”很喜欢谈论关于挽救的话题，而且不愿换工作。这无可厚非，在生活当中我们各自都有着不同的追求。但是这也表明了他心中存在着不安全感，一种对从事一次又一次挽救行动的恐惧和对自身能力的怀疑，对他们来说，给现金报酬总是胜过靠后续业绩的提成。很有可能你已经遇到此类渴望安全感、渴望长期工作的人，这不算太坏，但如果是这样，你就无法在最初的6个月内提起足够的勇气、保持最佳的精神状态以施展足够的手段来挽救公司。

行业内的专业人士都是十分出色的。我不能确定这是因为他们对行业的熟悉，还是因为他们一开始就是这么棒，以至于在行业内声名远播。

我就有这样的一位朋友，名字叫做约翰·卡林顿（John Carrington），只接受南加利福尼亚地区的软件公司的挽救聘书。他有着著名的20-20-20法则，就是每月2万美金工资，资产的20%和离家20分钟路程的办公地点。他总是能够如愿，有着一些对他崇拜着迷的客户。我则不同，我的起点比较低，而且每次都在更换不同的行业。这当然会让我始终保持机警，但同时意味着一般报酬较低。至少我注意到约翰的家里有4条瀑布，而我一条都没有。约翰和我的职业生涯在20世纪70年代有过交集，此后我们成了好朋友。

所以请先关注行业的专家，他们也许知道你公司的一些问题，你也能因此快速找到症结所在。

不要聘请那些给出承诺，要寻找更多投资者的机构或者个人。这就如同钓鱼，当你公司的形势紧张时，就会有人放置诱饵，而当你被引诱时，你会发现随之而来的还有锋利的鱼钩。

我说了这么多，很清楚这段话可能会是本书中最容易被忽视的评论之辞。现金的诱惑是最为强烈和难以抗拒的，但是真的没有用，请相信我的话。

逃避义务与处罚的行为是可怕的，因为这种类型的债权人和公司一定是据理力争的，也许在你与他们第一次碰面的时候他们还没有表现出来。并且他们还将会耗尽你的时间，因为当你心急如焚的时候，他们却比较悠闲，这只会让你更为烦躁，他们总是用一些荒唐的借口一拖再拖，想办法让你变得越来越温顺。

当你在不断亏损的时候，如果幻想简单地依靠更多的资助来解决问题，只能说明你的幼稚。新的现金投入会养成坏习惯。

一个公司存在的作用是创造金钱，不是消耗金钱，你把解决问题的时间推的越迟，将来挽救的难度就会越大。

请提防这些陷阱。不要轻视你的业务。让公司正常运行，不要相信那些对你的业务兴趣甚少的人向你推荐的人。记住总有些人承诺为你困境中的公司投资，这些人当中没有一个是你想让你妈妈看到的人。

# 第3章 OVER AND OVER AND OVER AGAIN, THE SAME MISTAKE 重复同样的错误

在每一个境况不佳的企业内部，你都会听到下面某种谈论：

“我们正在为某某订单全力以赴，要是搞定了，公司就会在某方面开始盈利，很多问题也就迎刃而解了。”

“自从老东家退休后，少东家确实把这里变得更有现代气息了。”

“我们可能走在时代的前面了。”

“我们的名声真的不错，要是我们再推出这些服务，公司的销售一定会有一次不小的飞跃。”

“我们创造了这个行业。”

努力争取利润的同时抱有某个方面总会“跌至底线”的期望，是美国商业悲剧的唯一一个最主要的原因。没有什么事情会“跌至”底线。在底部与顶端之间存在着一整套令人不安的、严酷的、勉为其难的成本费用范围，随着成本范围的下跌，尽量削减每笔成本的份额，当它达到利润额的时候，也就近乎没有什么成本了。这种情况在你拼命争取新的业务和巨大的销售额时的确如此。追求利润意味着充分调用资源而非抬高价格。所以我们从一开始就追求额外的投入和较少的利润。

希望做大而不是做好的想法实在很蠢。要是专注于“做好”会怎么样？自然而然就做大了。

但是单纯地追求规模会使公司臃肿，而不是强大，加上缺少特色，就更容易被击败，而且你也失去了在某个方面成为第一的机会。

目前，“自从老东家……”之类的谈论总算有了例外，第 50 章我给了一个这方面的例子。但我不能忽视在我个人最初的 3 次私有公司的挽

救行动中，都是第二代领导人让公司陷入了深重的危机。

这可能是小型公司独具的特色，在这类公司中往往有一位掌权者大权独揽包办一切，在某种程度上他就是这个公司。

在每一个案例中，公司所有者的下一代都有更高的学历、更好的口才、更大的雄心，比老一辈更喜欢出风头，他们热衷于商务联盟之类的事务，喜欢高档设备和精美华丽的装潢，可是这些和公司的成功毫无瓜葛。

没有哪个企业家会让他的子女随便进入他们的业务领地的，除非子女们在外面锻炼了15年左右，让残酷的世界去教给他们一些必备的知识和经验。这时候，再回到家族的企业中，他们会受到更多的尊敬和赞赏（如果他们在外面混得不如意或者失败了，那就继续把他们留在外面锻炼，否则家族会遭受自我毁灭的悲剧。可以让他们运作家族基金，参加众多的为反对滥采设备的改革措施和其他关键性问题而举行的半正式招待会，还要发给他们一些奖金。但不要让他们介入家族事业，免得他们承担责任后弄得一塌糊涂收不了场，刺伤他们的自尊心；也避免他们由于得不到任何职务却汲汲以求而闹得鸡犬不宁）。

你也许熟悉这一幕，家族企业的晚辈领导从走廊走过来，停下来和几个主管搭讪。

“那些球员怎么样了?”晚辈问。

“他们还有一个漫长的赛季。”一位主管答道。

“是的，”晚辈说道，“我自己从来没有机会打球，我爸爸总是让我一放学就来这里扫地。”

“他真是太严厉了。”另一个主管笑着说。

“就是，”晚辈回答道，“身为一个老板的儿子，是幸运也是不幸，滋味很复杂啊。”

年轻人挥挥手，边笑边摇头地走开了。主管们彼此看了一眼，苦笑了一下，其中一个在晚生转过拐角后做了一个作呕的动作。然后他们慢悠悠地回到办公室，打了几个私人电话，再喝上一杯咖啡，开始工作，慢慢吞吞的，因为他们知道自己绝没有可能领导这家公司。

当家族的后代在别的公司工作15年之后再回到家族企业的时候，会带来两个让人欣慰的结果：一是年轻一代丢掉了激进的想法，取而代之的是实用的想法，而学费则是由别的雇主支付了；二是父母辈们也随着时间的推移而更加成熟稳健，岁月带来的智慧会减少许多可能发生在两代之间的冲突。

“我们可能走在了时代的前面。”这种说法似乎意味着一种荣耀，但先于时代会带来和落后于时代同样多的危害。说自己走在时代前面的人恰恰不知道这一点。你可能会说你比你所在的时代早一个世纪，事实上，这只是自我欺骗，也许你所描述的那个时刻永远不会到来。

不要一味地期望你能够实现这种划时代的突破，丢掉这种想法，回到现实中来，回到你以往忽略了的处在这个时代的企业中来。随着时间的推移，这个企业也许还在从“陈旧落后”的标准框框中不断地恢复着现金流，而社会在发展，社会在呼唤新的设施与服务。如果是这样的话，你将有可能先于其他竞争者一步提前察觉到那一时刻，你也很可能处在抢占先机的更为有利的地位。也许随着时间的推移，你会逐渐地意识到你的某些观点并没有走在时代的前列，甚至可以说是过时的观点。每一个有激情的人都可能会犯这样的错误，对此你需要报以轻松的微笑，在心里默默地记住这个教训，以后的日子里，你仍然可以毫不犹豫地去再次尝试。我所做的就是建议你再次尝试的时候不必那么谨慎，我怀疑在受到挫折之后你已经发誓要谨小慎微了。

“我们的名声真的不错……”没错，贝蒂陶瓷（Betty Crocker）不可能出品迷你裙，美泰（Mattel）那里也不会卖起搏器，波音飞机公司的声誉再好也不能让我从他们那里买汽车。美国电话电报公司（AT&T）在开展逆向调整之后把它的名字印在传真纸上和防盗器上。现在，它的声誉很值得信赖，但是你会使用它的传真纸吗？这样做是否会提高我对马贝尔（Ma Bell）的忠诚度？不能。那样只会一团糟。防盗器的确暂时给美国电话电报公司带来了一些益处，但只是暂时的，很多人对他们的电话销售人员做出的反应使他们无所适从，甚至只好自称是强行推销。

你的声誉从来不会像你想象的那么好。这一点是不容置疑的。

如果你在铆钉生产方面声誉很好，假设你的客户又不是很大——只有一个铆钉采购员和一个螺钉采购员，增加一项螺钉业务也许是可行的。问题是你不认识那个螺钉采购员，也没有机会知道他过去常和铆钉采购员的儿子约会，但这段感情因一些令人不快的指责结束了。结果，你也永远搞不清楚是什么原因使你能向大公司销售很多的铆钉却从来没有接到一张螺钉订单。

米勒淡啤公司（Miller Lite）的业务范围很广泛，3 倍的销售增长，但新扩展的阿尔加苏达水（Alka-Seltzer Plus）业务吞食了已有的销售额。亨氏公司（Heinz）曾经经营泡菜业务，然而却在开拓番茄酱业务的时候把原有的泡菜市场拱手输给了维拉赛克公司（Vlasic）。你可能认为泡菜和番茄酱是可以共同发展的，但是不知道为什么情况并非如此。

事物之间的联系从来不会像它表面上看上去那么简单。

“我们开创了这个行业。”哦，天啊！你忧郁黯淡的表情明显与这句话自相矛盾，我都为你感到不安。如果是这样，你为什么会濒临破产呢？请你解释一下。

没有人关心你们公司的创业传奇，比如什么创始人在修理厂工作了一年之后建立了该行业里的第一家公司云云。市场只会在大约 5～10 分钟内记得在 10 年前的低迷时期你是如何不必为银行贷款担心，当新的竞争者提供比你更短的交货期限时，一时间他们也许感到黯然神伤，但是他们又感到除了弃你而去之外再别无选择。你能听到这些残酷的事实吗？

“老琼尼斯（Jonesy）真是太棒了，还记得当年经济不景气的时候，我们都发不出工资，他和我们一起同甘共苦，装货卸货吗？他不能坚持下去真是太可惜了。我们怎么那样快就取消他的订货单呢？”

这些号称自己创造了某个行业的公司往往在商务协会表现活跃，在卖主身上花的精力比在买主身上多得多，更为不幸的是他们有着业内经验最为丰富的管理团队。这样他们的公司就如同一部汽车，挡风玻璃是脏的，倒车镜也是脏的，看不清未来，也继承不了过去，进退维谷。

在陷入麻烦的公司里你所听到的最有害的一种意见就是沉默，当你向主管们发放调查表格，询问诸如“我们公司的产品是所有同类产品中唯一一个____的产品（填写客户认为的最有裨益和意义的产品评价）”，他们的反应通常是沉默。不清楚公司擅长什么，或者能够擅长什么，这只能意味着公司的灭亡命运。

有些公司有着独一无二的利润之源却不自知，正等待着涅槃重生。这可是一桩不用受伤就得到挽救的好买卖，只要你发展公司的强项，号召公司的每个人除掉那些损害锋芒的、模仿别人的“脏”东西，就可以让公司获救。

下面要说说最困难的部分了，如果你是一个企业挽救经理人，你生命的大部分时间都在面临同样的情形，它总是重复出现，挽救的手法也大同小异。尽管外界把你视为目光锐利的枪手，而实际上我们不过是装配线上的工人。

在挽救经理人给人的印象中，严肃、直率、切中要害是必备的，除此之外还要具备当你一遍又一遍地听到那些千篇一律的、错误的观念时你要保持仁慈的耐心。

你必须浪费许多宝贵的时间，听他们从头到尾把话说完；你必须在采取行动之前澄清很多错误观念；然后你还必须要以一种能够获得热情的支持而又不浪费太多时间的方式，解释为什么这样做。你需要团队的支持，太过唐突肯定会把事情办砸，这正是困难所在。

你需要尽快地和团队沟通，详细地分析他们正在追求的新订单，算清楚可能会耗费的成本以及带来的利润。你不要简单地否决或取消这个订单计划，而是展示给他们真实的一面，让事实告诉他们把注意力放在什么上面才会提高业务，这可是一种崇高的品质。

如果“那位创办公司的老人家”的孩子还在公司，就让他们去销售部门。尊重他们富有雄心壮志的观念，在暂时不投入更多金钱的情况下，让他们证明给你看。他们可能几个月后就会选择离开。

悄悄地找上一些关键的客户，他们能够在暂时搁置“超越于时代的创新概念”的问题上支持或帮助你，但是记住要快。不要自己提出搁置的想法，让客户们去提，在这个过程中你还可以加深对他们的了解。

在产品多样化扩张的问题上也是一样，不要基于发布会之类活动收集到的信息进行决策，要看实实在在的订单，然后看看公司的势力是不是真的延伸到了那些领域。

每当“我们公司创造了这个行业”之类的论点被提及时，你不妨先承认，然后接过这个话头反过来问说这话的人“我们怎么又失败了呢?”

还有一点，比方法更重要，比信念更关键，甚至是最难的一点，就是：

激励大家去思考、去争论，直到你们对公司在那些方面卓尔不群的意见达成一致。

没有什么挽救公司的必胜秘诀，不过这句话本身就是一个秘诀。

把公司的最大优点浓缩成座右铭，在各种场合不断地重复，成为你信封的标识语，作为你寄出的所有电子邮件的签名档，甚至在给员工的邮件列表，或语音信箱系统中也要不断地重复出现。

要做得详细而精确，“最好”就不如“美国航空航天局（NASA）唯一认证产品”能够说明问题，“更有价值”就比不上“同档质量的产品，价格最为低廉”来得准确，“最快的服务”就不如“确保明天送达”内涵丰富。

然而也不一定要那么精准实在，只要提出的口号在你能够达到的范围，就可以这样对外宣传了，这可以使你们更快地达到目标。橄榄球场上，四分卫从不是把球直接扔到接球者那儿去，而是扔到接球者几秒钟后能跑到的地方，就是这个道理。

# 第4章 MAKE WHAT SELLS

# 做那些卖得掉的

提示：记住，如果一年内你的公司可能会面临破产，那么，请直接去看那些带 * 标题的内容，以后不再提示。如果情况并非如此糟糕，就继续往下读吧。

一款带黄尖儿的滑雪板给了我一些启迪。当时，我和室友威利(Willie)，一个酷爱喝啤酒的家伙，从爱荷华州立大学出来度假，正开着车沿威尔（Vail）山向下猛冲。不过还好，冲到斜坡底我们两个都还没事，惊魂未定之际，我们回头仰望，半空中黄色的星星点点，在山顶云集，然后疾若流星，向下俯冲过来，上面载着体形身材各异的滑雪者，速度比我们这些乡巴佬见到的纯木质的滑雪板快多了。后来，我们在那儿待了一个星期，驾着笨拙的哥特式的老中西牌（Midwestern）滑雪板，每次使用时还要费力地打蜡，旁边的家伙们用的都是带有黄尖的钢质滑雪板，相形之下，我们的滑雪板简直就像从破木桶的底板上拆下来的。

这些黄色的点是海德矢量公司的标志（Head Vectors)。“你怎么知道的?”我问威利，他指着说“看黄色的底板。”这种新型的钢质滑雪板在底部有塑料的外皮，滑雪部的前端向上翻卷了两英寸，所以从前面可以看得见，这就是那些“黄尖”。

发明家霍华德·海德（Howard Head）发明了这种滑雪板，他认定这准有市场。在科罗拉多滑雪巡逻队（Colorado Ski Patrol）志愿者的配合下，经过两年时间对原型进行弯曲、断裂等方面的测试，霍华德逐步修正了他的设计公式，他计算出在什么样的温度、多厚的材料、在哪儿焊接、做成什么形状最为合适。他最终开发出来的钢质产品比胡桃木质的滑雪板更轻、更富弹性、更坚固耐用，也更加快捷。1963 年，他放飞了这些产品，它们如同春天的水仙花一般盛开在落基山（Rocky Mountain）的各个角落。底板的顶端造型是箭头，公司的徽标和拥有者的签名就写在黄底儿上。

黄尖的滑雪板看起来速度更快，事实上也的确如此，每次看到人们用这种滑雪板，我就抑制不住购买的欲望，我希望更快、更有弹性、更轻，别人也一样，不用我说，市场的需求就证明了一切。

这不是因为时尚和炒作而上扬的市场狂热，也不是降低价格导致的抢购狂潮，产品是实实在在的东西。它彻彻底底地征服了我和威利这样潜在的客户，我们回到学校还经常一边听着老师的讲课一边做着白日梦，用价值 39 美分的黄色钢笔尖在桌子上勾画出海德滑雪板复杂的造型，我知道滑雪板对我的吸引力明显强过老师的讲课，我暗下决心，一定要在海德的滑雪板上签下我的大名。

两年后，我从学校毕业，刚刚找到了一份工作，手头宽裕了一些，就迫不及待地买了一副海德牌滑雪板。不只是我，几乎每个人都是这样做的。即使木质滑雪板一次又一次地降价，可仍旧在仓库中堆积如山，海德的滑雪板几乎是 4 倍的价钱，可分销商那里还是供不应求。海德的生产线全天开动，加班加点，仍不得不延期交货，公司迅速扩张。全世界 20 多家滑雪板生产商，1/3 的销售额来自海德。这样的业绩太让人兴奋了，不过其他的产商很快就学会了造钢质的滑雪板，海德必然会失去一部分占有率。

海德标志性的外观就是黄底黑体，竞争对手们采用多种多样的配色方案，又吸引走了一批顾客，不过海德在滑雪板市场还是遥遥领先。

Rossignol 公司是一家欧洲的用具生产厂，他们发明了一种环氧化合物材料的滑雪板，逐渐地进入了滑雪板市场。他们的产品让钢质的滑雪板看起来像当年的木质滑雪板一般相形见绌了，新型的产品又一次做到了更快、更轻、更坚固。更快、更轻、更坚固总会赢得市场。历史惊人的相似，这家新的公司对付海德的招数就像海德当年对付其他厂家一样，而有趣的是，海德也和当年那些坚持生产木质滑板的产商一样，对世界的变化视而不见，顽固地坚持生产钢质滑雪板。

如果海德能够早一点认识到钢质滑雪板已经落伍了，他们也许会放弃钢质的标签，削减设备，重新投资于环氧材料压片机，就有可能利用品牌效应和客户的信任，保住市场的一大部分份额，他们甚至可以把新产品也作成黄底黑体的。

但是代替客户忠诚的是海德对旧工艺的忠诚，海德心中充满着堂吉诃德式的幻想，天真地认为时代进步的车轮会在海德创造的巅峰止步。如果海德公司能够顺应市场采取行动，可能不会总是处在市场的统治地位，但也比他们事实上所做的好得多，海德痛失了这次机会，历史无情地抛弃了海德，现在几乎没有人还记得海德曾经是风光一时的滑雪板生产商了。

人们依稀还记得的事情是，霍华德·海德把品牌卖给了 AMF，所以当他们开始转向网球拍的生产时，更替的新名字叫做“王子”(Prince)，而不是海德了。你会想到“王子”是什么吗？就是那种特大型的第一个钢质网球拍品牌。

要做到收敛向内真是太容易了，只要你用那些“自己已经做得很好”的事实催眠自己。人们很容易忽视外部的世界已经发生了变化，它的趋势、方向、品味和需求，都已经不再是昔日的情景，所以一个真正强大的公司要经常向外看而不是收敛向内。有一类公司，总是卖他们能够做出来的东西，另外一类，是做他们能卖掉的东西，前者总是破产和失败，后者则掌握了常胜的法则。

下面 3 条原则，可以让你的公司在一周内就变得更加兴旺，其效果会持续永远。

1. 召集一次客户建议座谈会。尽量使气氛融洽，以便于他们能够坦言对你的经营方向的批评意见，你要努力听取他们的新的概念和新出现的迹象，而且每年都要换一批客户参加这种座谈会，获得更为新鲜的观点。只有把客户的思路和你的业务相互结合与借鉴，才会共同发展。很明显的事实是，他们能够感受到的威胁，你也不能幸免。

2. 设定一些判别标准以决定你何时变革。如果进口从 20%上升到了 35%，你是否要关闭国内的工厂而迁移海外呢？如果市场的主流需求已经从木质的椅架转换成为塑料的了，你会不会因为这个信号而转换公司的经营呢？这方面的指导意见很多，你要在走下坡路之前迅速决断。
3. 永远不要忘记隐藏在客户偏好之下最真实的需求：对更低价格的无限追求。这意味着产品的成本至关重要，你的生产流程让人自豪的唯一原因只能是它使得成本更低。如果你的成本比其他人都低，你就赢定了，绝无例外。虽然海德滑雪板在市场上卖的价钱是木质滑雪板的 4 倍，但实际上它的成本是低于竞争对手的。巨大的利润空间使海德可以采用杀手式的营销手段，并不断膨胀和扩张，最终控制市场。成本最低是你对自己的流程保持钟爱的唯一理由。在你的日历上，用你自己的话，写上几处这样的提醒。每年的 12 月 31 日，记得提醒自己在下一年要再次降低成本，那样会让你更加专注。

# 第5章 RAISE A FLAG, ANY FLAG 树起一面旗帜，任何一面

连锁店经理几乎被眼前的数字惊呆了。他负责经营一家连锁店，隶属于快速成长起来的大名鼎鼎的家得宝（Home Depot）。虽然他对自己的生意心里有数，但仍不免对报表上显示的数据惊愕不已。这简直就是一条快速生财之道，不用承担太大的风险和资本投入，就可以每年增加 1 400 万美元的利润，真是太棒了。

他用铅笔在桌子上轻轻地敲着，索性又拿起了钢笔，双手交替着敲起了高中时熟悉的鼓点，接着他用力地推了一下桌子，滑椅向后弹出了几米，他把双手枕在脑后，舒服地看着天花板，脸上洋溢着商场胜者惯有的自信。

他从椅子上一跃而起，直奔门口，脑子里盘算着说出“百万美元”该是件多么惬意的事情，是的，他真的说了，整整 14 遍。然后猛然打开门，他的面前就是有着 160 家分店的连锁帝国的一家。这个庞大的帝国到 1997 年将会发展到 422 家，到那时，年销售额将达到 350 亿。那他的贡献可就不是区区 1 400 万了。

他从办公室里走出来，在货栈间悠闲地踱步，如同身着橙衫的商场王子。他对这儿太熟悉了，可以称得上业务精通，样样在行。当然，这些业务技巧在培训的时候他就学过，可是在实践中才摸索得更多更深。他继续走着，看着，偶尔询问一下情况。设备、镜子、打孔机、污水槽、淋浴水龙头、窗帘、盥洗用品、花园栅栏、工具、灯头、地毯、弹性零件、油漆刷、锯子、床垫、割草机、门窗、垃圾箱……他知道这些都是怎样分类摆放的，还清楚地记得大部分的价格，毕竟这是他的领地。

他看着这些物件，目光渐渐移向商店前方的某样东西，然后大踏步走了过去，步伐中满是自信和坚毅。

3个月前，这位经理同意在收银台旁边放个小亭子，目的只有一个：卖汉斯牌（Hanes）女性丝袜。汉斯的分销商向他保证货物的充足供应和及时到位，家具货栈可以在60天内偿付销售款。这种丝袜一双卖3块钱，每卖一双家得宝就会赚6角，而这个小亭子才不过占了102 000平方英尺总店面积的4平方英尺之多。

从家得宝的第一家店在亚特兰大开业算起，到现在已经有5个年头了。当年的想法就是销售家庭所需要的一切物品，通过营建大型的购物商场，购置品种齐全的货物，提供比木材装潢公司更多的选择余地，来吸引顾客。实践证明，这是一个好点子，营业额是那些五金商店和装潢公司所无法想象的。规模产生效益，巨大的销售利润必然导致价格更加低廉，以让利消费者。消费者也更愿意光临家得宝，因为他们可以在这里买到廉价的一切家用商品。

家得宝的每一家连锁店在选址方面都很考究，一般集中在中高档住宅密集的地区，几乎每家的年营业额都可以稳定在3 400万美元。

那位汉斯丝袜的定点推销员正向商店走过来，他和经理的关系不错，是他建议在货栈设立这么一个小亭子的，他的主意也确实为经理赚了不少钱。

这个小亭子既赚钱，又不麻烦，货栈不用配备专门的人员去整理和补充货物，这些工作都由分销商来完成。分销商一周至少过来两次，为售货亭补给货物，更换陈品，重新布置，连锁店经理要做的就是把这个可移动的小亭子摆在收银台到门口30英尺间的某个地方而已。

连锁店经理走到了商店的前面，仔细地端详售货亭，开始琢磨尼龙丝袜子和第三号收银台女服务员说的话。一个小时前，他问过汉斯丝袜卖得怎么样，现在他算出来了，将是1400万美元。

那个女服务员曾说："噢，今天好像已经卖了两三打了，昨天小亭子放收银台旁边时卖得更好。"照这样算，如果小亭子离收银台不太远的话，一天大概可以卖75双，也就是235美元，那么一年就是85 000

美元，如果在160家连锁店都布置上这种小亭子，仅这一项小业务每年的收益就将达到1 400万美元。产品卖得如此火暴，又是售后付款，几乎是零投资的绝佳生意。

想到这儿，连锁店经理不禁心潮澎湃，激动不已，不过多年养成的镇静的品质让他很快就冷静下来。他做了更深入的研究，从收银台的录像记录来看，他的估计是准确的。他观察了两个月，撰写了详尽的报告，并反复修改。这项业务的销售额保持稳定，他注定会成为为公司创造1 400万美元业绩的英雄。

最后，他把自己的报告提交给大区办事处，然后静待回音。他仿佛已经知道大区的人将会说什么，他仿佛已经品尝到了其中的欣喜和甘甜。

不过他想错了，大区办事处否决了这一建议，称之为“一个不错的小主意”，然后列举了一大堆理由。

“你必须知道，”他们说，“我们从中得到的也许还不足以抵消我们的损失，这项业务根本就不适合我们公司。”他对这个解释提出了质疑，他们又给他做了详细的解释。渐渐地，他明白了他们所说的是什么意思。这个聪明的连锁店经理，高兴之中忽略了一个重要的问题。

“如果这么做，将会产生什么样的后果?”，他们解释道，“会混淆我们的形象。我们是家得宝，几年后我们的业务规模将达到100亿，这是因为我们专注一个领域和主题，那就是家居。顾客来这里，是为了给他们的房屋和花园添置东西，所以我们不卖自行车，不卖糖果，不卖衣服，甚至包括女性长筒袜。事实上，我们最担心的是这1 400万的业务会混淆顾客对我们的印象，这不值得。无论在极具竞争力的市场还是衰落的竞争环境，不清晰的经营方向都会导致失败的恶果。我们清楚自己的方向，这其中不包括长筒袜。”

(注：这些有“*”标题的故事来自我1993年出版的《坚船不沉》，都是经过修订的。那本书是西蒙·舒斯特出版公司出版发行的，现在已经绝版了。家得宝在当年是一个神话，是一个有着160家店铺的连锁帝国。到2001年，回过头来看这个案例，似乎更加有力，因为这些年该

公司的发展为之提供了丰富的佐证。经过1998、1999、2000年的业务增长，连锁规模已经达到了1 087家之多，预计到2005年将会达到2 300家。2001的销售额预计超过440亿美金）

第63章讲述了一个如何创业的例子，来自我个人参与Teledesic公司创业的想法和经验，在1993年那本书出版的时候，这项事业已经开始了3年，如今，在本书中，该公司的例子要做一次更新和补充。Teledesic已经从当初的4个雇员、20个咨询人员发展到了3亿资金、几百个雇员的规模，最近有投资人士给Teledesic的估价是30亿美金。

1993年的那本书中还预测了IBM、通用汽车（General Motors）和西尔斯（Sears）的发展会很平常，如今，他们仍然在摸索中缓慢行进。

我说这些的意思是，这些材料真的非常有价值。

[要想把书一捆一捆地卖出去，这本书不应该叫做《6个月扭亏为盈》，而应该起个富有吸引力的名字。比如《怎样不工作就可以在60秒内致富》（*Get Rich in Sixty Seconds without Working*），或者叫做《百万富翁的11个不传之秘》（*The Eleven Secrets All Millionaires Know*），政客、用法术治病的医生、“薄利多销”的音像贩子、那些熟悉销售技巧而不在乎影响的家伙们对这套把戏最拿手了。历史上第一本金融类的畅销书，是爱维思（Avis）的CEO写的《组织向上》（*Up the Organization*），讲述他们公司怎么做到第二的，文笔幽默，富有趣味，读起来确实是一种享受，可是在他们的领域里爱维思始终没能超过赫茨（Hertz）。不过更有趣的是，在那本给人无限启示的经典之作《追求卓越》（*In Search of Excellence*）中用来作为管理典范的案例公司在接下来的10年内大多土崩瓦解]

经营家得宝的人显然十分清楚他们在做什么，他们给公司以清晰明确的市场定位，确信每家连锁店的经理都知晓其中的道理。这样看来，我们这位连锁店的经理好像犯了错误，但是大区管理层并没有迁怒于他，而是高度地赞扬了他的创新意识，然后把这个故事讲给每个经理听，用以说明公司的宗旨。

他们把故事中的寓意说给每位经理，每一个股东，甚至金融媒体。

他们给所有的雇员发信讲述这则寓言，在鼓励创新的同时阐明公司的成功之处，那就是坚定不移的方向："以合理的价格为家居所需的一切提供最大的选择空间"。

这就是他们的旗帜，在挣钱的诱惑下依然毫不动摇。因此，在消费者眼里，家得宝就是精品和价值的体现。家得宝保持了业务的持续增长，如今罗文（Lowe's）给了公司新的前进动力，可相比之下还是落在了后面。要是家得宝抛弃了他们的旗帜和传统，转而通过展销会而进入设计领域的话，罗文现在准有一段苦日子要过了。

下面几条告诉你如何在今年让业务走上笔直前进的轨道：

1. 广泛调查你的客户、雇员和投资商，找出公司的强项，有什么样的发展潜力，确定那些经常关注的事务中哪些最可行、最有前景。
2. 把调查和总结的结果列成简短的几句话，让大家评议最终选择哪一句。千万不要选最佳的质量、最佳的价格和最佳的服务之类的，因为这3个短语几乎是禁忌。选出一句或者两句，要能体现专业和专注。"以每小时60英里的速度行驶，你所听到的最大响声来自于钟表。"这是劳斯莱斯公司（Rolis Royce）的承诺，他们没有喊什么"质量"的口号，只是说明了发动机很"安静"，这就是专业和专注，所以让人印象深刻。达美乐（Dominos）对比萨的服务只说了"30分钟后送到"，他们不说"更好""更便宜"或者"更热""更香""更大"，甚至也不说"更快"，他们只说"30分钟后"。
3. 然后把这句话用在各个场合，演讲、广告、信封头、前厅大门、货运标签、公司的小册子等等，你一直坚持用它，别人才会开始领会并接受。无论你想说什么，都不能忽视了这个关键句。坚持的过程中没有人提醒你，就靠你自己了。

# 第6章 SPECIALIZE OR DIE 专业化才能生存

冬·史密斯（Doug Smith）最近的麻烦事儿不少，承受着来自各方面的责问。冬的家族很有钱，可是他好像没有继承到什么商业基因。

史密斯的公司位于蒙大拿州，是大天集团（Big Sky）旗下的一家名叫软件快递（Software Express）的公司。史密斯在财务上从不发愁，反正家族有充足的资金作为后援，因此他的公司就这么漂着，表面上看好像业务增长得很迅速，已经涉足了3个不同的领域，可是十多年来超过53个季度不断地亏损，终于让他老爸和董事们厌烦透顶，再也不愿意为他没完没了地签署一张又一张的支票了。

于是软件快递的董事会通过猎头公司找到我，让我来接管他们的公司。

这确实是份有趣的工作，可是我却提不起兴趣来。我对猎头说明了我的顾虑：长久以来，史密斯家族的人把公司的业务弄得乱七八糟，失败几乎成了公司的一种文化，要想挽救这家公司非得进行大的调整不可，而很有可能当挽救行动初具成效时，史密斯家族就为收支平衡而庆祝，失去了继续发展的机会和动力。“如果他们想要挣钱，”我毫不客气地说，“就给我绝对的控制权，而不要干涉我的行动。”

“我认为他们不会这样做。”猎头说起话来吞吞吐吐，显然有些为难，接着他向我说明冬·史密斯对公司的感情有多深，我再一次声明这不是一个公司，而是一个现金黑洞，是那种附着在社会机器上的对生产力发展有所损害的福利系统。

冬·史密斯是一个极其聪明、精力充沛的人，他几乎可以编制任何类型的程序，但是在公司的运营上，他就差得远了。他的经营能力始终没有提高，很大一部分原因是他从不担心钱的问题，这就像学习那种没有网的网球运动，毫无价值。他工作努力，充满激情，经常有一些特别好的计划，不过这些计划无关乎利润。计划中总是幻想多于实际，离题万里，有意避免谈论那些实质性的细节问题，比如成本、利润和亏损。

噢，每天都有很多的祈祷者，聚在一起为美好的明天祈祷，也许奇迹一定会发生。但是即使上帝天心叵测，有一件事情他也绝对不会做，那就是给管理不当的公司提供金钱。

“那就让他们去聘请那些热切渴望成功的童子军（Cub Scout）吧，”我对猎头说，“让他们再损失100万美元的时候，也许就是今年的夏天，再来找我谈这件事。”

关于绝对控制权的事儿，来来回回地反复了几次都以失败告终，最后史密斯家族最可信任的律师坚持认为是该放弃控制权的时候了，然后我才走马上任。冬·史密斯，这个拥有公司20%财产的年轻人，留下来成了我的伙伴。他父亲——公司的主席，气愤地离开了办公楼再也没有回来。只要我愿意，就可以随时召开董事会，但我没有这么做。

和冬这样的人待在一起，不喜欢他是不可能的，他敏感、乐观、反应积极、十分善良，是那种“你敬我一尺，我敬你一丈”的人。他对什么事都热情高涨，兴趣广泛，可就是缺乏经济头脑和持之以恒的毅力。

冬以前在蒙大拿州上过两个学期的大学，他很聪明，可却被退学了，因为他不能适应学校的生活方式和规定，他认为每天上课真是一件太愚蠢的事。后来，他到麦当劳（McDonald）当收银员，6个月后又被解聘。然后他就到了家族经营的大天集团，在他们的支持下接管软件快递公司。我把公司的业务从头到尾梳理了一遍，然后对冬说，很显然，软件快递唯一要做的事，就是专注。公司过去方向不定，从一个业务领域跳到另一个业务领域，哪一个都没有坚持做好，结果几乎得罪了所有的消费者，当然要亏损。

8个星期之后，我们再次谈到这个话题，以及如何使公司专注于众多领域中的一个来获取利润，冬对我的观点心悦诚服。

我把经营思路整理了一下：一年内不在新的领域投资，在现有的领域做适度的投入，预算需要重新调整和保持，我们要巩固实力。

冬听取了我的建议，大加赞赏。第二周他宣布辞职，说他的天赋更适合于充满冒险和挑战的创业环境。他的离开，对我来说是好事，可是我又开始为他担忧，怕他再次陷入挥霍金钱的迷雾。

软件快递公司有一种专门为房地产商和银行家做抵押分期付款的计算软件，能够根据客户的要求以 3 种不同的样式显示表格，客户化软件包值 10 000 美金，大概要一个月的时间才能完成客户化定制。

公司还有一个产品是统计软件，最初是在蒙大拿州立大学开发的，后来被软件快递公司作为王牌产品推向市场。软件主要适用于研究领域，客户需求量不大，一套卖 25 000 美元。与其他的系统相比，柔性不足，但精确性上略胜一筹。实际上，像制造企业的质量控制部门对这款产品没有任何兴趣，政府的一些统计部门倒是兴趣浓厚，像人口普查局（Census Bureau）和国家健康协会（National Institute of Health）就与公司签署了长期的软件使用和升级许可。

第三个主要产品是一个简单的法律软件，满足小型的法律公司实现文字处理的自动化需求，不需要任何客户化，一套卖 1 500 美元，可以多种颜色显示，打印出来也是彩色的。

我召集了 3 种产品的几位用户，让他们评议一下是什么功能吸引了客户，又是哪些方面赶走了客户。

我们发现有两家竞争对手开发了几乎和我们一样的抵押付款计算软件。

我们了解到我们的统计软件是最棒的，因为它的误差只有一根细头发丝直径的一半。然而运行起来很费事儿，比同类排名第二的软件要贵得多。

而且，我们也知晓律师们十分喜欢我们提供的这款文字处理软件，不是因为什么技术上的先进因素，只是漂亮，在众多的文字处理软件中它是唯一能彩色显示的。

我们打算在抵押付款计算软件上超过我们的竞争对手，毫无疑问，他们的程序员肯定想得比我们更多、更超前。除此之外，这个软件的市场不再增长。即使这样，我们也要尝试一下。我们不断提高软件的质量，一年内平均每个月将价格浮动5%，到年底，原客户的20%仍坚持用我们的软件，另外80%告诉我们无法忍受这个价格，离开了。

那留下来的20%更关注软件的质量，这是12个月来我们不断改进的结果，即使只剩下20%，我们的收入也很可观，然后我们把这个软件卖给了一个缺乏耐心的、退休的银行家，他正想找点事情作为业余爱好。接下来的5年，这个软件为他赚的钱远远超过他前30年担任银行职务的薪水总和。

我们曾想，如果我们把统计软件的用户界面重新设计，使之更加友好（“界面友好”是计算机词汇，就是“易用”)，还是有市场前景的。考虑到重新设计要花上18个月以及250 000美元，我们改变了主意，我们把它卖给了科学联盟（Scientific Associates)，一个走低价位路线而且很有竞争力的对手。他们把软件重新设计后包装上市，成为他们统计软件产品中的凯迪拉克（Cadillac)，为他们赚了不少钱。

软件快递很快更名为法律彩虹（Legal Rainbow)，在原来公司的3大拳头产品中我们最终选择了法律行业的文字处理软件，以其无可比拟的特色继续在这块市场角逐。说白了，没有什么特别之处让我们在这个行业鹤立鸡群，只是我们可以彩色显示，我们有，别人没有，这就是差异，这就是专注。

一般说来，颜色没什么理性的意义，而且我们的客户又是法律工作者，这些人整天接触的都是谁有罪谁无罪，什么是黑什么是白，乍看来，这群人根本不可能是对色彩敏感的人，况且他们大多数的着装都是白衬衫、黑皮鞋之类的黑白色调。在被调查的法律客户中，大家一致认为和同类软件相比，除了有颜色之外其他的都差别不大，可是做成彩色的不用花多大的力气，也不会影响法律条文的表现形式，还会让人们觉得更专业更易读……随着市场的成熟和发展，大到汽车小到连衣裙、牙膏、滑雪板、PC机，都已经脱离了那种黑、白、灰3个色调统治天下的局面。一时间，各种商品的色彩多样化成了趋势，苹果（Apple）电脑也被史蒂夫（Steve Jobs）换成了橙色的外壳，备受市场青睐。

当年公司的销售额翻了3番，所有的雇员从彩色界面中收益，这已经是我们的主营业务，18个月后，一个计算机厂商收购了这项业务。

我时常想起冬·史密斯，真诚地希望他能在新的环境中不断地收获成就感和自信。那一年，从他家族的收益来看是受了一些损失，但是整个公司的资本净值上蹿了几百万美元。

（注意：当看完本书的时候，你会认为我曾是18个公司的CEO，不过你只对了一半。第68章会告诉你我都在什么地方做了些什么。在其中的几个故事中我更换工作是为了避免和那些人品不错可是在财务上谈不拢的人发生尴尬）

法律彩虹因为专注而成功。没有人能为所有的人做所有的事，生意场中最逊的话就是“全套产品线”“事无巨细，皆是工作”“一次驻足，选购充足”，说明这家公司“在任何方面都不突出”，因为他们比别人做得多，所以每样做得都不精，因为他们的业务多，所以管理费用高。一家服务质量差、运营成本高的公司，其生存时间用秒表测算最合适了，也许倏忽之间就已不存在了。

下面3条将会在今年提升你的业务，这几乎是你要做的所有事情了，如果你从本周开始执行的话，下半年就会看到它的效果。

1. 通过毛利率来评估你每一件产品和每一项服务。该卖的卖，该提价的提价，在一年内把那些排在后面一半的业务全部砍除。这需要勇气，不过非常有效。
2. 找出你和竞争对手的不同，寻求不一样的销售渠道。如果人家把产品卖给银行家，你就卖给房地产经纪人并学会他们的行话；如果人家卖给《财富》500强，你就卖给小零售铺；如果别人搞直销，你就降低运营成本雇用销售员。总之，你要在一个领域做到老大，而不是老二或者老三。
3. 通过或多或少地削减业务分支以获得一条独特之路。如果别人有50个生产线，你就缩到5条并把它们做好；如果人家以量取胜，你就削减价格提高信誉，以质博得声望。总之，面对竞争对手，要待势而动，应机而变。

# 第7章 SCORN BREAK-EVEN 藐视收支平衡

他的左鼻孔上挂着一铜一银两个鼻环（这些人怎么擤鼻子呢），身上的牛仔裤油光锃亮，还破了几个洞，他的披肩发缠结在一块，混乱不堪，贴在皮夹克上。“嗨，花花公子们，咱们的新头儿来了。”他说着话，稍稍坐直了一些，还是难以掩饰适才懒散的姿态，椅子随之发出吱嘎声，不知名的填塞物从椅垫儿中漏了出来，他把手中的雪茄扔在地上，用脚踩熄了，然后向我伸出了一只手。

“欢迎到骑士保安。”他口气中有嘲讽的味道。

他是一位电话推销员。我在1990年3月签署了CEO的聘书，此前没有见过任何雇员，合同给我的报酬刚刚够生存，给我的任务则是扭转局面。员工名册上记录的电话推销员有80多位，并不都像面前的这位如此“时髦”。

他们的工作就是卖防盗报警器，通过电话确认销售约会，和私房屋主打交道。

等一等，和私房屋主？带着鼻环？嗯，的确，第一印象就很糟糕。

除了这次没留下什么深刻印象的介绍之外，骑士保安公司的支票簿向我显示，我们大部分业务的往来都是和一个供应商的，经过简单的调查后发现高层管理团队中的两个家伙就是那家供应商的幕后主人，不过交易中用的是别人的名字，这家供应商的价格高得出奇。

解决这个问题太容易了，我们向这家供应商订购了一大笔货，暂时不给钱。供应商的幕后主人（我那两个缺乏忠诚的管理人员）为了不暴露自己，就不可能试图索要货款，这样“犯人”跑掉了，我们所经营的产品成本一下子降了下来。

骑士保安公司每周的损失大约在8万美元左右，若非十几年来把用于研究和贬值过时的设备资本化运营，情况还会更差，也更贴近真实。骑士牌的报警器是双声道的，也就是说，报警的时候，客户屋内的喇叭扩音器自动打开，自始至终发出轰鸣声，这不是普通的鸣笛示警，因为那种声音日常生活中经常听到，往往引不起足够的注意，紧接着一个声音出现："这里是安全中心，请说出你的代码。"我们的调度中心对这个号码查询确认。

错误报道很快就可以得到核实，不必再打电话确认。更重要的是，防范效果极佳，当盗贼非法闯入时，可以很快发现并报警，盗贼听到之后就逃之夭夭了。不幸的是，草率的制造加上蹩脚的设计，使得安装调试人员总是要平均登门两次才能让顾客满意。

骑士保安公司的财务状况表明公司还隐藏着另外一个定时炸弹。销售中终生质保的承诺的确带来了几百万的财富，然而这些钱是会缩水的。更糟糕的是，这些承诺面对的将是那些最最麻烦的客户和安装程序。很明显，看起来解决这个问题很容易，实则不然，有一些合同甚至承诺每次报警器电力不足时要无偿为客户更换电池，而某些系统的电池消耗就如同吃角子的赌博机。这些服务都是没有现金回报的，而且还会带来持续不断的费用支出。

与此同时，ADT和布林克集团（Brinks）也涉足这个市场，他们的系统价格仅仅是195美元，而我们的平均装置费用都达到3 400美元，的确，他们没有双声道，可是售价是我们的6%……呃，咳！咳！（咳嗽）……使得我们即使有突出的优点也难以卖出。以ADT和布林克的售价，所有的交易都可以在电话中完成，没有其他的销售成本。他们依然预留了广告的费用，比起我们花在代理佣金上的费用就少多了。他们的安装只需要3个小时，我们的安装过程则要两个专业人员花上一整天，有时候还要两次登门安装。

我们和洛杉矶警方一起进行了几次夜间巡逻，真真切切地感受到他们是多么的繁忙之后，我渐渐明白，由于99%的报警都属于误报，他们几乎无法对真正的警报立刻反应，从根本上讲，骑士保安公司的优势很明显。我们的产品先对夜贼进行警告，并要求说出代码口令，然后在警报中进行监听，所以“骑士”不轻易地报警，但是报的肯定是经过确认的。警方也对经过确认的警报采取行动，他们喜欢捉住那些坏家伙，所以我们的产品概念在某种程度上十分奏效。

但是我们的现金储备不足以支持公司的运行，当消费者的价格期望降低时，我们的市场费用就迫使我们的生意“脱靶”。

我们的监控中心总能收到对产品的狂热爱好者的信件，可是我们的服务人员对此十分轻视，表现的士气很低沉。在监控系统完好的时候，根本不需要特别的智慧负责它的运行，可是我们做的事情总是带来一种畜牧厂的肮脏气。

骑士保安公司停止了侵略性的销售方式。再见了，鼻环！骑士还停掉了双声道的专利生产系统，把它授权给高端制造商，然后从他们那里采购少量的产品。

当你的公司在“失血”的时候，你根本不能清醒地思考，但是现在，随着资金流趋于正流向，“骑士”得以整装待发。该项业务的市场成本定得过高，导致经销商现金短缺；对我们来说自己发展客户，比起用经销商固有的客户资源，当然要付出更高的成本。没有人看到这一线希望，所有人仿佛都被冰冻了，徒然等待事物自己纳入正轨，现在这一切都结束了。这个世界彻底改变了。

因此，我们开始吸收其他公司的客户，4 年内我们就拥有了 14 000 个客户，没有任何的义务和牵连，公司还清了所有的债务，还给惊讶不已的股东们送去了几百万美金的支票，并且在银行囤积了两百万的现金。

全国几百家分销商开始意识到误报的问题，转向经营双声道的产品。我们授权制造的厂商的销量看好，意味着骑士保安公司会从中得到更多的专利使用费。同时骑士保安公司因为专注一些业务，发现了提高监控质量的新方法，并申请了专利。其他的一些监控站非常喜欢骑士的技术，热情地从我们这里申请获得专利使用权。

然后，不可避免的事情发生了：第一保安公司，一家发展迅速的西海岸报警器公司，在 1994 年夏天开始关注我们，在 11 月份以 3 倍于骑士年度销售额的价钱收购了骑士公司，另外两个同样虎视眈眈的收购商望而却步。

我们分发现金的那天，电话响了起来。打电话的是一位充满惊讶的股东，他刚刚收到了一张几百万的支票，“你们究竟做了什么?”他问道。

“没什么。”我回答道，这就是全部。

幸运的是，我没有足够的现金去维持公司先前那些愚蠢的行动。所有的业务必须在短期内扭转局面。

是不是很艰苦? 不过艰难困苦总不会持续太长。我们当时苦难深重，选择余地很少。多谢老天，没有让我们收支平衡，否则你会在那种平庸的状态下苟延残喘、日渐憔悴，然后某一天恹恹地退休，生活质量还是不高，并且慨叹付出和回报为何如此不成比例……我们可不必那么“奢侈”地耗费生命，实际上不必如此艰辛苦楚，我并没有整天忙得不可开交，在挽救骑士的同时，我还撰写了本书的初稿，享受着生活，和别人合伙创办了 Teledesic 公司。

如果你的利润很微薄，下面就是你本周应该做的：

1. 立刻采取激烈的行动。你正在失去战场，你的竞争对手正在攻城掠地，你正面临死亡的威胁，不管做点什么都会有所帮助，什么都不做可就太冒险了。停止出售，开始买进，或者做得相反。提价 30%，关闭加工厂，从别人那里买进。在一天内决定你要做什么。如果你做不到呢? 那么就退出。不要侥幸地等待事情自己变好，不会的，更不要给自己时间去这么想，整天和一堆烂事儿搅在一块，你不会变得更聪明的。
2. 紧催应收款项，绷紧应付款项，每周找出一条降低成本的办法，不论效果大小。关乎钱的事情都不是无所谓的小事，就像我们养成的习惯，它会蔓延，也会累积（生意遇到麻烦时，不要试图寻找基金的帮助，如果你没找到，你就在关键时刻浪费了时间；如果你找到了，你就有现金继续做错事。在你财务紧张的时候，你也可能会放弃太多的股权，以低廉的价格售出，或者付很高的贷款利率)。当现金不再增加的时候，你就不能清楚地思考，所以你首先必须要做的就是促使资金的正流向，其他的事情统统不作考虑。

3. 现金增长时尽量把钱分摊，这是最难的。现金多了，也会让你变得愚蠢，所以保持先前的紧张，战战兢兢地做事要好一些。在公司的再发展上面多投入一些，给股东分配一些，少量的用来支付债务。但是要警惕，任何可能吃掉这笔来之不易的现金的新点子都是有害的。

# 第8章 SLASH COSTS 削减成本

由于对削减成本的不断追求，产生了一种新的业务，叫做普莱斯会员店（Price Club），现在风行的则是科斯科，这是两个来自不同背景却有着共同观念的人创办的，目的就是不断地降低成本。

在创立会员店的30年前，索尔·普莱斯（Sol Price）是圣地亚哥的一名律师，在第二次世界大战期间，他的客户用手表等物品代替现金来支付报酬，他的客户很多，所以他就用这些“报酬”开了一家二手珠宝商店，经过30年的发展演变，已经发展成为打折百货连锁店联合商业中心（FedMart）。

1975年的时候，普莱斯把这家公司卖给了德国的一个零售商，雨果·曼（Hugo Mann）。普莱斯仍然担任该公司的总裁，德国人又请了一位名叫汉斯·斯科普菲林（Hans Schoepflin）的人担任公司的执行副总裁。索尔·普莱斯对德国人的刻板僵化十分反感，比如对每笔费用开销都要经过3个人签字。索尔提出了抗议，反对这些制度，但这不再是他自己的公司了，所以他被解雇了。

汉斯·斯科普菲林接任了联合商业中心的总裁，索尔就新开了一家公司——普莱斯会员店，并对雨果·曼、联合商业中心和斯科普菲林的违约行为提起了诉讼。

索尔在圣地亚哥北部的加利福尼亚的La Jolla公司租了一个大仓库，位置就在距离我家10分钟路程的商业区。“没人光顾，”索尔回忆道，“6个月后我不得不考虑是否还要继续投入资金以维持运营。”

普莱斯会员店消除了中间商、销售员等中间环节，顾客可以自由地选取货物，并以难以想象的折扣成交。比如说，家得宝（第5章）不做的连裤袜生意在这里，10副包装的只卖到25美元。这就是双赢。

但是，最初的6个月，他的商业理念在市场上毫无反响。客户很少光临，导致库存积压，索尔和一帮参与投资的朋友已经在上面投入了75万美元。在第六个月，索尔没有犹豫，冒险地再次注资25万美元，不多也不少，他也不知道为什么这样做，这是一种感觉，一种来自本能的东西。结果，他做对了，顾客们开始潮水般地涌入他的商场。

或许一开始少量的顾客正在谈论和观望普莱斯会员店，或许在气候温和的南加利福尼亚地区口耳相传的速度太慢，或许是会员店所采取的从公司销售向个人会员形式的转变奏了效。实在找不出恰当的解释为什么成功会姗姗来迟，但是给最终的成功找个解释还是很容易的，那就是“顾客永远喜欢省钱”。

整整一年索尔和汉斯没有说过话，但他们经常在法庭和律师事务所见面。索尔在每次的诉讼中专心地听取汉斯提供的证词，随着时间流逝，他发现他和汉斯的观念是一致的。在大约两年彼此的对立和分裂后，汉斯承认索尔是对的，公司的所有者们错了。这不是德国，这是圣地亚哥。胡须是不错，牛仔裤也很好，西装革履也不赖，只是看客的角度和观点不同而已。那些不好的东西总是带来新的成本消耗，而且会不断放大它的危害，最终付出高昂的代价。汉斯知道索尔所说的，商业中只有一条宗旨，就是削减成本。但是雨果·曼做的相反，他在提高成本。

汉斯也遭遇了职场的寒冬，他不希望联合商业中心扩大成本，所以他选择了离开。与此同时，这桩诉讼也结束了。

在1978年的夏天，索尔邀请汉斯和他一起做事业，他们一起喝咖啡，讨论减少分销成本的方法。根据他们业务的特点，他们需要租金较低的大仓库、码垛堆积的货架、能够把货物从卡车上卸下的垂直起降叉车。

他们谈得很久，两人都坚信巨大的折扣有着美好的未来。索尔·普莱斯经历过大萧条，因此成本意识很强；汉斯·斯科普菲林是贸易注册会计师，他认为每一分成本都是魔鬼并且从不相信魔鬼有存在的必要。

他们从另一种角度看分销，然后取消了分销链所有后续环节，直接着手最高一环。协议的谈判过程是很艰苦的。汉斯第一年的工资除了股票之外一无所有，他们两个都同意这点，可是在股票的数量问题上又花费了几天时间。要是他们两个人中任何一个能够预测到汉斯的 10%的股票在后来的 10 年内价值高达几亿美金，将是非常有趣的一件事。

依照普莱斯的说法，这种销售模式的成功来自于有限的选择和超大的规模。清算账目容易多了，库存管理也容易多了，最妙的是，少量的客户会买更多的产品。普莱士说："损失一些顾客是值得的……假定一天有 10 000 名顾客光顾，其中有 10 位需要粉刷房子的轻油，如果你分别提供 12 盎司、8 盎司、3 盎司的罐装轻油，你可能会成功地把轻油卖给他们。

"一个买了 12 盎司装的，3 个买了 8 盎司一罐的，6 个买了 3 盎司的，加起来，通过提供 3 种容积规格的轻油，你卖给 10 个顾客 54 盎司。

"但是在普莱斯会员店，我们可能仅提供 12 盎司装的。10 个顾客中的半数可能不会买，12 盎司真是太多了，所以我们只卖了 5 罐，可是加起来就有 60 盎司。很明显，这样卖得更多，更好的一点是，我们可以从供应商那里得到更低的折扣价。他们只需给普莱斯会员店运送一种容积的轻油，相对而言在数量上较大，降低了运送的成本，所以我们把这种利润的结余空间传递给顾客，由于价格低廉，我们的销路会更好。这就是为什么损失部分顾客是值得的，而且这个销售链条的每个环节都尝到甜头。"

普莱斯会员店（如今的科斯科）使得供应商的工作变得越发简单，供应商一般只需要提供很少的装箱等操作，因此可以给出更低的批发价格。如果供应商拒绝这么做，普莱斯就不采购他们的货物。这就像是商店购物的那种感觉，不断地寻找适合自己的，如果不合适就不买。这对一次性采购来说一点也不冒险。

普莱斯会员店没有库存开销，每一种商品都会在两周内卖完，否则就不再续订。供应商的钱一般在 30 天内偿付，大多数的货品在规定时间的一半就已经售罄。普莱斯会员店（或科斯科）建立新店铺之前会出售会员资格，所得的钱用来提前支付建设的费用。

当顾客们正打算来这家普莱斯会员店时，忽然发现第二家已经开了，马上又是人满为患，没有人知道为什么会这么火，接着是第三家、第四家……《福布斯》杂志将普莱斯会员店评选为20世纪80年代利润增长最快的公司，销售额在1994年就超过了100亿美元，在开始的18年这样的增长势头很不错了。这家公司从在我家附近开办之时就预示了总有一天会做大做强，事实果真如此。原因很简单，他们的目光始终紧盯着如何缩减成本。

这家公司创造了商业奇迹，即便是早期投资不过2 500美元的股东也都成为了百万富翁，然而他们的年度报告还是用原来那台服役多年的打字机制作的，总裁办公室的书架还是他大学时代的旧物，就是那种两块木板两块砖的简陋书架，只是重新涂了一层漆。

一天，山姆·沃尔顿（Sam Walton）来圣地亚哥邀请索尔一起出去旅行，索尔带着山姆在自己的公司转了转，几年后，山姆俱乐部（Sam’s Club）也在全国各地开办起来。成功总是会教会竞争对手一些宝贵的经验。科斯科也在不久后出现了，原因是他们两个人的事业都在极短的时间内急速发展，最终他们合并了，这样每个人都成了赢家。

在索尔和汉斯踏上迈向亿万富翁的俱乐部之路时，唯一能确定的事情，就是绝对没有固定不变的成本。没有哪项节约成本的措施是微不足道的，每一项措施都值得借鉴，没有什么比寻找最合适的价格更让人激动万分了。

做生意之人几乎从不相信市场的稳定和所经营业务的独特性已经到了成本与价格无关的程度。

因此，削减成本就成了现有的最具活力的市场行为。

或迟或早，每一位像我一样筋疲力尽的行销执行官都会认识到会计师，那帮精打细算的人，他们在质疑和削减成本的问题上比我们这些浮华的行销人员更有见识，也更有办法，他们才是更好的市场人员。

下面是如何让利润立刻激增的办法：

1. 把管理人员的工资降低5%。CEO和副总裁的工资要降低10%，增加月度的利润分红，如果月度利润比去年同期增长10%，就给10%的奖金，是5%就给5%，是20%就给20%。注意有关日常开销的申请是否有所下降。这样做的目的是让大家同舟共济，向一个方向努力。
2. 组织一个新的委员会，每个月提出不同的成本削减方案。这个委员会要由不同部门的人共同参与，给他们相应的报酬，让他们在30天内找出5个最重要、最可行的成本削减方案，然后公布这些方案，在所列的每一条项目后面缀上建议者的名字，并把当年在这些方面节省费用的20%分给委员会成员作为奖励。
3. CEO率先垂范。出差时用旅行打折的飞机票，规划周六的旅行会议以降低旅馆和飞机票的成本，考察可以替代的远程服务办法。削减扫垃圾和看门之类的服务开支，购买二手家具和办公设备，把办公地点挪到租金更便宜的地方，但是要多摆放些植物并使用亮丽的装饰色。对超过1 000美元的物品采购要仔细权衡。最后，停止招聘新的工作人员来替换空闲了180天的员工岗位，观察一下这么做的效果，很有可能在不增加人手的情况下你的员工仍然能够完成工作，若是如此他们应该得到更多的奖金。

# 第9章 JUMP-START NEW PRODUCTS

# 启动新产品计划

在芝加哥的影展上，柯达公司（Kodak）发布了他们的新产品110型“傻瓜”照相机，这让我们这些忙于开发同类产品的霍尼韦尔（Honeywell）公司的员工们感受到了巨大的压力。柯达的新产品会有良好的市场反应吗？这根本用不着富布莱特法案基金学者（Fulbright Scholar）费劲地分析，仅凭小巧到可以放进衬衫口袋，而且拍照效果不错这两点就说明了一切。

我们很恐惧，压力特别大，上班开会，下班开会，在酒吧或者保龄球馆还是开会。在这个生死攸关的研发成果进展问题上，我们备受困扰，谈话的主题逐渐超越了相机本身。我们这个小组十分紧张，状态不佳，一天一位成员忽然提出：“要是我们做出能自动对焦的相机会怎样？”

哦……对……嗯……太棒了！我们反复地谈论着“自动对焦”，一遍又一遍地重复这个话题，可找到实现的途径并非那么容易，结果“自动对焦”成了从原来的问题上派生出的第二个令人困扰的问题。柯达110型已经面世了，虽然我们原计划的目标是做出一款性能更好的110型，但是我们发现真正唤起我们激情的是“自动对焦”这个雄心勃勃的想法。

我是负责产品管理的主管，迪安·彼得森（Dean Peterson）是霍尼韦尔的一个相机产品技术工程部的头儿，我依然清楚地记得，有一次，迪安站在我们中间，他的大绘图桌就在旁边，当时我们刚刚一起看完一个特别让人沮丧的设计图，他猛然一下把画图笔抛了出去，结果笔尖插进了天花板的隔音砖，足足没进去半英寸。“我们应该做些别的，”

他咆哮道，“我这里一点突破性进展也没有，哪怕把世界往前推进一丁点的东西都没有。”

在霍尼韦尔的这个分部，彼得森是个了不起的天才人物。就像迈克尔·乔丹被邀请到球场扣篮一样，彼得森在霍尼韦尔也是如鱼得水，当然很大一部分原因是给了他充分的自由。在来霍尼韦尔之前，他就主持设计了柯达的第一代“傻瓜”照相机，现在他却被挫败的噩梦缠绕。日本的宾得（Pentax）对我们虎视眈眈，威达（Vivitar）正在吞食我们在电子闪光灯方面的市场，所以我们四面受敌，满身伤痕，一丁点胜利者的感觉都没有。我们的想法就是要设计一种新的相机，有一些柯达不具备的性能，卖个好价钱，在这帮黄色壳子的家伙中间杀出一条生路。每个人都在思考自动对焦的可能性。彼得森和三个工程师助手一起开展这个项目，他们的名字是斯道夫（Stauffer）、威尔沃迪（Wilwerding）、欧家华（Ogawa），这个小组独立于公司的其他部分。我们 5 个人在 18 个月内每天都要碰一次头，最后，我们有了一个不错的相机，可是研发预算也超出了 8%，设计的产品并不能满足成本的要求。要是我们当时死钻牛角尖、求全责备的话，这个项目一定会被扼杀了。

在 18 个月中的某一天，我们找出了对焦的核心问题，谁也记不得那个确切的日子，因为那并不是某一个人的灵光乍现或伟大幻想，而是一大群人脑力劳动和讨论的结果。

我们认为，对焦不过是对比度最大的一瞬间。对比度控制起来很容易，可以通过对玻璃上的成像试用各种曝光指数，然后测出之间的差异，如果镜头从最近的特写（完全落在焦点之外，这时得到的是一幅灰度图像，没有对比度）开始推进，直到对比度最大的一刻，最佳焦距就这样设定了（这还有一个问题，就是取景画面中的什么地方应该成为聚焦点，我们在照片研究室花了大量的时间观察打印出来的相片，分析大多数照片的定位点在何处）。

在研发这种照相机的过程中，我们坚信研发自动对焦比再发明一个傻瓜式照相机更能给市场带来震撼，所以我们又经过艰苦的争取，向公司申请了 85 000 美元的追加投入来证实这个想法，加上原来我们已经投入的15 000美元，总投入金额就达到了100 000美元（当年我们为了争取这关键的85 000美元，受尽了折磨，今天你找不到一个人愿意承认他当时反对过追加这笔投入，那些事后诸葛们可不愿意承担“拖研发人员后腿”的恶名，不过我可记得他们的名字，每隔几年就在他们的名片上钉上个大头针）。

为了做一个实用的原型又花了8个月，然后我们把原形分发给市场业务组，他们着手向其他厂商进行产品演示。相机生产商表现出了浓厚的兴趣，但是一些人认为仅凭几个散兵游勇似的落基山工程师能做出“自动对焦”的新玩意，简直和地球爆炸一样难以置信。因此很多人拒绝支付专利使用费。

大约在彼得森、欧家华、斯道夫、威尔沃迪和我共同宣布研究成果的18年以后，仅美能达（Minolta）一家就支付给霍尼韦尔12 700万美元的专利使用费，其他的比如柯达、佳能（Canon）、索尼（Sony）等也给霍尼韦尔一定的支付金。总而言之，加起来的专利使用费将近5亿美元。在1993年，这个业绩不错了。5亿美元的利润仅仅来自于10万元的投资（我可没说谎，在做那个项目的时候我的汽油使用定额只有区区的31美元）。

直到那时为止，这项专利使用费的总额创下了美国历史上的记录。

每当回想起那段往事，我们总是非常开心。那时候，我们身陷恐惧，眼睁睁地看着威达抢夺我们的市场，宾得的战术策略使我们雪上加霜……比如幻灯片投影仪业务也是颗粒无收，一部分原因是它根本不奏效，另外随着印刷技术的发展，幻灯片投影仪的市场逐渐萎缩了。对我们来说或许很侥幸，在相机研发方面异军突起，有所收获，而投影仪业务的运气就没有那么好了，因为至今那些投影仪的销售情况还难以预测，当时我们投影仪的零件数量是Carousel的两倍，成本高得出奇，根本不具备竞争力，结局让人扼腕。

在我们开始研制110型照相机的时候，我想出了一个新的规则帮助我管理产品的开发：哪怕是花一分钱之前，也要写上20个字左右的声明标题，概括这笔投入的产出效益是什么。这样半数左右的悬而未决的项目自然而然地被砍掉了。这是多么令人震惊的事实，有那么多的愚蠢的开发计划通过这个测试暴露了出来。如果你写不出一个引人注目的标题，这个产品就不怎么样。这条规则在任何行业的某个阶段都是成立的。这条规则引领我们前进，让我们最终获利 5 亿美元。

迪安·彼得森后来和我合伙开办了一家玩具公司，设计出了世界上最畅销的磁带录放机，通过费雪玩具公司（Fisher-Price Toy）做市场销售，几年后他们把这项业务收购了。工程部出来的另外一个朋友，查克·泰勒（Chuck Taylor），原来做电子设计的，跳槽到竞争对手威达那里，离开那里后在夏普映像（Sharper Image）负责设计工作。

想想看夏普映像在决定新产品投资之前会做什么？猜对了，朋友，他们写上 20 个字左右的卖点声明大标题，如果你不能写出有意义的获利点，没有足够的说服力，就不会上新产品。

下面是如何使你的新项目开发有着一流的盈利期望：

1. 制定明确具体的研发方向。在开发任何一个新产品并决定投资之前，用详细明确的语言把该产品独一无二的获利点以声明标题的形式写出来。每周检查每个项目的精确日程、开销和进展。你不要像工程师那样着重谈技术，在营业报告中你需要集中谈项目。过去的利润已成为历史，新的产品才是你的未来。
2. 保持开放和自由的心态，重新审视那些意想不到的突破。开发的过程能够而且必须要有所规划。这不仅会促进既定项目的进展，而且会由于工作的强度激发出意外的成果，而这些意外收获是不会在漫无目的的、修修补补式的开发过程中碰到的。霍尼韦尔的掌上相机项目被取消了，可是从那股力量中生发了“自动对焦”的新枝干。
3. 隔离设计团队。不要给他们安排其他的任务和分心的事情，把他们的职业发展同项目成功与否挂钩，如果他们不能达到预期的成果基准就撤销这个项目，裁去这个部门，对他们来说，只许成功，不许失败，研发途中只有单程。你将会欣喜地发现，他们会非常出色地工作。

# 第10章 MANAGE MORE THAN LEAD 管理胜于领导

3个人和3家汽车公司，两个在亏损，只有一家幸免。

那是1982年的1月份，这3家汽车公司的故事使我触目惊心。从20世纪80年代到90年代，底特律人不幸的事连连发生，出现了大批的破产者。到处都是惨淡经营的汽车企业，让人厌烦透顶。罗杰·史密斯（Roger Smith）是当时通用汽车的总裁，他在广告俱乐部有一个演讲，我也在受邀请之列。当时，我正在外面和俱乐部主席交谈，一辆超大型卡车驶入了教会湾希尔顿（Mission Bay Hilton）酒店的门庭月台。我曾经无数次地看到过通用汽车的宣传标语，不过这次更让人印象深刻。在大卡车的侧面写着5英尺高的大字“通用汽车，卓越品质”。

不一会儿，工作人员又从第二辆卡车上卸下满满一车的声像器材，进行安装、调试，他们跑来跑去，忙得不亦乐乎。

俱乐部主席鲍勃·萨特（Bob Salt）转过身来对我撇嘴一笑，“我们得知他已经安排了在L.A.演讲，但是圣地亚哥的1月显然胜过了底特律的1月，因为我们提供了这些，看，整整两卡车。”

一个人一场演讲要准备两卡车的器材。

真是“卓越品质”！

史密斯的演讲和产品展示的确激动人心。伴随着立体声扩音器中传出的节奏感极强的鼓点和冲击波，演示大屏幕的画面快速切换，让人眼花缭乱，汽车变得灵动异常，可不是我们常常见到的那种笨头笨脑的呆样子。史密斯讲述了“土星”项目的进展、明年的广告计划，以及在他的领导下的通用汽车公司有多棒多好，等等。

史密斯，曾经是一位含蓄内向的财务人员，现在喜欢甚至爱上了讲台。除了两大卡车的音像器材，他还带来了一帮深谙公共关系之道的随从，这些人说起史密斯的奇闻轶事来滔滔不绝，这简直可以和百老汇的明星媲美。即使在冲浪运动盛行时节的圣地亚哥，这种排场和阵势还是让人大吃一惊。

众所周知，在我们这个蓝色星球的某个角落，有一群和我们操着不同语言的人，正在向我们输送大量价格低廉、品质超群的汽车产品，虽然他们没有像美国同行这样养那么多端茶倒水的闲人，但是产品的品质丝毫也不逊色。通用汽车打出的广告，色彩上艳丽花哨，红白蓝色交叉运用，言外之意无非是“通用汽车的利益代表美国的利益”。他们甚至指出，底特律是美国的心脏。

你可能猜不到，有一瞬间我也被这番非同寻常的景象迷住了，当史密斯大谈“土星”计划和它将带来的广阔前景时，我也不禁热血沸腾。他足足说了30分钟，同时那个巨大的从密歇根州用大卡车运来的、铺满整个会场的、从地板到天花板的显示屏上从各个角度展示了产品从技术设计到制造、使用的图像和照片，灯光和影像的交错，使得演讲人的小小的轮廓就像一个灿烂无比的巨人在安静的会场周围翱翔，频频的闪光投向罗杰，他的形象在屏幕上交错出现，这简直是三维技术、音像设施共同营造的行云流水般的超凡幻境。

我坐在那里，很大程度上是在欣赏和享受他的演讲，突然有一幅景象浮出脑海，和现在看到的这些有着某种若即若离的联系。我想起了李·艾科卡，克莱斯勒汽车公司的主席，比史密斯的名气还要大，是个彻头彻尾的领导人物。他引以为傲的有两本书，还有在克莱斯勒商务电视节目中为“野马（Mustang）”系列新概念跑车的豪华广告，以及他曾筹钱重修自由女神像的壮举。

那年，克莱斯勒和通用汽车都在亏损，大额的经营赤字，通用汽车迫于无奈裁员12 000人，同时下调大部分在岗人员的工资和福利，当然高层管理人员除外。他们这些主管的工资至少有6位数，每个人都有业绩表现分红。他们的职责好像就是帮助实施史密斯的战略，若不是如此，他们还能企求什么呢？成效如何呢？

那一年，只有一个人留在了底特律，他就是唐纳德·彼得森(Donald Peterson)，他没有写书，也没有在商务活动中出头露面，他尽量不到处做演讲，即使做，也限制在底特律。他的讲话总让人茅塞顿开，不过他不想也不愿总是出现在聚光灯下，他最大的渴望是生产好的汽车，利润会因之源源滚滚地到来。你从没听说过彼得森吗？他是福特(Ford) 汽车公司的CEO。

他的人生哲学很简单，他告诉设计师忘记利润，去尽情地发挥，设计他们心目中的理想汽车。

福特有一个宣传口号叫做“质量第一”。质量就是公司承担的使命，不久之后，福特的质量就在很多方面超过了通用和克莱斯勒，随之而来的利润也超过了那两家。这是不争的事实。

彼得森退休之后，他的继任者你可能也没听说过，他叫雷德·波林(Red Poling)。1992年，波林的新车型“金牛（Taurus)”在美国的销量排名第一，接替波林的又是你不熟悉的人，埃里克斯·特罗特曼(Alex Trotman)，保持了金牛车型的头把交椅，还带领福特创下了更多新的利润记录。

福特不断进取，连续推出“金牛”和“水星黑豹（Sable)”等系列好车，创下了利润的记录，与此同时，通用汽车和克莱斯勒的发展之路跌跌撞撞，损失了大笔的金钱不说，还裁掉了十几家生产厂（令人悲哀的是，在2001年，福特好像忘记了他们在质量上的承诺，他们也风光不再)。

对于罗杰·史密斯这样喜欢到处出席喧闹会议的人，最大的特点就是缺乏管理方面的领导才能。他们不过是卖万金油的小贩，把通用汽车的成功之处梳理成线，然后到处宣讲。但是，即便如此，他给出的也只是来自空虚的外衣下的允诺，是在带雅间的主管餐厅吃饭的人炮制的，他们从未亲临装配生产线，除非那里有相机和摄影灯。最可怕的事情是他对自己的论断深信不疑，也许他对汽车的了解仅仅来自于对专车司机的请教。

领导能力的确是必需的，然而领导地位有时会导致自负。在某种程度上，我也品尝过这种滋味。当我在不同的公司担任CEO时，那些可能懂得更多的卖主、客户和老同事们表现出可笑的恭敬和顺从。我说出的笑话也许很糟糕，可是换得的笑声总是很响亮很长久。这样下去，你很快就会失去警觉和公正的判断力。直到你离开，你才知道你有多么浅薄和愚蠢。

管理是一项必不可少的工作，某种程度上说管理就是倾听和发现问题。

我曾经问过一些大公司和一些小公司的CEO，如果在向新来的雇员发表演讲和参加顾客谈判之间做出选择，他们会选什么。大公司的CEO多倾向于发表演讲，小公司的CEO更喜欢和顾客打成一片。我所看到的还有，大公司总是在裁员，小公司总是在创造工作岗位、不断成长和招募人才。在20世纪80年代到90年代，美国的工作岗位增长主要来自于小公司。大公司靠把员工分布到全球来提高利润，通过收购和合理精简来获得增长，这些做法总是和你股票回报的终止有着必然的联系。

领导人应大众的热望来宣讲他的理念，塑造公司的形象；管理者则相对低调，鼓舞众人，公众作秀的时候较少，可所获颇丰。日本的公司也有它的沉落起伏，但是二战后经济的平均增长幅度超过了美国。想想看，你能说出几个日本商界精英的名字，他们个人的爱好是什么？很少，对吧。他们不是那种出风头、为大众表现的人。他们忙于管理，忙于本职工作。

下面是告诉你如何重塑公司的健康体魄：

1. 抵制阿谀奉承。鼓励各种观点的表达和碰撞。总是对你言听计从的员工是冗员，把有效的岗位让给那些有想法有点子的人。
2. 取消公众演讲，除非它有利于你的生意。如果演讲能促进你业务的发展，你就接受邀请。如果它占用了你10%以上的时间，对不起，这说明你的内心已经开始被自我表现的欲望占据。如果可能的话，就在小范围内演讲，这样你既可以倾听，又可以讨论。听者总是有所得，而说者总是有所失。

3. 如果面临的选择是员工辩论会和商业会谈，请选择前者。如果满怀抱怨的顾客要见你，就重新考虑与员工共进午餐的事儿。如果是象征性的表现和工作之间的权衡，就去做工作，工作本身就有象征性。

# 第11章

## CRAWL INTO YOUR CUSTOMER'S SKIN

# 深入客户之心

1982年，美国软件业的发展如日中天，领先科技公司（State Of The Art）就是在这样的大背景下创立的，他们的业务集中在财务管理软件方面，创办第一年的销售收入100万美元，第二年就达到了300万美元，第三年的回报就有1 000万，他们的利润以难以置信的每年30%的速度增长。

富兰克林出版社（Franklin Press）承印与软件配套的操作说明手册与相关资料，经常碰到的麻烦是，由于不断地受到领先科技公司临时冒出来的紧急订单的冲击，不得不把其他的印刷任务撇开，而首先应付这些紧急订单。

一个周五的晚些时候，一位来自领先科技公司的郑重其事的采购员——波莉（Polly）又在向卡伦（Karen）咆哮，卡伦是富兰克林印刷厂的营销代表。

“卡伦，我们周一要货，”波莉说话的口气有些挑衅的味道，接着瞪大眼睛斩钉截铁地说，“星期一，没什么好说的。”

卡伦辩解说：“可是，如果你们能给我们一个星期的提前期，可能会为你们节省50%的费用。”

但是卡伦的建议没有奏效，那是富裕的20世纪80年代，软件又是新鲜玩意儿，他们不在乎这点钱。领先科技的办公楼是全玻璃钢造型的，在宽敞的大厅有水晶喷泉和涡流状的现代艺术雕塑，十分豪华。公司的创办者是个精力充沛、坚决果断的人，他每天工作14个小时，一周6天，第7天他们尽情地吃喝玩乐。

这个CEO特别的多愁善感。他成为商界新贵之后，最先要做的事情就是找回年轻时的感觉。他雇用了一名私家调查员，帮助他寻回旧日的痕迹，这名调查员竟然找到了 CEO 先生在高中时期开过的一辆 1959 年产的栗色福特菲尔兰（Fairlane），CEO 买回了这部旧车，重新喷了漆，用透明材料罩住，把它存放在公司的大仓库中，作为他年轻岁月的见证。

“嗨，你不明白，”采购员波莉告诉卡伦，波莉身材虽小，嗓门却很大，头发乱蓬蓬的，从来不化妆，看起来很粗鲁，做起事也是如此，主要的原因可能是她毕业于纽约的街区学校吧，“一套印刷物的墨水和纸张不过花费我们 8 美元，可是把它与碟片搭配在一起要卖 500 美元，在市场上仍旧供不应求，8 美元对我们来说不算什么，要是为了节省 4 元钱而推迟一天取货，这个损失我们可担负不起，我们要的就是及时、迅速。”

第二周的星期一，货物准时送给了波莉。富兰克林装订厂周六的白天和晚上、周日都在加班加点赶着完成领先的订单，客户愿意付两倍的价钱，当然让人高兴。但是卡伦在接下来的一个星期又向波莉提起“提前期”这件事，实际上她没有必要这么做，而且在别的很多公司会有人阻止她这么做。如果卡伦的目的是装起多余的货款跑路，那就另当别论了。

卡伦告诉波莉：“你们确实赚了不少钱，但是我们公司平均每个月为你们提供大约价值 12 000 元的印刷材料，试想一下，如果你能在每周的周一花上 5 分钟来告诉我下一周的大致需求量，你每个月就会省下 6 000 元的急件费用。”

“但是……”

“看，我知道你们生意很好，供不应求，利润巨大，可是只要每周花上 5 分钟就可以节省 6 000 美元，这可不是一件小事啊。”

这个采购员，虽然脾气粗暴强硬，还是接受了卡伦的建议。一般的小销售人员才不会操心这种事情呢，但卡伦却站在顾客的立场为他们的利益考虑，即便是顾客根本不领情并且缺乏对这些问题的认识。

领先科技强化的管理，销售额持续上涨，利润依然看好。1990 年，领先科技开始了社会化经营，在 1984 年经济衰退期间的大裁员中波莉留了下来，要是她坚持每次都超出成本进行采购的话，她肯定是会被开除的，是卡伦救了她。她早期在领先科技的持有股票现在价值 25 万美金。

在这件小事发生的时候，正值领先科技发展的鼎盛时期，波莉也是如此。但是无论是公司还是采购人员都没有被胜利冲昏头脑，以至于听不进去小小的营销代表的合理化建议。

领先科技经历了几次波折，依然保持成功，因为他们乐于倾听。领先科技成为唯一一家由社会控股的 PC 财务软件公司，10 年后被英国的一家财团收购，又让所有的股东大赚了一笔。这家公司以 200 万美元资金起家，在 20 年间拥有了一批忠实的软件用户，创造了超过 1 亿美元的资金回报。

卡伦，那个营销代表，在她的职业途中不断攀升，3 年内她就不再满足于做个小小的营销代表（为我的公司）了，她创办了自己的代理经纪人业务，给多家印刷厂做业务代表，拜访同样的客户群体。

卡伦的成功主要来源于老式的进取精神，她总是比竞争对手更多地与顾客交流，因此她能够更好地了解客户和他们的需求。她不但熟悉印刷行业的规律，还了解客户的需要，甚至比客户自己更了解。在客户犯了错误的时候，她不是闭口不言，而是大胆建议，因为她知道客户也会犯错误的。

客户在某些时候根本不清楚自己长远的需求，有时候甚至不清楚自己在做些什么。

你对他们的所知必须要胜于他们对自己的了解，这样才能把握真正的需求。

下面告诉你如何紧紧扼住成功的咽喉，保全你的销售团队。

1. 关注一下特殊的订单。作为供应商，你常常会对特殊紧急的订单表现出特别的兴奋，想要留住客户，就要圆满完成任务，同时索取额外的报酬。对这类订单，如果不给予适当的估价与思考，就很难发现其中的特殊之处。

2. 立即停止为那些以次充好的产品和蹩脚的服务而进行的打折促销活动。要么替换产品，要么返工，直到做好。那些情愿因折扣而享受劣质服务的客户会给你带来致命的伤害，因为他们习惯于这样之后就自然而然地认为，你们公司只提供劣质产品和服务。
3. 将代理商的佣金分成两部分。将其中一半的报酬换成红利，根据会见客户的情况、重复采购的情况和击败竞争对手的情况进行综合评价后发放。对管理人员来说，这样做的确存在一定的困难，但是取得的效果将是惊人的。

# 第12章 CHEAP IS SUCH A PRETTY WORD 便宜是溢美之辞

嗨，你不是在逃避这个词儿吧？你是不是特别喜欢“价值”、“经济”这类的措辞？听起来很吓人很酷，好，请问这些能代表“便宜”吗？

不要这样了，“便宜”就很好，这是一种褒扬和赞美。我的同学弗兰克·马奇（Frank March）开了一家公司，我为成为他的公司的一名小小的股东而感到特别兴奋。

弗兰克·马奇参加了一个合同的投标，合同的内容是为保护设在加利福尼亚的一家造船厂所有的名为圣·彼得罗（San Pedro）码头而修建替代性的氨基甲酸酯缓冲器，结果弗兰克一举中标，签下了这份合同，因为他已经先于竞争对手以 77 000 美元的价格敲定了这笔交易。

马奇有一家工厂位于弗吉尼亚（Virginia），那儿的经理刚刚以 77 000美元的价格从一次破产拍卖中买回了一个氨基甲酸酯喷雾器，搭配购进的还有一台配套发动机和一些小配件，还有一些生锈的钢管和断裂的软管。马奇花了 3 000 美元把这些东西维修了一下，刮去污物，重新涂漆，更换软管，使它们的性能和新的一样，共计花了 80 000 美元。

然而，其他的竞争对手都购买了崭新的喷雾器，要花 85 000 美元，他们也没有什么生锈的或者破裂的管子，相比之下，马奇的启动资金只有 77 000 美元。圣·彼得罗项目完全由马奇的海威德国际（SeaWard International）承接。其他的竞争对手因为购置昂贵的喷雾器增加了成本，只能接到少量的活，而马奇的生意越来越大，在接下来的几年中每年以数以百万计的幅度增长。

马奇参加 SATs 的数学考试曾拿过满分 800，此前他就是一个目标明确的人。他认为科学、商业和生活都是富有逻辑的。他在MIT读书，当班长，在校期间开办了哈佛消费合作社，拿到了化学工程的本科学位和海洋学的硕士学位，作为一个化学工程师，他有自己的化学产品和专利，作为一个海洋研究者，他又设计了一个海洋类的产品。是不是很厉害？对马奇来说，命运之舟一帆风顺。

比如说，喷雾器这样的设备一年下来将会节省2%的设备使用费，“这是一个目标，我们达到了。”马奇说道，“每年，都以不同的方式实现节约的目标。”

码头上的船体缓冲器看起来简单，设计起来却很复杂，有所改进就更不容易了。缓冲器的设计要兼顾浮力和弹性，而且不能有弯曲疲劳，还要同时保护船体和码头。缓冲器的综合性能要足以达到保护的目的，又不能太过坚硬而容易撞碎。海威德国际的多层氨基甲酸酯特定组合配方使得他们的缓冲器各方面的性能都优越于对手，这点不用我说，那些经验老到的水手都知道。

马奇总是以低价买进。海威德公司在弗吉尼亚的乡下买下了一家废弃的造纸厂，价格不错，工人也很好，更重要的是，相对偏僻的地理位置使得大多数项目的秘密得到了保护。

马奇把购买二手或者废弃的设备所节省下来的金钱投入到车间的自动化改造上，在一个建立在简单的人工劳动（很多公司使用没有培训过的外来劳力）、手工的工艺编制和结果缺乏一致性的传统行业，海威德国际公司竟然做到了计算机驱动的自动化，在此基础上，他们的缓冲器产品的性能变得可控、可预测。

马奇对业务的各个方面都有所了解。“我们把一年中最好的时间用来编制微调软件，以便能够为各种规格的缓冲器制作尺寸精确的切片。”他说，“这是一年工作的结晶，非常有价值，以往刮掉扔了的部分，现在利用率都达到了50%以上。这样节省的费用就达到了3%，3%的价格优势为我们带来了10%以上的销售回报。这样不断的削减成本争取利润，循环再循环，比如10%的销售量增长又会使我们把价格降得更低。”看到成本降低，销售量增加，利润上扬，真的是心旷神怡。唯有如此，方能使自己的企业保持生命力。

有几个参观过海威德公司的客户向马奇的竞争对手们建议干脆退出这个行业吧，大多数竞争者都纷纷效仿。还有几家，比如横滨，仍留在这个行业，不过，生意不景气，发展缓慢。横滨、都彭和其他几家，都拥有崭新的喷雾设备，有的还拥有崭新的建筑。虽然海威德国际公司有新的客户，但是马奇十分聪明，他知道钱就是钱，不是什么抽象的财务措施。超支或者社会化经营都是与财务相关的问题，不论是新设备的采购还是新公司的收购，都要在几年之后才可以看到完全的效果，这就好比给你的生意加上了一个过长的导火索。当你听到“好吧，我们打算社会化运营”的时候，你应该心知肚明，你的公司正处在病态的管理环境中，你会试图用一些完美的、正当的财务办法来掩盖成本。

马奇的观念不但不会使公司的发展停滞，还能让创新成为可能。

海威德公司在 20 世纪 90 年代进行了业务扩张，开发出自主产权的处理系统，用于把次氯酸钠的空瓶底、婴儿尿布、玩具水枪、泡沫聚苯乙烯口杯等转化成码头的桩子，这些桩子不像木质的会腐烂，也避免了对森林资源的开采，而且，废塑料能够转化成有用的产品而不必变成垃圾山。这种桩子耐用性更强，使用寿命更长久。当泊岸的船只撞击时，保护桩由于在弹性和韧性方面的优异特性，会在碰撞弯曲后自动反弹，不会断裂损坏，同时，也不用担心木馏油对水质的污染。

别的公司也尝试开发类似的产品，结果都失败了。海威德国际卧薪尝胆用了整整 10 年光阴开发和完善这个具有革命意义的工艺流程。海威德国际能够在如此长的时间周期内坚持做这件事，主要得益于公司长久以来不断地削减成本。降低成本带来了不菲的现金，现金则点燃了创新之火。现在全世界的码头桩都因海威德国际的 SeaPiles 产品而变得更清洁、更坚固、更易维护。

下面是一些削减成本的办法：

1. 尽量不要购置新的设备，除非你花在新设备上的每一分钱比花在维修上的回报更多。甚至你需要考虑买那些经过简单修补就可以使用的旧设备。如果你能找到外部的资源并加以利用，就又可以节约一笔钱。

2. 重新审视你所制造的每个零件和提供的每项服务。如果与自己生产相比，外部采购的价格会更低，就不要自己去做。自己动手并不意味着有效的控制，相反，以便宜的价格购买别人的服务或产品时，你却能控制得很好，因为他们才是专业高手，而你则早已失去了控制权。如果你坚持这么做，随着时间的流逝和成本的提高，你的一部分客户就会溜走。
3. 不要热衷于收购公司，除非你能从它的现状预测到5年之后的良好回报。收购公司的行为，失败的多，成功的少。多种不同组织模式的融合，必然导致摩擦和低效，而且由于战线太长、专注不够，更容易遭受失败的厄运。

# 第13章 NUDGE VALUE UP 提升价值

这是一个变化节奏极快、让人紧张不安的时代。

大约在一年前，我现在负责运营的斯麦丽工业公司接到了一个订单，是为阿帕奇直升机做变速箱。阿帕奇的总承包商是麦道公司（McDonnell Douglas），我们是其分承包商。

和所有的政府订单一样，这张订单也不免掺杂了政治的因素，显得有些官僚气。首先，这个订单在外招标就是出于政治的考虑。原来有一家承包商负责做变速箱的所有配套零件，但是政府方面考虑到有必要在各众议院选区之间搞平衡，分配财富，将变速箱的零件拆散了分别招商。由于其政治意义重大，所以这些项目必须保证能够维持。

实际上，这样做的结果让大家都狼狈不堪。先前的承包商负责所有的零件生产，所以在装配问题上有自己调整的空间，柔性相对较大，因为只要保证最终的装配成功即可。但是现在，每个承包商必须保证自己负责的那个零件严格遵照规范精确加工，这听起来仿佛很正常也很公平，不就是传统的标准件嘛。如果这样认为，你真应该看看这个规范。

这个规范带有羞辱性。也许聪明一点的话，我们这些承包商应该在研究蓝图的时候仔细观察，经过思考之后指出其中的问题，可是，所有参与这项工作的竞标者都很木讷。

有一件事情让我们感到非常棘手，我们要对一种特殊的镍、铁、钛合金进行加工，要求的零件尺寸明显大过普通件。当我们把加工台的档位调在“经济节能”时，加工所产生的振动会在零件的表面造成一些小小的缺陷，因此无法满足规范中要求的万分之一英寸的精度。这种微小的磨损本来不碍事，但是军用直升机有其特殊的要求，它经常要在空中变换各种姿势，时而空翻，时而俯冲，而且在非常时期还会参与区域作战等，因此不可掉以轻心，马虎视之。

我们一次又一次地尝试，不断遭受失败的打击，并不断地努力加以改进。根据合同要求的期限，我们已经落后了 4 个月，现金方面也出现了困难。我们虽然解决不了这个问题，但是坚信肯定能做出来，因为毕竟以前有人做过。

是的，不过那家公司负责加工所有的零件以及后期的装配，他们可以调换相关的零件尺寸直至配合完美，我们可不敢有此奢望。

为此，政府驻麦道公司的官员带了一群管理人员来访，他们还带来了一叠记事板，向我们解释项目目前的困境，并归咎于我们。“萨顿先生，”他说，“北约 40%的直升机因为你们不能按期供货而搁浅!”他说的是实话，说的时候态度傲慢。

可是他忽略了另外一个事实，先前的那家供应商也无法做出满足规范要求的零件，他对制造装配的问题也未置一词。我们不得不说明零件加工中存在的问题，并且告诉他，为这件事我们公司都快焦头烂额了。

我们虽然澄清了问题的所在，但并没有找到解决的办法。我们心里很清楚，如果这样一个月接一个月地试下去，即使累死累活，也未必能寻到办法，然而既然如此，我们也没什么好说的，或许这样的结果反而能帮助我们。

公平而言，麦道公司也灰心丧气到了极点，几乎发疯了，他们并不清楚究竟发生了什么。所以，设身处地地想一想，他们起初对待我们的态度是情有可原的。

又经过了两个多月的痛苦折磨，我们最终找到了完美的解决方案。我们选用了一种更为锋利的切削工具，以更高的加工速度进行加工。这个办法需要花些时间调整速度，然后把加工台的设置调为细切削档，加工的时候还要在零件的不同部位加些配重。虽然这样就可以达到要求，但存在一个更严重的问题，这套工序的加工时间要比竞标时承诺的多两倍。

我们专程赶赴麦道公司，解释这个问题。

“那么，你希望我们怎么做呢?”麦道的官员问道。

“你们没有选择，”我说，“你们必须付给我们两倍的价钱。”他的眼睛都凸出来了。我接着说：“第二个选择就是找别的公司。”

“你要知道，你们可是签订了捆绑合同的。”他指出。我点了点头。“是的”，我说，“我们已经尽了最大的努力去遵守合同，同时，我们发现了此前双方都未注意到的零件加工问题，而且我们已经寻找到新的解决办法，制造出比以往质量更好的零件，第一次真正地实现了零件的互换性，这样做的直接受益者也是你们公司，因为你们将会减少现场维修的成本。不过很不幸，我们不能按照合同的条款去做。非常抱歉，这是个大订单，如果按照合同规定的价钱做下去，我们非破产不可。如果你要对我们施加压力，你可能就要和我们的债权人打交道了，仅仅为了一个北约要求的配件，不知道你们认为是否值得。我们的债权人也是精忠爱国的纳税人，但是一旦得知强迫他们的是美国军方，肯定有部分人会疯掉的。”

麦道公司的态度变得温和，他们甚至同意提前付款以弥补我们的成本超支。皆大欢喜的结局。这个项目存活了，斯麦丽以不错的利润制造了更好的产品，北约武装的精良也得以保证。

如果你对制造略知一二，你一定会认为最有益的成果是实现了零件的可互换性。对不起，那只是对大量生产的情况才适用。我们每个月大概只加工 30 个零件，一份工挣一分钱，也许通过手工实现加工、装配会更有效率。

这个故事的全部过程是一次彻头彻尾的“作战”。在斯麦丽内部，你要和所有的人“作战”，让他们明白麦道为这些零件支付的价格太低了。公司内部的人对失去大额订单心存恐惧，这很自然，可是为了不失去订单而遵从现有的合同，我们就会失去整个公司，这可不值得欣赏和鼓励。麦道公司以巨大的勇气做出了正确的选择，斯麦丽也因此获救。

价格上的增加既公平又合理，要是举行一次员工或者管理层的投票来决定采取什么方式解决问题，也许达成的办法会很谦卑。谦卑的方式会让麦道公司永远无法认识到这个问题，阿帕奇也别想畅快地在天空飞翔。如果斯麦丽因此而经营不顺甚至破产，麦道公司将来仍然会被这个问题困扰，不过不知道下个不幸的投标人是谁了。也许因此阿帕奇会遇到维修事故，由于没有可互换的零件，不得不趴在跑道上动弹不得。阿帕奇强化细致的检测程序，但是防范的结果并不总让人乐观，一旦出了问题，牵涉其中的麦道也好，其他公司也好，没有谁能逃脱干系。

下面讲述如何制定公平合理的价格：

1. 把不赚钱的产品和服务提价 10%。试试看会发生什么，如果有些客户不为所动，那么这个产品就有利可图；也有可能通过提高价格，导致一部分业务流失，那么留下来的客户仍会让你盈利；还可能提价后，这个产品的整个销售链就全垮了。3 种结果都很好，你可以从中鉴别出哪些产品和服务是成功的，哪些是失败的。
2. 把那些提价 10%后死掉的项目削价 25%后重新投入市场，看看是不是通过“量”的方式可以赢得市场。如果没有奏效，就果断地砍除这项业务，否则你就必须分分秒秒地照顾这项业务，就像对待婴儿一样，然而你一般不会这样做的。
3. 为提价裹上糖衣。有时，在高级酒店房间的枕头边放上一个小小的巧克力薄荷会让酒店的高价变得更易接受。你的客户又不是哑巴，你不想办法让他们接受增加的价格，显然是粗鲁无礼的。

# 第14章 HUMAN RESOURCES IS NEITHER

# 人力资源的两者皆非

太平洋设计中心（Pacific Design Center）是一家经营商务会展和产品展示的会务策划公司，在这个领域有着巨大的发展潜力和机遇。在美国西海岸地区，它是行业内最大的一家公司，然而，在财务收益上却业绩平平。

在太平洋公司，人事部规模甚为庞大，地位显著。当我被聘为公司的CEO时，人事部共有9个职员，每个人都有足够的时间去妨碍别人的正常工作。

比方说，公司里有一本管理人员手册，布满了各式各样的术语，像个百科全书，封面是蓝色硬壳的，每本的成本大约在2美元。制作这本手册，可不是什么轻松的活儿，单是选择字样，就要花去几天的时间。手册的行文晦涩，充斥着教条的、弄巧成拙的技术名词，人事部美其名曰“为工作人员和管理者‘充电’”。实际上，手册中的大部分内容都游离于主题之外，而且整整一本书中很少体现出太平洋设计中心的特色和独创性。

其中甚至还包括了一个评估表格，以及8页不知所云的傻话，都没有任何实际意义。公司有500个职员，按照人事部的要求，每年每位主管都要为每个员工填写一张这样的评估表，合计起来将达到4 000份。

人事部每季度要为管理人员开办半天的讲座，教他们如何更好地管理，这样一年内每个管理人员就有整整两天的时间听讲座，讲座的内容无关痛痒。

这9个人事部的职员实在无所事事，竟然找来了一份研究报告，上面说500人规模的公司平均要有9个管理人事的职员。谁说的呢？美国人事联盟（American Personnel Association）说的！

哦，现在已经没有“人事部”了，都叫做什么“人力资源部”。从冷漠的“人事部”到缺少人性化的“人力资源部”，这种名称上的自我夸大和更替，已经是很多年前的事情了。

尽管有如此之多的手册、培训、表格，但还是发生了一些事情。我到任后的第一个月，一台升降机翻倒后毁坏了为道拉斯家居花园（Dallas Home & Garden）制作的展览布景，两个星期后，一个工人的马头锯失控，割断了自己的腕神经。

问题还多着呢，有 5 个商务联盟夸夸其谈员工对管理会有如何如何的感受。很多员工好像得了“星期一上午”流感，有 3/4 的关于薪资的要求都是在星期一早上 10 点之前提交的，表明他们身在公司心在外，并且很多要求也是不合适的。

只要你到处走走，睁大双眼，特别是在洗澡间，你很快就会明白，太平洋设计中心弥漫着麻醉的气氛。嗅一嗅，就像废纸篓中胶囊的味道。到处是一张张面无表情的脸。人力资源部的人忙于制作表格和开办讲座，他们看不到；管理人员忙着填写表格，也没有时间和精力来发现和解决问题。但是，就算你处在半睡半醒的状态，也能看到真实的情况，听到各种各样的批评，甚至有时用鼻子去闻闻都可以发现不对劲的地方。

在我到任的两个月后，我抓住了最后一根稻草。我在自己的办公室召开了管理人员会议，请他们轮流讲讲自己部门的最新情况。轮到人力资源部经理，她脱口而出：“真是苦不堪言。”

她的肢体语言比拉拉队员的姿势还要激越，“我们举行了匿名午餐会，让大家就人事管理方面提提意见，知无不言，言无不尽，什么问题都可以说。结果我们很受触动，大家无所顾忌地说出了心里话，就在昨天，有两个人甚至哭了。”

她终于提到这件事了，说得越悲伤越好。她说得毫无掩饰也很透彻，深入地探究了雇员现在的心理状态。我们倾听，然后决定做些调整，把人力资源部裁掉一半。很快，管理人员就能够专心于管理事务。

如果雇员工作不够努力，管理者就可以在设定薪水之前讨论这个问题，而不是像以前那样忽视其存在，然后根据人力资源指南的规定说几句不痛不痒的批评意见。

没有多久，人力资源部剩下的成员也忙开了，不过不是把自己的思想强加给别人。他们提出了一些有深度、有意义的问题，而不是按照某某问题列表一条一条地照搬照抄。我们的公司重新焕发了生机，管理者和员工沟通得更频繁也更坦诚，职位和工资的涨落也不再是暗箱操作。

我们并没有开除人事部裁掉的人员，而是把他们安排在了更有价值的岗位，有些去做销售，有些在制造部任职。很明显，他们并不懒，只是没完没了的表格、报告、组织图表和结构、标识盘和头衔等等，让他们不胜其烦，厌恶透顶。在全身心投入重要的工作之后，大部分都找到了合适的职位，工作蒸蒸日上，而不是往日一盘散沙的局面。

6 个月后，公司管理层成员回顾半年来的工作时，一致认为人力资源部的裁员是明智之举，收益巨大。又过了 6 个月，我再一次裁员，将人力资源部由 5 个人变成 3 个人，一切变得更好。

就在我采取措施的当年，生产率大幅度上升，同类工作的成本比去年平均降低了 10%，节约生产费用总计约 85 万美金。

这当中有一个权衡，太平洋设计中心经历了两次部门裁员，花费了 45 000 美金，不过与节约的 85 万相比，十分值得。难道不是吗？

事实上，在你决定建立一个教导管理人员如何管理的机构之初，你就很自然地暗示管理人员可以在管理上少花些心思，因为这样的机构总是干扰正常的管理工作。难道不是吗？

你千万不可如此，让大家自由一些，不是更好吗？允许管理人员在执行管理的过程中犯错误，这对公司和他们自己都有好处。更不要建立条条框框让大家无所适从。

小心那些从不犯错的员工，学习和成长意味着勇于冒险和犯错。

下面讲述如何推进生产力：

1. 将人力资源部裁员一半。如果你愿意，给裁掉的人安排公司的其他职务，因为人力资源团队的现状有你的责任，而不是他们的错。
2. 一年后再做一次裁员。是的，很有可能事情会变得更好。
3. 在你的公司形成一种按照绩效付酬劳的价值体系，并让每个人都理解和参与。不要把这个变成僵化的规章和规则，但是要制作一个表述清晰的纲领性的宣言，每个新加入的员工，人手一册，同时根据个体的判断观念和行为差异建立相应的框架体系。

# 第15章 HUSTLE THE HUSTLERS 快马加鞭

1963年7月一个酷暑的早晨，在圣波那迪诺吉姆·肯尼迪（Jim Kennedy）被乔治·范敖肯（George Van Auken）雇用为临时运输人员，时间是一天。范敖肯拥有一家名为富兰克林的印刷厂。他需要为阿纳海姆（Anaheim）的一个距离此处一小时路程的地方送去500包的保险业宣传小册子。

肯尼迪是个20岁的小伙子，他把一辆红色的敞篷小货车停了下来，车子非常干净，涂漆有些褪色，轮胎看起来很新。

他们之间对订单的事宜进行了简短的交谈，就开始装货。范敖肯扛了一包，堆在了车上；肯尼迪扛了两包，放在车上后，调整了一下长宽的位置，以便层与层之间交迭，不至于因开车时的振动发生位移。

肯尼迪目光炯炯，非常爱笑。一起装车的时候，他表现得很开朗，不时地说着话，把货物摆放得很规整。

“你做运输服务这一行有多久了？”范敖肯问道。

“两年了，范先生，做这行很赚钱。”

范敖肯又搬了一包纸放在车上，摆平了，微笑地看着肯尼迪。

“你有没有兴趣尝试一下印刷业务？”

“你是打算给我一个工作机会吗？”

“是的。”

范敖肯非常赏识肯尼迪的工作态度和认真细致的作风，这些宝贵的品质可不是随便教教就会的。

所以，吉姆·肯尼迪把阿纳海姆这趟车跑完后，给运输公司递交了辞职信，两个星期后，他开始为富兰克林印刷厂开车。

范敖肯从不打广告、看推荐表、延请招募人员或者做个性测试，他总是用他那双锐利的眼睛去发现合适的人才。

一次他注意到加油站的一个服务员从汽车外镜上擦去一块松树油的斑点，他故意返回加油站好几次，观察这个工作人员，发现他总是很努力地做事情，于是就雇用了他。告诉他在印刷厂怎样装载纸张，10年之后，这个先前加油站的小工带着3人团队担负起了范敖肯的全彩印刷业务。

在一次审计过程中，注册会计师事务所的女办事员问了一个别人没有注意的问题，范敖肯开始注意她。他给了这个女人两个额外的项目。这个女人都表现得非常优秀，最后她成了范敖肯的财务经理。

范敖肯的脑海中有很多人事“档案”，包括餐厅服务员、复印机修理员、油墨销售代理、油漆匠等等，他们都因为有着某一个“闪光点”而从范敖肯这里获得了新的工作。

“我能够教他们如何印刷，但是内在的东西是我教不了的。”范敖肯如是说。

范敖肯按照这种方式招聘雇员，整整三十年，一个接着一个，终于建立了人员规模超过百人的富兰克林印刷厂，在招聘肯尼迪之后的第17个年头他把公司卖掉了。我被聘为CEO管理这个公司，并不是因为公司的业务很糟需要挽救。

肯尼迪负责运输部的经营，运输部有4辆车，他继续保持着那股干劲儿，每当月底临近，他都会加快节奏，以尽可能多地获利，常常是次日晚上的运输任务在前一天的晚上就加班进行打包和装载。他会主动跟顾客沟通，提出一些建议，比如说先送部分货物，其余的可否在对双方都方便的情况下再送来之类。

范敖肯离职后，对公司的精神影响犹存。一天早晨，我在办公室周围散步，在拐角处遇到了一只“大猩猩”。哦，这不是什么突发事件。这是万圣节前夕，我们的司机买的特殊服装，他们穿着这身橡胶毛皮服，整整跑了200英里的路，送了12趟货物。我对他们10个人早有耳闻，其中一个司机好像是为了把纸箱从卸车的地方搬到顾客的办公室多花了点时间，当天回来就迟了一点儿，所以我就遇到了“大猩猩”。

很多年前，范敖肯刚刚从破厂房搬到一个像样的办公楼不久，就雇用了一个熟悉路线的奶品商，这个小伙后来成为西海岸印刷业最杰出的生产商之一。他还雇用过一个暑假打零工的高中生，这个小家伙 20 年后管理着上百名客户，后来他出来自己开了个酒吧。

那个奶品商退休后继续奔走于草木茂盛的小路、宽敞的足球场，以及在 Palm Springs 的干燥空气中穿行，他现在的客户因他的服务而倍感快乐。

在范敖肯的领导下，雇员的流动量为零，而我们通常设法达到的目标是每年低于 10%。我离开这里之后，雇了几个印刷工人，开办了一个小型的印刷厂，不久后我们也开始盈利了。

富兰克林不断发展壮大，形势越来越喜人。你也看到了，这里的每个人在给印刷、油墨、纸张标价时几乎都是一致的数字，是员工创造了这种与众不同的业绩。范敖肯的精神存留了数十年，但不是永远。

某位身穿 7 件套的融资收购专家买下了富兰克林印刷厂，他们大获其利，很快就收回了投资，但是他们不只是在印刷方面以“快”著称，在其他方面，比如破产，也快得惊人。现在，这个昔日辉煌的公司已经是“大铁牛”把门，往日喧嚣的运输大车和忠诚敬业的员工们都已经离开了这里。

如果你是一位公司的领导人，你在日复一日地不断招聘具有“伟大”品质的员工，加强商业伦理的培育，并长久致力于此，就一定可以营建一个稳固的基业。融资收购、社会化经营、兼并重组、靠攻关和广告则达不到这个目的。

富兰克林印刷厂存于世间的时候品质卓越，尤其是那些曾为之工作的人更是出色无比。

下面讲讲怎样招聘到最好的人员：

1. 记住，这是个永无休止的过程。时常留意你周围那些最棒的卖主、客户和雇员，深入地了解他们，并向他们表达你的求贤若渴之情，如果有机会，一定要将之招至旗下。

2. 如果你有一个空职位，却没有合适的人选，就延请专业的招募机构，给他们一份列表，列举出20个左右在规模和发展速度上相似的公司。你要坚信，这个世上不乏杰出的人才，只要你肯多花些时间，首先要和招募机构一起确定选材的标准，其次每周回顾所打的电话和反馈的记录，你就一定能如愿以偿。招聘新的员工不是一件小事，如果你全权负责整个招聘，你也许会忽视某些环节，而且不堪其累，最糟糕的是，你有可能在不胜其烦的时候，受挫败情绪的支配，随便抓一个人来补缺，这就埋下了隐患。一次不需要雇用太多的人，并明确地列出你选材的标准，会为你省却许多麻烦。
3. 鼓励招募机构打广告，给他们足够的广告经费。他们总是会拿某些借口抵制打广告，通常他们是正确的，因为广告招聘的质量和效果的确很差。要想知道如何处理这件事，就好好读读第1章吧。

# 第16章 INTERVIEW SMARTER 更聪明的面试

“他必须对印刷业很在行吗?”招聘人员问道。

“我想不必,”我回答道,“我们这里不乏业务精湛的人。”我们公司是西部最大的印刷厂,位于俄勒冈州的波特兰图形艺术中心(Graphic Arts Center of Portland),属于US印务集团的一部分。US印务集团脱胎于富兰克林印刷厂,上一章我们提到过的。

招聘人员问这个问题的原因是拥有500名员工的图形艺术中心需要一个新的经理人,他正和我讨论将要雇请的人应该符合什么标准。“寻找一个能够管理8个人的人,”我说,“有很好的表达和演讲能力,是个注册会计师,工作努力。他或她必须能够和非财务人员顺畅地交流,他或她应该理解财务不过是一个指导业务发展的服务功能,财务本身不是公司的业务。这个人绝对不能让那些伤害员工积极性的做法和规定继续保持,任其发展。”

这个问题真让我们头疼,我们有4个人负责决策,每个人都要和招聘人员单独探讨,我是公司的CEO,他们3个分别是财务部的吉兰特(Gayland)、产品部的弗兰克(Frank)和销售部的唐(Don)。

“我们需要的那个人,一定要有提出问题的勇气,即使是关于印刷方面的傻问题,因为有时对问题的回答比问题本身更愚蠢。”我继续陈述我的观点,“如果他来自加工车间那种环境就更好了,原因是我们在个人工作价值分析上面花费的时间太多,几乎超过了在分析整体利润和亏损方面的时间花费;同时希望他有一定的定制生产方面的行业经验;最好,他来自一个与我们规模相似的公司。”

“住宅装修和钢铁加工行业可能是搜罗的首选。”招聘人员说道。

“嘿，太好了。”

我们又讨论了薪酬和红利的问题，然后我总结道：“一个贪杯好饮的人绝对不行。这个人要直率，不能太圆滑老练，也不能木讷迂腐。我们的公司在中等规模以下，正在扩张发展，有许多工作需要相互配合与协调，这个人必须有主见，能够坚持自己的立场，而不是雄心勃勃，妄图支配一切的人。”

4个星期后，招聘人员把10份简历递到我手上。通过电话交谈，我砍掉了4个。我们又通过Equifax雇员信用报告服务（Equifax Employment Service）对他们做了背景调查。剩下的6个人中，有一个过去有偷税漏税的行为，另外一个对自己的工作业绩夸大其词，他们两人品质不纯，绝不可能保持我们公司的正气。另外4个符合条件，我们安排他们面试。

他们4个入围者在同一天来到图形艺术中心，进行单独面试，我们对整个面试进行了周详的安排，所以他们根本不会出现面试时“撞车”的尴尬局面。吉兰特、弗兰克、唐和我给每个入围者90分钟的面试时间，直到4个人分别面试完毕后我们才开始展开讨论，决定谁去谁留。嘭！嘭！嘭！嘭！（命运交响曲的前奏）

面试中有一种不成文的趋势和倾向，一旦面试的周期为几天或者几周，最后一个参加面试的就最有可能入选，这个几率大概在40%左右。显然这样不公平，所以我们每个人面试他们的顺序都是不同的。

因为我们在全部面试完毕之前没有交换任何意见，就避免了相互之间的观点彼此影响。唐那天很糟糕，他的计算机死机了，客户的交易大多数机器反应不灵敏，所以他显得很不高兴，你猜怎么样，他在4个面试者面前表现得一模一样。

对于我们另外3个，随着面试的持续进行心情越来越好。我们提出的问题越来越实际，所以每个面试者都在经历这最后的艰苦的考验。整个过程由于价值观的协调一致而有种水到渠成的畅快，这也是一般规律。我们会问一些回答起来相对自由的问题，比如“你工作最值得自豪的是什么？最差的是什么？你上次发怒是什么时候？为什么？你对应聘工作的最大担忧是什么？在闲暇时间你们会做什么?”我们希望能够看到他们的内在灵魂。

有一个名叫比尔·帕蒂森（Bill Pattison）的应聘者，精力充沛，很爱笑，头脑清晰敏捷，在面试过程中，我不止一次地感受他的诚恳给人的良好感觉，他还是个技术能手。还有一个面试者头脑同样灵活，也更容易交流。第三个让人感觉不舒服，他以前的工作中有太多的看法和意见僵化在他的头脑中，而这些对我们公司并不完全适用，况且他总是说的比问的多。第四个不值一提，这绝不是开玩笑，当然这么说也无所谓，因为我说的是实话。

这次招聘很成功，因为过程很连贯，抽出一整块时间一次性全部面试，在印象和感受都比较新的时候进行筛选会更准确和公正。我们知道他们担心什么，所以我们努力做到让他们不会因为第一个进行面试而吃亏，同样也不会因为最后一个面试而占便宜。

对这一轮没有淘汰的 3 个人，我们给他们出了个题目，让他们说出我们公司的优点是什么，缺点是什么，他们认为怎样才能解决存在的问题，要求他们撰写 4 页左右报告，并在下个星期提交给我们，当然不是白做，每个人为此将得到 500 美元的报酬。

在帕蒂森的报告中，他谈论到销售中存在的摩擦，他认为只有交易的双方共同努力才能阻止这种现象的发生。与其他面试人提交的报告相比，他的报告非常的棒，而且分析得很有深度。有一个人提交的报告企图取悦每个人来获取这份工作，他的报告措辞的甜蜜程度，足以杀死糖尿病患者。第三个人认为最为迫切的事情是更新用户的计算机系统，我们并不赞同。他的观点也许是对的，但是没有人会那样考虑问题，所以他的报告就变得毫无意义，不具有说服力，因而被宣判“死刑”，这些建议肯定会危害到他的现任雇主，不过幸运的是，那受害者不是我们，而且他的报告足有 10 页之多，简直是在浪费我们的时间。

最终，我们选择了帕蒂森，他在我们公司做了整整 10 年，业绩非常出色，他自己的股份也因为业绩优秀而成为一个“大金蛋”。我们的管理方式一直能够适应公司的发展进程，这其中有他的不少功劳。

你会拥有一个能量更为强大的团队，如果你：

1. 在一天内完成所有最后入围者的面试。寻找一个对所有面试官都合适的时间真是太难了，但是选材之事至关重要，一定要让所有面试官抽出恰当的时间。
2. 不要说得太多，问一些问题，让他们能够自由回答。注意候选人提出的问题，记住谁的问题最有水平。
3. 通过服务机构调查候选人的背景。花上不到100美元就可以确认他们的信誉度等级、现金存款、犯罪记录、工作经历和其他的参考信息。每次都要这么做，即使选错人的几率可能只有1/12，也要如此，以避免“灾难”的发生。一般说来，20％的简历投递人，不管什么层次的，都曾有过“信用低”或“服务超时”的记录，你会通过背景调查发现这些人，也许你很惊讶，不过此时惊讶，总好过他们将来危害公司时候的惊讶。付钱给候选人，让他们提供关于你的业务的书面建议，这是他们工作的样本，你会从中了解到一些东西。通过付给他们酬金以避免滥用和误用面试程序。

# 第17章 CINDERELLAS

# 灰姑娘

维克托·帕马利（Victor Palmieri）成功地扭转了佩恩中心（Penn Central）的颓势之后，名声大噪，这可谓是实至名归。紧接着，他又启动了一笔挽救资金，这样做一开始就是个错误。陷入危机的公司需要的是梳理业务，调整运营方式，而不是用大量的资金去掩盖已有的缺点，况且大量的现金流会使任何变革变得迟缓而无力。

帕马利首先将这笔钱投给了疯狂埃迪（Crazy Eddie），一个濒临倒闭的电子器件零售商，结果几个月内就血本无归，在不声不响地向投资商偿还了所剩无几的现金后，关门大吉。

威尔斯（Q. T. Wiles）曾经是汉普拉斯魁特公司（Hambrech & Quist）的企业挽救顾问，一个又一个陷入危机的公司从他手中起死回生，为魁特立下了汗马功劳。但是在拯救了MiniScribe之后，他决定留下做更多的事情。他采用了一系列愚蠢的办法来扭亏为盈，缺乏耐心的雇员不得不在货箱中装上砖块，送到库房，然后做假订单伪装销售业绩。即便是那些头脑不清醒、瞎了眼睛，甚至是不遵从职业规范的会计师都不会对此无动于衷，可是这种荒唐的状况竟然持续了2个季度。

李·艾科卡也曾经让克莱斯勒汽车神话般地起死回生，可是和佩恩中心的案例一样，有足够的理由去质疑这次挽救究竟给企业带来了哪些真正意义上的业务调整，又给那些纳税人（就是你们，谢谢）带来了什么回报呢。后来，自吹自擂的李·艾科卡大张旗鼓地接管了酷酷袋鼠。这是一家小型鸡肉食品连锁店，可是好景不长，很快这家连锁店就破产倒闭了，李·艾科卡除了几声“咯咯”的鸡叫之外毫无所获。

艾尔·邓拉普为斯科特纸业创造了商务奇迹，这奇迹的原因一半是成本的削减，另一半是幸运地赶上了日用品的价格调整。可是他不这样认为，他到处演讲、出书、吹牛，号称自己多么多么厉害云云，结果在下一个职业生涯就把光束公司（Sunbeam）给毁了，惊讶变成了叹息。

桑福德·斯基劳夫（Sanford Sigiloff）自诩为“酷明（Ming the Merciless)”，就是那些志大才疏的年轻人自以为是的昵称。他接手了破产的威克斯（Wickes)，清理了财务，开除了几个人，把公司搬到了家的附近，就宣称自己成功了。威克斯是一个做家居木材供应的公司，他所开除的两个“不称职的”主管后来自己创业，创办了那个有名的家得宝连锁店。

杰利·高德瑞（Jerry Goldress）是一位经验丰富的企业挽救能手，旗下掌控着大名鼎鼎的三高公司，但是他可不像那些所谓的挽救专家，有着各种各样的救世主一般的称号。事实上，他的成就远不止一两次的胜利，而且他观点独到，清醒地认识到公众的关注只会让人分心，新闻报道只是旧事重提而不会带来新的业务，所以他的踪迹十分难寻。我偶尔注意到他的若干不俗业绩，发现他几乎不可能在一个地方待得太久。

这样的人通常富有活力、聪明睿智、热情如火、心胸开阔、坚毅执著，与他们相比我自叹不如，因为他们比那些平庸之辈多一倍的耐心、两倍的理性。作为业内人士，我认为上述 6 人几乎是 1980 年—2000 年这 20 年间最为杰出的挽救专家了，但是为什么凡是那些留在挽救后的公司的人无一能够使基业永固呢？

但是他们当中的每一位在这一领域从事时间太久，从来没有创立起稳固持久的公司，也不曾将一家起死回生的企业推进到辉煌鼎盛的高度。

为什么呢？

这些人的个性魅力和非凡能量因变革而彰显发扬，情况愈困而变革愈巨，变革愈巨而斗志愈昂，一旦情况好转，则这些善于变革的个性特征就成为企业的致命毒药，因为他们无论企业现状如何，都在不断地调整、变革。

这些人一定要不断地更换工作，给他们丰厚的薪资，给他们高度的褒扬，但是记住，不要让他们停滞太久。

# 第18章 SECOND OPINIONS 第二种观点

约翰·卡林顿、布鲁斯·科尔曼（Bruce Coleman）、克雷格·克里斯曼（Craig Crisman）、戴夫·普罗曼（Dave Prolman）和比尔·吉布斯（Bill Gibbs）是我认识的几位挽救经理人，他们大多从事了20余年的公司挽救工作，仍旧宝刀未老。

几乎没有证据表明企业再生人员不会联合出击，可是这类人员特有的自信很难彼此相容，正所谓一山不容二虎，毕竟我们不是泛泛之辈。

约翰和我30年前均供职于霍尼韦尔，他把我抛在了企业这个层面去做些稳定大局的工作，而自己却继布鲁斯·科尔曼（就是那个最初的6个月企业修复手）之后达到了另一个高度，这是我认识约翰的经过，并为此对他尊敬有加。布鲁斯方法的要诀就是不要在一个公司待半年以上，这种新鲜的思想如强光耀眼，一瞬间击中了我。回想我过去的经验，那些调整的策略都是在最初6个月进行的，而后的工作的确是不一样的，更适合另外一些人。我一直没有悟出这个诀窍，直到看了布鲁斯明确而肯定的表述之后，所以我就把这个诀窍偷偷地学来了。在此，真心地感谢你，布鲁斯，这位传奇般的人物一年只做一份工作，其余的时间花在他喜爱的高尔夫球上面。

克雷格以首席执行官（CEO）的身份挽救一项汽车业务的时候，我也正担任一家香烟印务的CEO，巧合的是，这两家公司的幕后老板是一个人，在一次公司所有人举行的年度大会上，我们邂逅，才惊讶地发现彼此居然是同事。

比尔·吉布斯则是在通用电气工作，通用电气有众多的分公司，足以让他每年更换两次工作。因此在他看来，面临的挑战和工作的环境都差不多。每到钓鱼旺季，他都会接到新的职位聘书。

还有一些专注于企业挽救业务的公司，不像我们这些从事公司挽救职业的牛仔，喜欢单打独斗。他们来去无影，之所以建立这样的公司，吸引企业挽救高手们加盟的原因，只有在那些被挽救的企业陷入是否卖出的矛盾纷争中才能找到答案。比如，一半的合伙人要卖掉已经正常运转的企业，而另外一半人不同意，这样的纷争对于企业挽救人员来说，无疑是一场噩梦。如此繁琐的事情交给一个公司去处理就显得非常必要，因此企业挽救人员宁愿分享很小的蛋糕，把大额的收益交给企业挽救业务公司，而换取宝贵的时间和精力去做自己喜欢的工作，当然，就是去拯救另外一家企业。

这本身无可厚非，就如同我喜欢写书一样，只要做的这件事让我如鱼得水，比如笔下的文字可以吸引某些人，当然也让一些人不快，我和读者彼此选择，挽救业务公司和挽救从业人员之间的关系也是这样。

对于这样的公司，一旦有意签约，千万不要一厢情愿地认为你会看到善人成行，当然也不会有太多的颐指气使。这类从业者不都是那种有着超凡魅力的人。然而与注册会计师公司和律师事务所一样，这种公司也同样发挥作用，也与其他公司一样，这里的人们按照能力不同而接受报酬，但是不存在经济上的框框，从业人员大多收入颇丰，远胜于那些客户。

公司都是不错的，但是拯救公司的重任扛在一个人的肩上。我曾经在这个世界的许多地方留下过足迹，特别是那些公园，大部分的公园都有雕像，可是我从没有看过一个雕像是群体工作的产物，伟大的作品往往属于个人，企业挽救工作也是如此。在人类历史上，恐怕只有戴维·帕卡德（David Packard）和比尔·休利特（Bill Hewlett）的友谊长存（他们二人是惠普公司的合伙创始人）。

总部位于芝加哥的挽救管理联盟的电话是（312-822-9700），网址www. turnaround. org，他们每年定期举行会议，并且发行月刊。随便翻开其中的一本杂志，你都会发现那些挽救公司的广告，各家公司在广告中拍着胸脯保证自己公司的业绩和实力，比如挽救了多少企业，拥有多少认证的企业挽救经理人。不过对于我这样一个固执己见、喜欢独来独往的人来说，花费大量的时间在联盟的一些规矩和程序上，几乎是不可想象的。

如果你有兴趣，不妨去看他们的杂志《企业复兴月刊》(*The Journal of Corporate Renewal*)，访问网站，挑选几个再生公司。如果你想以最小的代价达到破产的目的，就找他们，他们在这个方面倒是十分在行的。

大多数出席挽救管理联盟年会的演讲者基本上是服务提供商、法律工作者、资产租赁人员以及有破产经历的注册会计师，可真正的企业挽救经理人却寥寥无几。

顺便说一下我的个人网址 www. sixmonthfix. com。千万不要产生这样的误会：一个可以使企业再生的人不懂得自我提升。我个人的弱点在于从来没有经历过破产的考验，而且以替股东工作为癖，这可能是我需要超越的极限。

如果你的雇主看了你的财务记录后未置可否，请你尝试着和他们中的一些人聊聊他们曾经在相似境况中遇到的企业挽救经理人。任何一个债权人都有短视和偏见，如本书第2章所提到的，不过不要紧，从他们的话中得到你想要的就可以了。给他们当中的一些人打电话，请他们出示10年来股东的名单（如果你是股东，询问一下你是否是贷方），如果他们不同意，这个买卖大可作罢。

我这里有一些约翰·卡林顿、布鲁斯·科尔曼、克雷格·克里斯曼和比尔·吉布斯在企业挽救问题上的观点。联合银行（Union Bank）刚刚把我介绍给比尔，虽然他的主要业务不在银行，而在退休和养老基金上。

现在的位置是西海岸斜线处，我来自圣地亚哥，约翰·卡林顿来自奥伦奇（Orange County），靠海不远的地方，克雷格·克里斯曼来自旧金山，布鲁斯·科尔曼来自新墨西哥，比尔则来自科罗拉多州。以下是我与他们的对话：

萨顿："约翰，大家都知道你的20-20-20公式，你期望月薪两万美金，20%的公司股票，而且公司离你在新口岸的家 20 分钟之内的路程，而且仅限软件公司。那么我来做个测试：如果你有两种选择，一家是位于底特律的柴油机制造商，它会给你带来 1 亿美金的收益，一家是湖岸软件公司（Laguna Beach），可是回报只有 1 000 万美金，不过离家很近，你会选择哪个？"

卡林顿："我还是会选择软件公司，它通常发展迅速，能满足客户的需要，由于上市时间极为重要，这类公司成就欲望极为强烈。"

萨顿："那你最轻松的一次企业再生是哪一个？"

卡林顿："上一个！因为这次让我懂得了以前不懂的东西，我的罗拉代克斯（Rolodex）增长迅速，都是用来讨教技巧的。通过尝试和失误，我对合同中的失误了解更多。经验就是价值。"

萨顿："那最棘手的一次呢？"

卡林顿："那就比较早了，我那时还没到得心应手的地步。今天看来，把力源（Cogenesis）公司从财务软件转换到保险软件是很显然的事情，可是我把接手的每个公司都卖掉了。"

萨顿："你认为当时发生了什么？"

卡林顿："投资商把太多的资金交给一个缺乏经验的创业者，长久以来接受了不现实的下季度方案（类似于网络烧钱）。"

萨顿："布鲁斯，你的方法我屡试不爽，的确是最杰出的工作都是在最初 6 个月完成的，你不会在一个公司留任太久，为什么呢？"

科尔曼："我让公司保持稳定，我的任务是促使变革，寻找一个有能力的 CEO，这一般在最初的 6 个月就可以做到。我启动第一波的变革，涉及运营费用、管理、效率等问题，当然还有其他更多的事情要做。一个公司在最初 6 个月的稳定程度取决于混乱程度，这是第一位的。"

萨顿："你最轻松的是？"

科尔曼："可能是网念（WebSense）吧，当时他们还有一些现金，产品外形不错，也很有竞争力，市场表现有所增长，管理团队相当优秀，只需稍稍地做些调整。"

萨顿："那最有挑战的呢？"

科尔曼："可能是信息科学（Information Sciences）吧，这是一家开发人力资源软件的公司。我是第12任CEO，产品做得很差，过去有3个版本，都不能在IMS、Sequel和客户服务器上运行。现金为零，雇员们十分疲惫。"

萨顿："是什么导致业务危机呢？"

科尔曼："很明显，这些公司的通病来自于CEO。老板对公司的干涉过多，就不能解决问题，直到他认识到这点。一个公司实际上反映领导的优秀和平庸。作为CEO，如果你对公司里每一件事都顺心遂意，那就不是你的错，否则，当然是你的错。大多数的再生过程都需要企业再生经理来重塑信任，老练地表达自己的归属感，把事情做好，处理负责的人事问题等等。"

萨顿："为什么你倾向于软件公司？"

科尔曼："从中可以学到非常多的东西，软件行业更具挑战性，因为它的市场变幻莫测，需要快速定夺。其实，有些企业挽救人员既可以做铆钉企业，也可以作研究企业，因为这些企业在本质上是一样的。如果你拥有一定的背景、可以咨询的人员和良好的业界关系，工作起来就会更轻松。"

萨顿："克雷格，你策划了我所见过的最富传奇意味的企业再生：丹诺公司（Dynamark）和应用磁业（Applied Magnetics），然而两者十几年后又重新陷入了危机，这是否是个教训？"

克雷格："丹诺公司在我任职的第二年就扭亏为盈，投资方收回了所有投资，他们十分满意，给了我一半的股票。这家公司是给维修行业做铁轮的，可是客户的口味变了，他们更喜欢用铸铝材料的，这需要大量的资金投入，去买所需要的铸造机器和自动化车床，我们的负债比率已经是60∶1了，我们试图保持这个比率，最终导致业务的现金流不畅。

应用磁业是磁盘驱动器厂商中的翘楚，我1994年加盟的时候，保险柜里的现金仅够支撑公司运营45天，先前5年的报表显示，公司的亏损额是 1.5 亿美元。这个行业是资本密集型的，在 3 年中令人厌恶的运营费用从 30%上升到了 40%。

在全世界范围内，我们只有屈指可数的几个客户，其中的 3 家就占了我们 70%的收入来源。磁盘行业发展迅速，平均每 6 个月就会有新产品面世。我 1994 年加盟的时候，磁盘的存储容量是每碟 200M，截至 1999 年，就达到了 10G，在 5 年时间里存储容量翻了 50 倍，随之而来的是不断下调的价格。

但是我们的股票从 1994 年的 2.5 美元一股涨到了 1997 年的 60 美元一股，这源于年销售 44%的高增长率，当年的 9 600 万美元的年盈利已经窜升到了 49 600 万美元的高水平。

我曾尝试一方面卖掉自由兑换债券，一方面用股票进行若干公司的收购，以达到资产负债的平衡，但是没有成功。我们最大的一个客户坚持认为，我们使用现有的技术仍可以保持市场的领先地位和占有率，这对我们双方来说都是个错误，12 个月后，我们二者都从各自行业的领导者沦为不幸者。

与此同时，需求量每年呈 15%到 20%的速度递增。磁盘的容量增长过快，超过了用户的需求，结果每个驱动器中盘片的数量从原来的 5.5 降到了 1.5，所以实际的需求量有所下降，而且我们并没有最高端的科技，其境况可想而知。

在磁盘驱动业务的 42 年发展历程中，所有参与竞争的公司资产净值的总和是个负数。我们在 2000 年 1 月的时候申请第 11 宪章，公司将在 2001 年以价值 5 500 万美元的微型转换器生产商的形象出现。通常你能做的最好选择就是清理公司、低价卖掉资产或者包装一下然后卖掉公司。当你和一个可鄙的人一同上路，而且身无分文，应当是最为艰难的事。”

萨顿：“你最容易的一次企业再生是哪一次？”

克雷格：“没有这样的好事。那些小公司，总是销售不利，而且往往有沉重的债务负担，根本没有足够的实力让你游刃有余；大一些的公司则期望通过降低成本快速起死回生，他们总是要求挽救经理人经验丰富。在几乎所有的挽救行动中，对商业战略的某些调整都是必要之举。应用磁业的挽救行动取得了良好的效果，但是我却不能实施那些我认为必须的战略调整。”

萨顿：“是什么导致公司的困境呢?”

克雷格：“以下有 6 种情况最容易导致公司陷入困境：

1. 公司在快速崛起的阶段，销售的增长超过了现金承受的极限；
2. 融资收购的过程出现麻烦，这个阶段的现金是关键，掌舵之人必须做到进可攻、退可守，后者尤其需要长期不断地经营；
3. 公司正在衰退。这是挽救行动中面临的典型的情况；
4. 公司的业务由企业家管理方式向职业经理人管理方式变革；
5. 公司的开办之初；
6. 收购组织的融合重组。”

萨顿：“那些有麻烦的企业有何特点呢?”

克雷格：“不用仔细思考就会想到大概有以下几点：不称职的 CEO、居高不下的运营成本、缺乏预算控制的领导带来的士气低沉、无效的商业战略、低劣的质量、紧张的客户关系、库存过多并且应收账款数额大、应付账不可控、管理层的明争暗斗、多头领导等。”

萨顿：“比尔，你让我自惭形秽，你说过 6 个月真是太长了。”

吉布斯：“我有 4 次企业挽救的经历，一次是 4 个月，一次是 4 个月零两个星期，一次是 5 个月，一次是 6 个月。时间的长短取决于能否尽快地找到新的 CEO，这种寻找在我一到就开始了，我的目的就是在 4 个月后把公司顺利地交给新的 CEO。

要求我上任必须有个条件，就是有一个非常好的 CFO，或者让投资方帮我找个有实力有经验的 CFO。这个人将是我的搭档，并忠诚可信。这将带来更为直接的成本控制，而且使我腾出时间和精力考虑管理、项目、战略、新产品和客户等问题，还会有一些弹性的时间去钓钓鱼、滑雪和跳舞。我通常一周工作 3～4 天，后面的时间由 CFO 来帮我‘看场子’。

我授权管理委员会处理招聘事宜，我只要求招聘的条件，比如必备的技能和经验，并且参加最后一轮的候选人面试。管理委员会通常会请招募机构，或者打大幅面的广告。

挽救人员靠本事吃饭，来去自由无碍，人家付给你费用，你就要做出相应的业绩，否则就会被扫地出门。如果我们不能完全挽救公司的命运，就需要依靠我们的继任者了。大多数情况下，我们的确需要这样一个继任者，越早越好。”

萨顿：“你最困难的一次挽救行动是什么？”

吉布斯：“一家税收咨询软件公司。原因很普通，他们的管理十分混乱，管理层缺乏基本的管理智慧和能力。

代理商的销售额大概占去了公司销售总量的 50%，总计代理佣金花掉了收入的 25%，而通常能够忍受的比率是 10%。没有钱，就不会有银行的授信额度，我原定的计划就不能实现。此前一年，我们收入 1 300 万，亏损 800 万。计划是在收入 2 100 万的基础上盈利 50 万，结果收入了 2 200 万，亏损了 100 万。产生差异的原因就在于代理商环节。我原以为 CEO 会实施新计划，取消代理商环节，并且一直参与执行，直到所有的代理商签署完毕。不过 CEO 不像我这样富有上进心，他是那种小富即安的类型。

当时我做了一个梦，梦见我死了，那些我日常接触的经理人员成了为我抬棺材的人，当把我送到墓地时，我突然打开棺材坐了起来，问牧师‘我有几个抬棺人?’，‘6 个’他回答道。‘裁掉 3 个’我说道。”

萨顿：“那最容易的一次呢?”

吉布斯：“也是一家软件公司。他们雇用了一个十分出色的 CFO，在我到任之前 3 个星期 CFO 走马上任，公司的员工也十分优秀，只是前任 CEO 是个扶不起来的阿斗，我不过坐享其成，落下了‘英雄’的美名。

思考一下哲学问题感觉不错，唱唱跳跳也未尝不可，但是行动一直是我们的使命。我洗澡间的墙上有一段我的再生哲学：

‘存在就是行动。——亚里士多德（Aristotle）

行动才是存在。——苏格拉底（Socrates）

存在行动，行动存在。——辛纳川（Sinatra）

行动，行动，再行动。——吉布斯（Gibbs）'

我引以为荣。”

戴夫·普罗曼开办了一家企业挽救公司，名称为普罗曼联合（Prolman & Associates），办事处分设在洛杉矶、奥伦奇和圣地亚哥，他的专长是财务重构。他通过在客户企业中安排富有经验的操作执行人员来进行企业挽救，这些人都是来自不同行业的签约合作人。

萨顿：“你们的业务从何而来呢？”

普罗曼：“大多数情况下，我们的业务都是由破产律师追逐的放债人推荐的。”

萨顿：“你们最为艰难的挽救行动是哪一次？”

普罗曼：“业主清醒地意识到他正在使公司落入收购公司或者清算人员手中，事实上正是这样，但是没有明显的外在表现，这种情况虽然少见，但是确有发生。说非常困难是不现实的，只能说最容易的挽救行动大多发生在有着规模庞大、资金雄厚的母公司的企业中。”

萨顿：“这一般的原因是什么呢？”

普罗曼：“几乎我们协助的每一宗业务危机都源于不恰当的管理方法。有些方法在公司规模尚小或者发展的初期是适用的好办法，可是一旦公司发展到一定程度，管理问题就成了超越现有的人员和系统支持范围的问题。”

这5个人都是可爱的家伙，他们可不是把玻璃碴当早餐、以开除雇员为乐趣的怪物。

他们都能一针见血，而且绝不会花费宝贵的时间来闲聊。如果在他们年轻时，医学就已经提出神经衰弱失调的理论的话，按照他们的工作强度，很有可能会被施以中枢麻醉药。

布鲁斯·科尔曼每年签订一个为期6个月的工作合同，其他的时间去打高尔夫球。

约翰·卡林顿尽管有20-20-20的定律，他还是马不停蹄地从一家公司的挽救行动到另外一家，在我认识他的30年里，他始终是那么得忙碌。有一次约翰和我谈论挽救行动中的税金问题，结论是无法预计，因为利润和分红总是在出乎意料的时刻汹涌而至。我曾经想过到内华达州的 Lake Tahoe 居住，以逃避加州政府机构征收的繁重税金，我甚至反反复复地思考这个想法，约翰不会这样做，他的办法很简单，就是去赚更多的钱。

在我上次打电话给克雷格·克里斯曼的时候，他也在解决税金的问题。我当时很惊讶，他对我惊讶的反应表现得更为惊讶，他说："作为社会的个体，税金是你最大的支出项目，你怎么能不亲自去处理这件事呢？"克里斯曼早期从事的挽救行动中，有一次是针对一家葡萄酒酿造厂的，作为曾经的农场主，他非常热爱这门手艺，最终拥有了自己的葡萄酒酿造厂。

普罗曼联合作为一家企业可以同时开展多个挽救行动，大多数委派任务都要持续几个月，这基于投资人的意愿和付费的多少。

千万不要妄想在 7 月份雇用比尔·吉布斯，他那时正沉浸在钓鱼的乐趣之中，直到 11 月份。这段时间，他会切断任何与外界联系的方式。如果那时候滑雪场已经非常不错了，想要让他离开那里去工作也将是件困难的事情。

这些家伙都很有趣，他们从事着公司挽救的职业，他们聪明、坚韧，而且懂得生活。

我提到过克里斯曼和吉布斯是工程师出身，高德瑞也是如此，斯吉罗夫（Sigiloff）是物理专业毕业的。在挽救人员的圈子内，量子学说是非常流行的，不要惊讶，他们都是那种更多地关心逻辑和科学的人，而对恼人的社会问题却知之甚少。正如第 1 章提到的，在任何时间，在任何地方，以技术起家、最终担任 CEO 并走向成功的现象比比皆是。

卡林顿和我，都拿的是社会科学学位，似乎在业务销售和市场方面更为杰出，也许在挽救"游戏"的后期正是艺术代替科学发挥作用的时候吧。

# 第19章 CONTRACTS ARE SALES LITERATURE 合同是销售文献

任何一次完美的交易都是以一纸合同而告终，对吗？

所以这么重要的文件为什么一定要让律师来起草呢？他们很笨的，他们总是试图让你避免任何可能的麻烦，其实除非你离开人世，否则是不可能没有任何麻烦的。

尽力躲避一切可以躲避的风险，不要斗胆冒险，这是避免麻烦的又一种办法。其实这会预示着一种更大程度的麻烦，一旦这种麻烦缠身，你可能破产倒闭，而你冒了一两次风险之后的竞争力，就会使你落得个只能艳羡他人的下场。

当你开始谈一件生意的时候，半数以上的时间你都是在和一位不能最后拍板的人打交道，最终决定权往往是老板，或者是老板的老板。有最终决定权的有时是法人，也可能是董事会。

换句话说，那个最终拍板的人并不能很好地理解这宗交易的背景，原因很简单，当你费尽力气说服了与你谈判的先生或小姐之后，他或她却不能向上司和决策人员解释得很清楚，结果合同泡汤了，你的努力与期望都成了可怜的泡影。

在任何一次挽救行动中，被挽救公司的业务仍旧在运行，这就会牵涉到对现有交易频繁地调整，所以你要好好锻炼自己的写作能力，在脑海里意识到对谈判过程的控制十分重要。

首先，你要从整体上把握合同的结构。如果你的律师自告奋勇，就让他们负责打字和一些编辑的工作，把有利于对方的条款放在显著的位置，要么是一段的开头，要么是一段的结尾，而且在语气上要肯定、有力。你的目的很明确，就是让你的交易伙伴从一开始就不断地点头赞许，并且在签约的时候露出由衷的微笑。

你需要提前把要求向你的律师说明，并告诉他们在交易洽谈的晚些时候将会有任务交给他们。他们将要充当合同最后起草阶段的“善解人意而且不得罪人”的角色。

也许你对整个交易的过程计划周密，而且希望一切会按照你的意图进展，我们也希望如此。不过实际的情况或多或少都会比计划的要延迟一些，不是吗？要么负责这个合同的主管恰巧出差，必须要把文件传真到他下榻的酒店，地点有可能是在千里之外，他的飞机也许会因故延迟，很多因素都不是你能够预料和左右的。所以你根本不必指望一切如愿，也不能指望你的交易方拥有必要的销售技巧。

其次，在合同中要尽量使用简明直白的语言。不要用那些繁琐、复杂、生涩的词汇，比如使用“协议”而不是“契约”，会显得更加友好，另外使用“有助于”而不是“促进”，“制造行业”而不是“第一产业的某某门类”，“销售”而不是“所有权的转让”等等，切记要用那些容易理解的词汇。

这样，在你经过艰苦谈判之后，你辛劳备至的成果——也许是凌晨三点才赶着完成的文案——才不至于让那位远在千里之外的睡眼蒙眬的主管误解其中的意思。如果你有过诉讼的经历，你会发现那些仲裁人和陪审团经常会曲解和误解文档的内容，所以你要当心。

顺便说一下，一定要把其他的公司放在首要的位置，而且语言要亲切可人，在字里行间表达我们的礼貌和谦恭，这么做总不会错。

“合成金属公司（Amalgamated Metals）是业界领先的锌生产商，总部位于蒙大拿州的巴甫洛，该公司拥有独特的加工工艺；装饰品制造厂（Widget Industries），是一家位于肯塔基州列克星敦的小型铸造企业，对合成金属公司仰慕已久。双方在友好协商下同意……”

没有任何理由去写“尽管、鉴于”之类的词语。在合同中不要有任何一句话超过 30 个词，请不要试图沿用报纸上此类文章的风格写法，合同一定要保证可读性，让每个阅读的人感到容易理解并且身心愉悦，这正是你所希望的签署合同之后对方应当具备的最佳情绪状态。前面这句话显然超过了30个词，太长了。

但你不能太过偏执。在我们的生活中充斥着许多不合理却实实在在的事情，如同我们看到银行家穿着草鞋会感到不安一样，语言文字的太过简单也让人心生反感。要努力地简化文字，而不是走向极端的简单。

下面举个例子：

1. “加里·萨顿先生在此同意，我出版社对××书（我的一份实际出版物）的正文内容、补充材料（在第二段定义的）以及任一修订版本，完全而且唯一拥有版权法规定的所有条目及其扩展条目内的权利，包含而不仅仅限于在全世界范围内，禁止任何个人或团体未经授权或允许，用英语或其他语言，以现有或将有的媒体形式印刷、出版、再版、分发、传播或在本书基础上进行的编写、出版、分发、传播。”

这是我的出版商交给我的第一份合同，使用了精确的语言。他们都是好心人，所以我欣然签下了名字，但是心里却认为这份合同完全可以简洁的表达如下：

1. “加里·萨顿依照版权法规定授予××出版商××出版物在全球范围内的任何形式出版的权利”

那些律师常用的字眼削弱了出版商的权利，同时也让这种语言难于模仿，如果连你和我都不想看这样的文字，一个由待业或退休人员组成的陪审团一定会为之争吵得喋喋不休，最终赞同我的说法，原因如下：

第一行的“在此”，是一个愚蠢的词汇，除了散发了一阵迷惑的烟雾外，没有任何实际意义，删掉它。接下来的“同意”倒是不错，就是语气上太轻，换成“授予”。原来文稿中“版权法规定的所有条目及其扩展条目内”会让喜欢咬文嚼字的律师大为高兴，但是一旦图书停版，后面的字句就会否定前面的意思，所以它是多余的、自相矛盾的句子。如果书已经不再销售了，谁来理会这些？如果还在继续出售，出版社希望把权力转移给作者，又当如何行事？更新版权应该是作者的正当权益，版权的有效期一般为 17 年，畅销书可以推迟 1 年，到那时，合同后面那些冗杂的陈述将毫无意义可言。

接下来说“补充材料（在第二段定义的）以及任一修订版本”，的确是个不错的构思，不过这是在出版商和作者关系良好的前提之下才成立的，否则完全可以通过敷衍的写作和修改来避免这条约束。

我们继续分析下面这句话，“包含而不仅仅限于，在全世界范围内”，这句话已经有所局限。如果这份合同在所提到条款之外还有其他的约定，那么任何一个法庭上的辩论都会首先询问为什么这么说。

“在全世界范围”是多余的，前面的“完全而且唯一”已经涵盖了这个意思。

然后合同局限列举了“印刷、出版、再版、分发、传播”，这的确写得不错，除非“出版”就包括了“印刷、出版、再版”；但是“传播”就太容易引起歧义，需要更好地界定。是不是意味着电子邮件、广播或者因特网形式的？如果有必要如此限制，请一定说清楚，免得将来落人口实，成为律师辩论不休的模棱两可的词汇。

这个单句实在是长而又长，接下来的其他语言的规定用“全世界的”一词就可以暗示了，“媒体形式”实在太宽泛，也太无力了，应该换成“互联网，DVD 和 CD-ROM”和那些协议签署为止出现的或者至今为止已经成熟的媒体形式。

不要在合同中堆砌一堆无用的词语垃圾。

在对方提出条件之前，你最好做一些可以消除戒心的让步。充分地了解他们州的法律，这样做的效果肯定大不一样，至少会加快谈判的进程，而且避免不必要的、在琐事上的纠缠（的确，你的律师会告诉你，对方抱有地方偏见，这些偏见会直接影响合同的签订，但不必介意，通常的情况是，这些偏见不会产生任何实质性的影响）。

如果你主动献上如此多的好处，进行了足够的让步后，对方还有得寸进尺的要求，你必须果断地说“不”，告诉他们天下不可能有这样的美事。你现在还是他们的“伙伴”，你需要初步地判断对方的品性，一定要在“谈婚论嫁”之前修正一些不良的习惯。否则就问他们是不是打算从头再来，一定要把这些话挑明。

在合同中加入你最想达成的条款，并用巧妙的语言组织好，易于对方接受。

“由于合成金属公司比装饰品制造厂拥有更为雄厚的资金实力，而且负债极少，双方同意付款的条款必须在90天内执行，装饰品制造厂的产品价格将反映出此‘援助’行为的意义”，就像这样说。不能做得过火了，在关键的字段给出简短的说明，因为你不可能亲自去见主管大人，专程解释某某字段的用意何在。

如果你真的打算向对方提出一长串让他们无法容忍的让步条件，并且逐渐地在最终协议时做出一半的让步，就会使这一合同具备生存的可能。这种游戏暗示你不要做得太过分，你在假装态度强硬当中收获到的一时之快是很幼稚的。更糟糕的是，这会让你显得非常无能，收效甚微。最好的合同总是很快就签署完毕。多一份合同就多一份希望，多一份生意就多一成胜算，所以你要继续努力。

最后，不要忘记填上几条关于仲裁的条款，让对方选择城市，你选择仲裁人，或者相反，并把仲裁的时间限制在短短的几天。

律师会痛恨你这样做的，这太公平而且太有效率了。请不要忘记，今天的陪审团都是些失业的员工和无所事事的公司雇员，以及在社会上闲荡的退休工人。陪审团成员都是法庭的投票人，在法庭上有着崇高的威望和地位，但是他们中的很多人几乎不懂得如何用穿孔卡片进行投票，要是你相信这帮人，希望他们帮你解决问题，你可就错了。

顺便说一下，陪审体系随着美国的麻木而变得不合时宜。大多数的职业摔跤迷们都是符合选举条件的选举人，这些选举人组成了陪审团。O. J. 被认为是清白的，然而在马丁（McMartin）案件中，动物照料中心的主人却因一群学龄前的儿童证实他曾经与一头死掉的斑马性交而入狱十几年，而那个所谓的死斑马证据却从未找到过，尽管如此，马丁还是身陷囹圄。

某些人坚信陪审团对那些大型的、有着雄厚资金的合伙人会有所偏袒，我不认为如此。你当然会因同情大卫和哥拉斯而提出上诉。不过似乎位居《财富》500 强的 Madison，Harrison & Foster 更有说服力。这家常青藤公司为官司所累，不断的诉讼和二审让其混乱不堪，劳民伤财。实际上你完全可以到纽约法律学校雇上一个小伙子帮你解决问题。他是学这个谋生的，可以到你公司兼职，同时完成学业，但前提是要有一副鳄鱼般的伶牙俐齿，你需要给他不错的薪水和一定比例的回报，我相信他会帮你摆脱这些麻烦的。

与其要弄这些诡计，不如多花些心思在合同中列出合适的仲裁办法，要快速、理性地解决问题，法庭审讯在开始的几轮还是很新鲜有趣的，可是没有人能够忍受法律程序的冗长乏味。无论胜诉还是败诉，当离开法庭时你都会有种虚脱的感觉。

# 第20章 DOWNGRADE EDUCATION

# 不唯学历论

真是太棒了，我要说说琳达·碧玲思（Linda Billings）的故事。她是几年前我从富国银行（Wells Fargo Bank）招聘到梦创（Montron）公司的小职员，她负责和1 000多位客户的对账查账工作，她是梦创公司所有会计人员中最乐观、最积极的员工，后来晋升为管理人员，工作的职责是对每年超过100%的公司增长速度进行监控。由于梦创的快速发展，它被费雪玩具公司收购了，琳达成为新公司的物资部经理。

她的新工作是管理库存、分销、采购产品，几乎涵盖了所有与物资相关的业务过程。

她所面临的最大挑战是在工厂安装MRP（物资需求规划）系统，为了达到这个目的，她需要和600名员工通力合作，员工的合作和贡献对系统的实施至关重要。她需要掌握各种各样及时准确地制造数据，并在此基础上形成英文和西班牙文报告，录入计算机系统，然后根据产品的提前期自动地对零件的生产进行排定。驾驭这样的系统当然需要高超的技巧，也有很大的难度，可一旦成功实施，给工厂和库存带来的巨大作用也是不可估量的。

每项工作都不简单。琳达要计算废品率、处理工程更改问题，还要估计最佳的订货数量。她那一段时间一门心思地深入到这些事务中，我记得有一次我到货栈走走，恰好看见她也在码头，背景是沐浴在美丽的夕阳余晖下的太平洋，她正在询问一个员工，为什么清理这一堆托盘用了两个星期，而不是两分钟，那个员工正在努力解释为什么，然后说："我明天就开始清理。"

"马上就做。"琳达说道，接着她操起一个托盘，将它擎过头顶，砰地一声砸进了垃圾箱。我只能看到她的侧影，同样也只能看到那个工人的侧影，这种情景好像坐在小剧院的后排座上欣赏戏剧化的灯光和动作一样。

那名工人仍然木然地呆立不动。琳达踏在托盘堆上，费力地拎起另一个托盘，她问道："你是不是认为我很喜欢替你完成这些工作呢?"

她的弹药库里东西可多着呢，她在抛木托盘时态度是很强硬的，而在提问你问题时态度又很温和而且彬彬有礼，以理服人，既能让你如坠五里雾中，又能让你如沐春风。她的笑容可以融化冰山，不管你是严肃的会计师还是不苟言笑的工程师，都会受到感染。琳达总是启发诱导你，而不是发号施令，不过当她下指令时，那可就不亚于战场上的"命令"了。

她是一个领导，同时也是一个管理者，她要为协议、契约和远景规划而努力。她做事总让人感觉特别干脆利落，她可以几句话就停了一个产品经理的职，把他调到别的岗位，产品经理会点头微笑、心悦诚服，然后在新的岗位上从头再来，我不知道她是怎么说的，不过她的话太有效了。

当 MRP 系统刚刚启动上马时，她带了一位性格内向却十分聪明的工程师来辅助她的工作。琳达第一次遇见这个工程师时，工程师正埋头苦干，好像长在了绘图板上。午饭的时候，工程师通常是闲逛一会儿，然后躲到车里打个盹儿，他很腼腆，不善言语，像个小孩子。

琳达需要他的帮助，以促成系统的正常工作。他的工作是跟踪工程，更改通知单，那些单据决定了订购零件的类型和数量，如果处理超期，库存就会出问题。琳达教会他如何做这份工作，然后让他独立担负。他开始在走廊不停地穿梭，整天抓住人问他们是否确定自己那部分零件做完了。对于这个突然就不需要打盹的家伙，每个人会提前停一步告诉他一些情况，免得让这个"新的狂热分子"失望。他的追踪调查工作至少为系统的成功实施节约了 30 天的时间。

30 天，对一个这样的厂子意味着什么呢？每天会运出几大卡车的塑料零件、焊料、电子元器件和硬纸板，会运进 7 挂车的成型玩具……

每周6天……在财务上可是一笔不小的人账。同时，会造出更好的玩具，更少的闲置时间，引申一下，还有圣诞节的灿烂笑容，狂喜不已的股东……

在一个两年内员工从30人增长到600人的工厂，琳达成功地提高了制造效率，废品率降低到1%以下，每年库存周转超过30次，在一个可能会导致混乱的时期使生产率稳步增长，她协调好每一个人，并且培养了一支团队。在她第一次提升之后的整整一个月，她每天给大家买比萨和苏打饮料，以感谢大家的支持。这让大家议论了很久，都在想下一次提升后她会怎样做，况且她的发展势头如此之好。

琳达没有大学学历，在大多数公司，她只有靠边站的份儿，或者她的升迁会十分缓慢。这是不是很矛盾，不，只是很愚蠢罢了。在今天这样一个名义上公平的时代，一种潜在的合法化的歧视仍然存在，就是对学历等级的歧视。

比尔·盖茨一样没有大学学历，不过他做得非常好。我的伙伴爱德·塔克（Ed Tuck），Teledesic的创始人，拥有十几家公司，甚至连高中都没毕业。弗雷德·麦克莱（Fred McClain），天之台公司（SkyDesk）的创始人之一，十分喜爱解微分方程，经常在教授面前炫耀他的博士后级别的数学理论，不过他根本没有写过论文，当然拿不到博士学位，甚至他连学士学位也没拿到。

坦白地说，我曾经和100名企业家或CEO们参加过哈佛大学的课程，他们都很卓越，也并不是都和名牌大学格格不入。原谅我说实话，希望说出这些对故事主人公不会造成伤害。但是，的的确确有两个同学在案例教学时痛苦不堪。其中一个人没有完成学业，后来我听说他们两个都有阅读障碍症。一位名叫保罗·欧弗利（Paul Orfalea），因金考公司（Kinkos）而声名鹊起，在我们课程持续的10年里他经营的印刷业务创造上亿的价值；另外一个是克雷格·麦考，1983年的一天晚上，我们一起在做关于手机的案例，他突然离开，此后两年再没有回来，很明显他看到了一些我们忽视了的东西，结果他开办了麦考蜂窝电话公司（McCaw Cellular），10年内向美国电话电报公司出售了价值140亿的产品，同时他与纳克斯泰尔（Nextel）的生意也干得不错。

用学历来限制求职者并不十分明智，在两个求职者之间唯一确定的事情是，当你把录取通知给那个受教育程度高的人时，他不会像另外一个人那么兴奋。

所谓的规则，就是没有规则。保持一种开放的心胸，去寻找你想要的人才。学历被视为成功的要素，实在是有些过分了。智慧和内在动力才是更重要的，志同道合更是关键。

受教育的确是件乐事。我在 20 世纪 60 年代追求我的学士学位，70 年代因公出差在丹佛大学住了几个星期，在 80 年代到哈佛商学院做了 3 年的学术研究，90 年代又到伯克利和牛津做了一些工作，我把这些经历视为一种乐趣，而和成功之类的东西关系不大。的确，教育是一件乐事，也是一种形式的休息，有时候还有些益处。你可以在那里交到不错的朋友。我的两个女儿也是 MBA。

你对员工的期望是，任何岗位的员工都必须积极主动，许多岗位的人经验丰富，某些位置的人必须聪明能干。

你的团队会比那些案例教科书中列举的竞争对手都要厉害，只要你：

1. 每份工作对教育程度的要求适当降低一格。花更多的时间面试更大的应聘群体，考察学历以外的素质，遴选优秀的人员。
2. 把研讨会和培训的费用减半。研讨会会给管理人员提供一个推掉分内培训工作的借口，更糟的是，让一个要价昂贵的外人来做这件事。在管理人员和昂贵的外来人员之间，选择一个，你不需要全部。
3. 雇员业余参加工作相关的培训费用，公司要积极承担。为那些成绩 A 等的付全部的学费，B 等的减半，其他的就不要管了。

# 第21章 REVERSE DISCRIMINATE 扭转歧视之风

1978年9月，墨西哥西北部城市蒂华纳，卡车散发的浓烟弥漫在空气中，让人窒息。内陆的风卷起沙砾和油污，混合成沙尘的恶魔，抽打在我的挡风玻璃上。

那些茂盛的风滚草，在棕色的泥土地随风翻滚，有些飞跃了沟渠，跳上了公路，碾在了我的左车轮下，因其体积巨大，我的车胎陷了进去，汽车温度计的水银柱膨胀过了红线，发动机在怒吼，可车子仍旧动弹不得。我当时的心情糟透了，我正前往工厂，那个月工厂的情况很严重。

几周前，墨西哥AFI公司（AFI de Mexico）招募了200名新人。我是西海岸费雪玩具厂的执行董事兼总经理，招募新人并不成问题。应聘者在早晨三点就排起长队，从前门望去足足有30多排，这种情况持续了好几天。

尽管应聘者如云，但因为我们的文化不同，挑选起来还是很困难。我们规定公司的外籍人员要说我们的语言，这是礼貌的说法，简短地说，就是要具备一种国际化素质。只有那些最优秀的双语人员才懂得在公司怎样做事，这是我的观点。其他的工作人员没有意识到这一点，他们期望应聘者对发生的事能理解一半就足够了，毕竟文化有所差异。

有几次，我特意安排卫生护理人员教那些新来的雇员，特别是那些女性雇员，如何使用洗手间的纸，她们从来没有用过这些。由于缺乏卫生习惯，一些人甚至携带着肺结核传染病，还有一些你根本想不到的疾病，比如疥疮。

按照例行规定，我们会定期安排体检，在体检的过程中，我们竟然发现那些丑陋的医生对漂亮的女雇员进行性骚扰。我们为此向该国政府起诉，但那个医生并没有受到任何惩罚，后来只好换了个医生，我想这恶心的行为该结束了。

奇怪的事情层出不穷，不知道什么人在卡车的底盘上塞了一包可卡因，结果在南部边防站被查获，那些守卫简直是在敲诈，罚款高得离谱，我坚决不同意，而且表现得十分愤怒，结果我的强硬态度为我们免除了麻烦，回想起来，无论如何都不可能是我们的问题。

几周前，也许缘于疏忽大意，我们在垃圾堆放处倾卸了一车废纸板。这绝对是一个错误，因为我们在合同上允诺“所有的垃圾都会运回美国处理”，可是墨西哥联邦政府的官员给出的建议却是用袋子装上 2 万美金送给在瓜达拉哈拉机场（Guadalajara airport）的联络人，他们说这样就能搞定一切。我们当然严词拒绝，并请求听讼。政府声称将要关闭我们的工厂，我们出于礼貌，打电话给政府长官让他知晓此事，并声称公司打算在关闭之时，给 600 名失业员工每人一张写有他地址的小纸条，以便审判时作为自愿证人出庭，该政府官员只好缓和了口气，说一车废料实在不值得引起国际诉讼事务。还好这是美国的近邻墨西哥，要是换做在罗马，天知道会出什么乱子。

顺便提一句，我们教会了女员工如何使用手纸之后，很快发现不得不教她们如何冲洗马桶。用过的卫生纸扔得到处都是，没过了脚踝。可能在那次马桶使用“培训”中她们领会了一些我们无法领会的东西，她们学会冲洗马桶不久，就频频发生堵塞的事情，污水臭水蔓延得满地都是，也许她们更会用马桶吧。国际大公司看起来很迷人，但实际上并非如此。

墨西哥 AFI 公司经过 6 年的发展，成为联合工厂中最具增长力的一部分。我们的 3 种玩具产品成为费雪公司的销量之冠，它们分别是电影播放器、磁带录音机和唱片播放器，连续 12 年年均销量超过 200 万台，稳居费雪公司十大热销排行榜。费雪公司总共有 140 种产品，墨西哥 AFI 公司的产品表现如此优异，所以对他们来说收购 AFI 绝对是梦想中的大买卖，当然收购成功的部分原因是卖主太蠢。

我们在生意的竞技场上飞快地往前冲，每周有两个56小时工作周期并行前进（一周7天，每天8小时，而且两班倒），雇员很喜欢加班，但是偶尔也有麻烦，两天前，有几十个工人在工厂外的小吃摊上吃不洁食品，引起了食物中毒。

在换汽车轮胎的时候，我在想，是不是有什么别的东西也需要换一换了。

我们生产线的问题也很多。墨西哥AFI公司的生产线上大部分环节都是女性工人，拉丁文化中大男子主义的倾向很严重，仿佛男人天生就是做管理和监督的，而女人们只有卖命工作的份儿，不从事具体劳动的男人们还要处在管理地位。

一般情况下，男性管理者都在四处游荡，互相闲聊，说着周末玩回力球之类的无聊事儿，只要看看他们的状态，就知道他们心不在焉。

我把这条列在应当改变的首位，我认为这是文化造成的问题，任何措施都无能为力，除非瓦解他们的社会文化结构。后来发生的一件事儿，让我们真正地领教了文化的厉害。在蒂华纳洪水过后，我们为员工颁发了奖金，奖金分配办法是：如果家里的水到了膝盖就发2个星期的薪水作为奖金，如果到了腰就发4个星期的，这当然不够公平，而且违反经济规律。政府为此惩罚了我们，这并不是意料之外的事情，让我们惊讶的是另外的结果：几乎有一半的员工拿到奖金后就消失了，几周都不见人影。当你生活窘迫时依靠做工为生，突然间得到了一笔横财，为什么还要工作呢？这就是他们的文化。

公司里有个叫塞斯利亚（Cecelia）的员工，我到公司不久就发现她身上蕴藏着某种特质，她曾表达过她的见解，她认为那些在管理上专制独裁的老好人们一定会被搅得晕头转向。想到这里，我仿佛见到了曙光，我抬起头来兴味盎然地看着满眼的风滚草，接着换下了轮胎，结果发现备用胎不合适，只好抛锚走路了。

“萨顿先生，”她尖声叫道“la linea esta debajo. Sin partes. Siempre!（生产线上又没有零件了！）”

帕伯乐（Pablo）和佐治（Jorge）兀自站在那里，并没有注意到我进来，他们正在指手画脚，谈笑风生，讲着什么故事。我愤怒地从他们手中夺下了记录文件夹，过去的整整两个小时，他们什么也没有记，塞斯利亚告诉我还剩下 3 盒发条，而半个小时前标签就用完了。

我早就在心里盘算过许多次，一定要给这帮傲慢自大的男性雇员一点颜色看看，现在机不可失，我立刻开除了帕伯乐和佐治，晋升了塞斯利亚。还不止于此，我把 17 名男性监工中的 14 人都开除了，他们几乎都一样，是男子气概和懒惰的“拼盘”。

就这样，我合情、合理、合法地终结了男性监工的职务，把女性推上了前台。

生活变成了跑步竞赛，每人每小时的生产力在 30 天内提高了 20%，仿佛一切问题在 10 年前就已经解决，而且毫无痛苦、轻松进行。

通常的情况是，女人比男人能干，亚洲人超过高加索人，年轻人胜于他们的先辈，所以你要充分利用这些优势。

有些人数稀少的少数民族也很了不起。我的妻子经营着一家床罩公司，她的创意来自于邻居的怪癖，她只用荷兰的印尼女裁缝师。这些裁缝师互相监督，晚饭后她们会对工作落后的人严厉指责。当工作节奏缓慢的时候，她们中会有人离开，但一旦忙起来，她们就会把亲戚都带来一起加班。我在圣波那迪诺的工厂也有一些“耶和华见证教派（Jehovah’s Witnesses)”的门徒，他们会留意本教人是否都提前上班，并且工作也比其他人更出色，并且从不给我打小报告。这些良好的品质在一些大的民族身上是难得一见的。

下面讲述如何为办公室增添更有生产力的群体：

1. 为你的业务注入新的活力，让它更像是繁荣的市场。某些种族总是努力工作，也许“种族”一词太有煽动力，我也无法确定它究竟指什么。你需要在公司中打造成为一个充满多样性的群体，员工们来自不同的国家、不同的宗教背景，操着不同的语言等等。他们的存在会让一切变得不一样，你完全可以确信，你的业务会因此蒸蒸日上。比方说，雇用一位女性的卡车司机，聘用一位男性的秘书，或者请一位 70 岁的老推销员等等。

2. 如果新来的人不能如你所愿，就立刻找人换掉他（或她）。
3. 如果附近有那种特别能干的种族或群落，你就大量地雇用他们，他们会互相监督、互相鞭策，你还可以吸引他们当中的优秀分子到管理层任职，让他们的某种优秀文化为你效力。

# 第22章 WALK THE FLOOR 四处踱步

戴维·帕卡德和比尔·休利特在加州开办了自己的公司，从此在技术之外他们了解了更多，比如人性。

他们的公司从最初在派克家破车库的小打小闹发展成为测试仪器、工程领域、计算器、医学产品和计算机业内的领跑者。

他们两人的合作关系从大学时就已建立，这份难得的友谊绵延了一生，你能说出比他们两人时间更长的合作案例吗？你不能，我也不能。

他们的成功在20世纪80年代初期极富传奇色彩，每个渴望成功的人都对他俩的事迹兴趣浓厚。管理咨询师、商业书籍作者、专栏作家都在用自己的方式研究惠普（HP）的案例，得到了几乎一致的结论。

结论很简单，简称为“到处走走的管理方式（Management By Walk Around，MBWA）”。这种管理方式强调的是倾听的技巧，以及对整个公司运营状况日复一日的参与。除此之外没有更多的“魔法”。

比尔·休利特总是到处转，比如到运输部门，看看订单的货物进出如何工作，并且从装货工那里学到了很多东西，当他对运输环节的状况表示满意之后就会继续前进。

接着，他会到生产车间逛逛，寻找那些导致销路不灵的问题出在哪个环节。从周一的生产车间，到周二的电阻调节，通常他会在生产线上花上几天时间，思考哪些方面的设计改进会对整个生产环节产生有益的影响。

就职业而言，休利特绝对是一个科学家，他的哲学体系引领他走向成功。有一次，那天是星期六，他停下脚步打算检测一个装配部件，发现他需要一台显微镜。问题是，周末的时候所有的显微镜都被收起来了。休利特很有挫败感，这是他的公司，那些显微镜是属于公司每个人的，每个需要的人都可以使用。但是现在的情况是，所有的显微镜被锁起来，这简直是毫无意义的行为。休利特没有办法，只好用撬棍砸开了锁住设备区的大锁，取出了显微镜，在他离开房间之前，他写了一个便签，留给星期一第一个到这个房间的人，上面写到“请不要再锁设备室了”，然后签上了他的大名。

戴维·帕卡德对提高公司的运营水平也是尽心尽力。他总是十分注意提高公司内部成员的工作和服务能力，有时他会亲自检查收货票据，看是不是某些顾客遭受了怠慢，有时他也会冷不防地给新来的销售人员打个电话，询问一些事情，借此保持对这方面的敏感。

戴维和比尔淡出惠普领导层的 1994 年，惠普的利润高达 16 亿美元，这对当年一心想做示波器的两个大学生来说，真的是不错的业绩了。他们不停地踱步，在屋内，在厂内，在踱步中建立了不朽的企业文化。

在如今竞争激烈、发展迅速的今天，商业巨人惠普公司难以维持，在技术上罕有突破，的确让人叹息。惠普的好光景可能已经过去，不过在 50 年的发展历程中，随着戴维和比尔不断地到处走走，公司越来越壮大，越来越好，却是不争的事实。

如果你很喜欢连续 50 年保持增长直到每年赚 1 个亿的点子，下面就是“偷”来的妙方：

1. 无论白天还是黑夜，都要在自己的公司到处走走看看，问一些问题。不要总是在特定时间也不要在特定的班次这么做，晚上的员工可能会有不同的感受、不同的问题和不同的建议。不管脏活累活，你都要和员工们一起做。坚持在 1 月份给布法罗的销售人员打个电话，或者在 7 月份的时候给路易斯安那的员工通个电话，只是为了说明，任何时刻，你和员工们同在，你对他们的业务很关心。
2. 把前台的签到本扔掉。这个多余的本子除了向前来拜访的销售人员展示自己的竞争力外，毫无用处。把所有的地方都开放，免得让人产生臆想。

3. 视察公司的外地办事处，代替通过备忘录的交流。如果那个地方没有视察的必要，也就说明没有继续保留的必要。尽量少用电子或书面的交流方式。多讨论，少下命令。

了解这些来自戴维和比尔的妙方吧，它不仅仅能让公司治愈痼疾，而且能焕发新生。如果你比对手更加用心，这些方法都是自然而然的，如果果真如此，你的方法会自动发挥作用的，当外界变化时，你也一定能够随之而变。如果万一你不能做到如此专业，就把这几条拷贝下来，慢慢领会，不久之后，你就能领悟它的威力。同时，不要在“到处走走”的同时对这儿或在那儿指手画脚，让团队丧失动力或信心。你一定要对此由衷地发生兴趣，否则公司会面临困境。

# 第23章 RAISE PAY, CUT BENEFITS 提高工资，减少福利

在20世纪80年代后半期，戴夫·科恩（Dave Cohen）在汉普郡开办了他的第二家绿树食品店（Greentree Foods），专门经销健康食品。从某些方面看，这几乎是他第一家店的翻版。

两家店都是主营嫩芽、根、茎、叶食品和干果干核，还有黑麦芽汁、高丽参粉等。两家店面积都在2000平方英尺左右，位于人流熙攘的商业街，邻居都是些年轻人喜欢光顾的店面，店员也是清一色吃着格兰诺拉麦片（Granola）长大的年轻人。

在开办第一家店的时候，科恩发现店员平均待上6个月就走人了，的确他招募的都是年轻人，而且这些人在这里待的时间不短了，几乎是在快餐类食品店平均工作时间的两倍，不过这些都不足以安慰科恩。

每年，他都不得不花费大量的时间和金钱来培训人员，并且为他们担心，他们常常因为不知道调味番茄酱放在哪里，或者怎么使用可降解的纸麦秆材料而冒犯顾客。每次新招来一批雇员，他就得为他们能否胜任而提心吊胆几天。

所以，当他开办第二家店的时候，他做了不同的尝试，他提高了工资待遇，而把一切福利都取消了。

旧店的店员每小时付费8美元，如果他们一周工作48小时，一年就可以挣到18 768美元，包括加班费。除此之外，还有医疗补助，10个假日，第一年有一周的带薪假期。

在第二家店，店员除了现金外没有任何福利待遇，没有假期，没有病休，只有更多的钱。他会付给店员每小时10.4美元。假定新店的员工和老店的员工有一样的休息日——10天假期和一周带薪假期的

话——第二家店的店员会赚到24 211美元。

在新的绿树食品店的雇员有着更多的自由，他们做得多，挣得就多。如果愿意，他们随时可以请假，反之愿意加班也可以。反正每年可以多挣5 443美元。不过，这种比较是不算医疗保险的，实际上5 443元用来支付医疗保险和各种税金，剩下的用来支付旅行费用，也所剩无几。取消了福利之后，店员自由了，店员和店长达到了双赢。

在新店，店员平均驻留时间增加了一倍，而且现场服务的状况良好，顾客找东西更快捷，得到的服务也更好。

在成本上，并没有任何提高，即使工资看起来要多出30%，这些不过是保险、假期和医疗补助之类的折现罢了，而且减少了管理这些事情的隐性管理成本，雇员们乐意明面上拿到所有的钱，也不会嚷嚷着要福利和改革。双赢!

新店中有一个兼职的在校女生，每周工作25小时，她靠学校集体参保获得医疗补助，每年夏天她会有3个月的假期回家，然后每年回来的时候继续做这份兼职。两个学期她能赚到9 000美元，假期的另一份工作又可以为她带来3 500美元的收入，这样她上学的学费就不成问题，而且还可以每年都回家度假。

其他人工作的时间要稍长，每人3个月内可以有两个星期的假期。由于没有他们需要的福利和规章，使得这种工作更适合个体选择，而不是群体行为，对个人来说，这里简直是天堂。

我得坦白地说，当我尝试这么做的时候，失败了。科恩能成功，因为他是理性的，抓住了年轻人的特点，对于那些有家有室的守旧的中年人，是无论如何也接受不了这样的工作的。

在我过去的5家公司，健康补助的金额和付出的保险金相比，实际上的回报率还不足40%，付出一块钱，收回两毛，或者三毛钱。而且我们还会遇到职工做心脏手术、癌症治疗、多种慢性疾病的治疗等等问题，以及其他一般性的痛苦和灾难。医疗保健问题说起来也很简单：就是不需要太多个人责任感的超额的公司文书工作。

所以当我创办天之台公司时，我试着在招募工程师时，给他们每月增加800美元的工薪，让他们自己去上保险，鼓励他们拿到这份扣除的钱。这样做带来的另一个好处是，他们更加懂得照顾自己了，对于生死无碍的小病小灾也谨小慎微，倍加关注，毕竟要自己付钱来就医了。平均下来，他们每月扣除税后会多赚几百美金，公司将会节约200美元。他们节约下来的钱会超过以往病险服务所付的费用，他们的灾难保险又为大问题的出现打了预防针。

他们是工程师，不是社会学或者文学专业的，他们在数学上算得精着呢。

这样做，的确好处多多，免付利息，省却麻烦。然而不知什么原因，有些人感情上就是需要自己的家庭被公司照顾着，当你在团队中遇到这种事儿，不要为之争吵。你不是在处理逻辑问题，你最好就少付他们工资，然后在保险金上花些钱，当然比起上面的做法，工人受惠就少多了，可是他们可能会感觉良好，你又可以安心经营了。

但是如果你的公司有些年轻小伙要求无论如何交出的金额比率越低越好，或者有些雇员倾向个人主义，就根据你的实际情况，让每个人都得到他想要的。

1. 成立工会，让他们帮助你来制定提高工资和降低福利的计划。在某一年的早些时候宣布，工资全面上涨20%，然后紧接着宣布取消健康补助、年限福利、病假和带薪假期（将节约下来的一部分钱预付保健费用，主要是为极少数无法自行缴纳保险的人准备的）。
2. 还有一种办法，就是每年对那些主动放弃健康保险的员工给予1 500美元的奖金，并且用事实证明他们其实可以被有工作的配偶照顾得很好。这样公司就可以削减在每个雇员身上的3 000美元健康费用，公司省了1 500美元，员工多得了1 500美元，每年至少是这个数字。
3. 直接为那些新来的雇员提供与老员工等同的福利待遇。所有的工资、假期和退休金都视业绩而定，而不是按资历计算。如果你对老员工付出的多，而对新鲜血液付出的少，就很难建立一个稳固的公司。

# 第24章
INCENTIVIZE EVERYONE
# 激励每个人

1986年，Checks To-Go公司的销售旺季已过，日渐平淡，电话销售人员的态度也变得更加冷淡。他们工作、离开，他们的反应正如他们接受的待遇。

电话销售人员的工资是和销售量挂钩的，业绩平平的人会被开除。即使是那些业绩突出的电话销售人员，也不会得到什么赞誉，因为公司一直认为他们这些人存在的目的只是为了赚更多的钱，而且个个桀骜不驯，难以驾驭。公司采取的唯一的激励方式也是消极的，让人不快的，要么是叱责，要么是语言侮辱。监督人员通常是从办公室的后门溜进来，这样销售人员就注意不到他的到来，他喜欢偷偷地突然潜入，然后到处巡视。

（需要挽救的企业经营如此之差，像我这样成绩C等的学生似乎都可以在离校前致告别词了，然而通常只有毕业班成绩最优秀的学生有此殊荣）

不久，他就晃晃荡荡地蹩进了小隔间，看操作员的电话记录簿，带着憎恨的眼光盯着看，毫无眼神上的交流。完成了记录本上的“调查”之后，他就把本子掷在桌子上，故作轻松地耸耸肩，然后到下一个雇员那里，总是问“你打了多少电话？为什么不？你有什么问题吗？”要是我们的医疗计划有性格移植这一项就好了。

简直没有任何理由促使大家努力工作，我们试图寻找一些理由。第一件事情，就是向变态的监督人员说明正门的位置，画上路线图交给他，希望他照做。效果还不错。我们提拔了他经常辱骂的副手，至少他对人事和销售略知一二。以往是每隔一天以开除相威胁，取而代之的是，新的监督人员展现出对他们观点的浓厚兴趣。“你的客户说些什么?”她问道，“我们怎样做会让事情变得更好?”她知道这些在战壕里摸爬滚打的一线人员更懂得什么叫业务，而不是其他人，当然也包括华而不实的挽救人员，比如我。所以她一直保持倾听的姿态，并且坚持不懈。

我们还采取了其他的举措，降低了销售人员的工资，从每小时 10 美元降到每小时 8 美元，但是会在他们业绩收入的基础上给 1%的提成，新的管理体系意味着即使销售情况很一般，哪怕平均一天只销售 2 000 美元，付给销售人员的工资加上提成，算下来也是一次不小的提升。

陡然之间，销售状况不再是平平，第二天电话销售人员就拿到超过原来工资 25%的提成。

更为重要的是，新的销售经理开展了周销售竞赛，一旦销售额有所增长，那个拿到订单最多的销售员就被奖励到 Catalina 度周末。当增长变得平缓时，谁创造了最高平均销售记录，谁就会得到剧院的入场券。每个人都可以思考如何成功地获取订单，而不再是担心屋子后面那双可恶的窥视的眼睛。

由于激励措施带来了新的士气和态度，所以作为回报，销售量也快速增加，客户的好评如潮。有一次，我们制定了一个目标，要降低客户的投诉，结果他们不辱使命，于是我就在自己家里为大家做了一顿龙虾大餐。那顿饭真是太棒了，虽然以后再也没有那样的机会，但是事实证明那个夜晚可是不同寻常（黄油中太多的大蒜，龙虾还不错，以后不要放太多你不熟悉的调味品)。电话销售人员的生活中从此充满了阳光和乐趣，直到两年后 Checks To-Go 被落基山钞票业务公司收购。新主人做的第一件事就是废止了激励机制，因此收购后的第 18 个月整个 Checks To-Go 的业务就都从人间蒸发了。

关于激励的事情做起来要十分微妙，拿捏得恰到好处。在 Checks To-Go 建立这套机制的几年后，我开始负责骑士保安公司的经营。

骑士保安的销售稳中有降，我想我知道治疗的良方。设立奖励机制，不会有问题的，我当时很自信。在名册上有 80 名电话销售人员，平均每人每班要打 250 个电话。我把每小时的基本工资下调了 2 美元，增加了奖励机制，以保证他们在同样的表现下不会使收入减少。

有似曾相识的美妙感觉吗？没有，根本没有起色。

问题的根源在哪里呢？原来骑士保安公司早就有按日发放的奖金，更多的激励措施出台，只是让金牌销售员的收入大幅度增加，而他们的销售量再次提高难度较大，那些一般的销售人员则挫伤了积极性，而这些人正是我们要激励的。

（星星照样发光，失败者仍在品尝失败，必须做点什么，让处在中间的大多数人行动起来）

但是为时已晚，我试图让一切回到旧的秩序，让激励措施更温和一些，那样做又得罪了金牌销售人员，他们纷纷跳槽（这项“成就”可不是我个人简历中的闪光点）。

关于激励的真理是，你所付出的第一美元是最有效的。

少量的激励是有效的，过多的激励会让某些人进步，另外一些人反而会退步。当对团队工作有益时，激励总是有效的。当实施激励机制时，正面的反馈是极其有帮助的。光是赞扬没有奖励会让你的话招来嘲笑，只有金钱没有赞赏将只会得到空洞的“鞭策”，过多的激励则导致贪欲丛生。

下面是如何让整个公司在下个月焕发活力，现在就开始做：

1. 舆论上在每个月对工作优异的员工给予高度的评价和认可。在公司的大门口附近为这个人保留一个停车位，尽可能地靠近客户停车区。在公司的新闻信件中放置这个人的照片，介绍他或她的事迹，比如他或她是怎样提供优秀的客户服务，如何节约成本，或者如何提高工作效率的等等。
2. 至少预留 5%的员工报酬用来作为他或她的部门完成特定目标的月度奖金（比如说，在不加班的情况下保证财务交易数字无差错、生产中的返工率降低 10 个百分点、最佳收款日、研究成本低于预算或进度提前等等)。把这些奖金分配给 20 个或更少的人组成的团队，会激发个人的动力，凝聚团队的战斗力。千万不要只奖励个人，除非这个任务体现个人成果。如果是这样，要大张旗鼓地宣扬一番。

3. 将部门的业绩目标粘贴在各个地方，那些图表要让人在 30 英尺外一样看得见。让这些图表成为人们眼中的焦点，无论你从哪里走来，还是路过此处，都会最先注意到这些图表。让人们不时地停下来，看一看，评论一番，讨论讨论。

# 第25章 TIGHTEN THE SHIP

# 坚船不破

1988年的春天，落基山钞票业务公司收购了Checks To-Go，我当时是Checks To-Go公司的CEO。两家公司都是生产银行支票的，落基山钞票业务公司是面向银行的大批量支票印务，他们的客户都是那种日进斗金的业界老手，每日的订单数量很大。在整个领域内，落基山钞票业务公司仅次于Deluxe和Harlan而位居第三。

Checks To-Go面向小型的PC用户制作支票单据，我们买来大额的支票，按照客户的需求制作出个性化的支票。但是我们的客户通常会忘记他们的账号，订购了多少，需要什么样的格式，以及如何用他们自己的打印机成功地打印出来。一般情况下，他们一年只订购一到两次，而且需要一定的支持（比如订购的详细记录）。

收购事务结束之后，Checks To-Go已经是落基山钞票业务公司一个新的分部，我留了下来，负责这个新部门的运营。1987年，Checks To-Go在整个支票行业的利润是最高的，我们的纯利率是Deluxe的两倍，尽管他们非常热衷于从大额存款中收获利息。此前的10年间，Checks To-Go都是亏损经营的。落基山钞票业务公司收购Checks To-Go的目的是要抢占增长迅速的小型PC用户市场。

在Denver的总公司会议中心，我作为该公司所谓的A团队的一员，首次出席了会议，我们没有讨论支票的事，也没有涉及客户，只是在不停地纠缠关于宾馆的议题。他们对于我所在的Checks To-Go没什么兴趣，而且对我是假日旅馆的高级荣誉会员这件事感到非常不安。

执行副总裁微笑地解释道："我们宁愿你这个级别的经理住在万豪（Marriott）或者希尔顿（Hilton），毕竟我们要注意公司的形象。"

他身着法国名牌衬衫，下身是有红色编带装饰的吊带裤，看起来富丽豪奢，你要是指望这种人懂得如何控制成本，那就太愚蠢了。

在 Denver，万豪或者希尔顿一晚的住宿价格大概在 80 美元（这已经是老皇历了，是吧）。假日旅馆只要 50 美元，他们会比我多花上 60%。

相比之下，这些宾馆都有干净整洁的床铺和浴室，也都有免费供应的早餐。我正想着这些，执行副总裁继续说道："你现在是新团队的一员，我们需要整个组织保持一致的作风，所以你必须住在万豪或者同档的宾馆。"他大概认为我一定十分急切地想要成为这个高消费团队中的一员吧。

从塑造形象的角度考虑，他们把公司的名称改成了 ROMO，因为公司的业务扩展之后，不再局限在西部了。总裁向我展示新设计的徽标，并征求我对改名这件事的看法，我说："即使把饼业国际（International House of Pancakes）称为 IHOP 也一样有自己的魅力。"

这是我那段职业生涯中记忆犹新的一幕，围坐在会议圆桌的一排头颇让我联想起汽车中用来装饰的小塑料狗，就是那种随着汽车颠簸不断上下点头的小狗工艺品。这些人围绕着桌子而坐，脑袋晃来荡去，没有一刻保持稳定与平衡，摇过来，摇过去。会场并不是一片死寂，副总裁不时地咳嗽一两声；我两边的坐椅吱吱嘎嘎地响，原因很简单，坐在那里的两个人希望移动座椅，把它挪到距离我远一点的位置而又希望不被人发觉；总裁叼着他的大烟斗吞云吐雾。

"好吧，加里，你希望公司给你配备什么样的车呢？在你这个级别，我们是允许乘坐'奥兹莫比尔短剑（Oldsmobile Cutlass）'或者'水星黑豹（Mercury Sable）'的。"

我说我不想配什么车，但希望能住得离公司近点儿。

6 个星期之后，因为我拒不同意他们的公司战略而被解雇，他们把 Checks To-Go 的业务视为生产类型的，需要沿用规模经济的发展方式，需要说明的是，他们先前的业务运营就是这么做的。

我的观点和他们不一样，我认为 Checks To-Go 公司的业务是服务类型的。

所以我离开了公司，理由是身体问题，真实的原因是他们非常讨厌我。

18 个月之后，Checks To-Go 就从地球上消失了，原因是经营不善、业务流失。事实上，落基山钞票业务公司把他过剩的一些业务转移给 Checks To-Go 去做，从中盈利，而且不用纳税，可仍然没有挽救 Checks To-Go 的悲惨命运。Checks To-Go 以前整整 10 年的亏损经营，意味着某些漏洞吞噬了所有的收入，刚刚实施的修复措施，就被收购后的强风吹得一干二净。良好的公司形象，又有什么用呢？

想想看，美国没有几家公司有高达 10%的利润空间，多数维持在 3%到 4%，如此微薄的利润，使得他们这些公司不得不精打细算，比如在可以节省 60%费用的问题上绝对不会含糊。

同时请记住，万豪酒店不仅仅是一家酒店，它更像是你的业务水桶的一个小洞，它的存在还会导致其他方面的“漏水”：需要新的设备吧？那就现在去买吧。装修漂亮的办公室也不仅仅是维护公司的形象，这又是一个漏洞。要不了多久，你桶中的水就流干了，而可能此时，火已经燃起，你拿什么去救呢？

缺乏对成本的有效控制，会毁掉任何一个公司。豪华轿车、万豪酒店和奢侈成风都是失控的表现。如果你的竞争对手有豪华轿车，你没有，意味着你一定获胜，因为他有一只漏水的桶。

下面的故事中将会出现 5 位美国历史上白手起家的超级富翁。（快速地浏览 5 遍，一定会让你有所收获）山姆·沃尔顿创立的沃尔玛（Wal-Mart），1991 年的时候，他还在驾驶他那辆有 8 年历史的敞篷小货车。他总是自己沏咖啡，我的一个朋友在沃尔玛的大厅里，偶然间看到沃尔顿先生从饮料机上取咖啡，溅出了一些，他亲自拿了些纸巾，把周围擦干净。

罗斯·佩罗特（Ross Perot）是 EDS 的总裁，只领取 7 万美元的年薪。佩罗特把 EDS 卖给通用汽车时，当时的通用汽车总裁，佩罗特的新老板，有着 240 万美元的年薪和除此之外的公司利润分红。后来，他给了佩罗特25亿美元让他走人，因为通用汽车的总裁对这个具有平民气息的人待在通用汽车感到很困窘，因为佩罗特不希望很高的薪水，也不渴望宽敞的办公室或者个性十足的轿车。更糟糕的是，佩罗特经常会邀请员工到他家里共进晚餐，和他们不断地交流。那一年，通用汽车的总裁宣布总共裁员72 000人，包括佩罗特。

戴维·帕卡德在离开惠普从事政府服务之前，没有一个带有围墙的办公室，这本身也能说明问题。

微软的比尔·盖茨也总是开长途车代替乘飞机，后来他的公司发展壮大，就乘坐自己的班机。沃伦·巴菲特（Warren Buffett）管理波克夏·哈萨威公司（Berkshire Hathaway）数以十亿的基金，全部的成员也不过24人，他们在一起吃午餐，地点也只是选在麦当劳。

的确，现在是硅谷（Silicon Valley），过去是华尔街（Wall Street），生活在这里的人总是很浪费，如果你是其中一员，请继续，你们挣得太多，有必要浪费一些，不过大多数的公司都无法承担这种挥霍的生活方式。扪心自问，你是不是真的很羡慕阿拉伯酋长生活的豪奢呢？

下面是如何迅速提升账本底线的方法：

1. 差旅的宾馆规格降一级。如果你的客户住在假日旅馆，而你的对手住在万豪酒店，你更想结识谁？但是如果你的客户就住在豪华大酒店，在酒吧品尝美酒，那就在那里约见他们，问候他们，办完事后静静地离开那里，穿过街区，回到你在喜来登的房间。这样做很好，要坚信你的身体素质一定比别人好，在那里住一晚不会死人的。从机场到市区的大巴和大多数的出租车一样快捷。取消公司的飞机，商务飞机一样可以很快地把你送往世界各地，而且至少安全7倍，也不会把你和其他人隔绝起来，也许那些人中就有你的潜在客户呢。
2. 停止建造和装修新的办公室。如果某人真的不得不需要一个助理，让他或她提供公用的桌椅或者空间。（看看这条措施是如何减少许多招聘新人的申请的）

3. 做一些小事情：随手关灯；用平信代替特快专递。在针头线脑上的节约，常常会被视为吝啬和小气，并会引来嘲笑和奚落，你需要忍耐，而且坚持这么做，让这种态度和风气蔓延开来。不要在这些细节上花太多时间，要行动迅速，不声张，然后扩大其影响。

# 第26章 PUBLISH A FIRING POLICY 公布解雇政策

位于美国科罗拉多州利特尔顿的百老汇豹儿酒吧（Broadway Bowl），在1974年的6个月内，业务翻了一番。这条小街大多数时间都是人影寥寥，但是在下午4:30到5:30，穿着大口袋工作服的工程师、外表嬉皮时髦的市场业务员和穿着短袖系着领带的生产管理者都会聚集在吧台周围，酒吧的日销量从4桶啤酒上升到了8桶。

豹儿酒吧位于南百老汇街5499号，它的邻居5501号，就是笼罩在愁云惨雾中的霍尼韦尔。酒吧距离公司的前门仅有30秒钟的路程，以往酒吧也给我们带来了不少生意。

霍尼韦尔大约在超过10年的时间里，在美国代理宾得牌相机的销售，从最初的超市柜台销售，发展到有自己的办公室和存货仓库。

有一段时期，依靠本土代理是日本相机市场打入美国的惯例，但是美能达在两年前解除了他们在美国的分销合同，此后7个月，佳能紧随美能达采取同样的行动。凭借巨大的利润、广告上的巨额投入和价格上的一降再降，日本的厂商正打算直接控制其在美国的销售。

的确是不错的计划！1974年的霍尼韦尔也将面临这个问题，一年后我们和宾得的分销合同将会过期。

这种商业战略是一种税务战略，也可以说是增长战略。这种战略的转变意味着佳能和美能达将在日本本土实现利润，消除美国税务对其的影响。

有意思吧，我一直支持降低税收，直到它威胁到我们的支付能力，直到它变得如同苹果派中的霉菌一般具有破坏性。

佳能和美能达的销售量激增，豹儿酒吧的销售量也在激增。

如果霍尼韦尔采取跟进战术，在广告上加大投资，同时削减价格，恐怕我们连蔽体的衣服都穿不上了。

有些事情我们不得不让步。宾得希望在美国的销量有所上升，而霍尼韦尔巧妙地跟着它的步伐。霍尼韦尔希望盈利，所以继续保持中等的广告投入和看起来很公道的价格，宾得的销量增长没有如它所愿。

在霍尼韦尔的这个特殊部门，大部分的利润来自于代理宾得的销售佣金。宾得的期望超过霍尼韦尔的能力所及，所以宾得威胁说要分道扬镳。

他们不是在开玩笑吧？如果不是，我们的业务就要完蛋了。每个员工都意识到这点，不少人到豹儿酒吧用一扎一扎的酷尔斯酒（Coors）来缓解紧张情绪。也许宾得的如此算盘是希望要些花招，以达到在下份合同中增加若干有利的条款，这也不是没有先例。另外一个问题是，如果宾得真的打算放弃霍尼韦尔，他们会选择继续雇用现在的员工还是另起炉灶招募新人？

酷尔斯很快就喝完了，他们很快就会烂醉如泥。

有一天，齐瓦塔（K. Chiwata）来了，他是宾得出口部的经理，一个会说 5 国外语的日本人。他穿着时髦，一身格子花呢的运动休闲服，一口流利的美国俚语，看起来比我们这些真正的美国人还美国人。他能喝善饮，堪称海量，酒后仍然思维敏捷，条理清晰，自信如常。

我们和齐瓦塔共进晚餐，他带来了意料之中的坏消息，宾得希望控制自己的分销渠道，和霍尼韦尔的解约不是玩笑之辞。他宣布宾得将在一年后合同过期时放弃霍尼韦尔，重新建立分销部门，会考虑继续使用霍尼韦尔的老雇员，作为安慰，他们将公司的办公总部设在丹佛，大多数人的工作都不成问题。

“我们做了这么多年的朋友，我们不希望这份计划中的变化给你们添太多的麻烦，”齐瓦塔那天说道，“明年我们将代表宾得公司接管这些分销部门。

我会从香港调任此处，在距离丹佛技术中心 10 分钟路程的地方建立分销总部。我保证这绝对是件乐事，你们所有人都将继续留在公司，我们保证每个人的工作和薪酬在前6个月不发生任何变动，6个月后，某些职位会取消，我不知道会有多少，也不确定是哪些人。如果你们做足了这6个月却被开除了，我们会再支付6个月的薪水作为解约的补偿。你们中继续留任的，在薪酬上只会多不会少，但是可能会承担更多的工作。如果你们中谁在这之前离开，对不起，就什么也得不到。”

处理得很清晰明了，一切都摆在桌面上，非常公平。员工们一下子不再担忧经济问题，转而继续专注于自己的工作。没有人再去担心政府或竞争对手或其他的外界因素会影响业务。

笑容重现，干劲高涨，失误减少，没有哪个人希望丢掉自己的饭碗，至少在前6个月不必担心什么，即使被开除了，还有一笔不菲的遣散金。

现在轮到豹儿酒吧愁云惨雾了，它的啤酒销量开始狂降。

绝大多数公司有招聘条例，但是极少有解雇政策。招聘总是一个快乐的过程，所以写得详而又详。其实解雇更为重要，它可以塑造一个公司的灵魂。

每个公司都在开除人，这种反常的现象在日本已经持续了20多年，在美国先是IBM，后来是仁科（Peoplesoft）。除了死亡，没有什么会永久不变，有些公司试图掩饰，或者更糟糕地抱有其他的信条，这样做的后果是在最终事实到来之时把每个人推向更深重的灾难中。市场瞬息万变，人生瞬间烟云，本来都很无常。招聘政策制定起来当然容易，毕竟是正面的行为，解雇政策则会招来非议，所以更需要深刻理解。对你我来说，是该消除偏执的时候了！

下面是如何让工人继续工作的办法：

1. 实际操作时，在终止员工的工作之前先给出一份详细明确的对其常犯问题的警告。应该给员工一个机会做出反应，修正问题或者提出辩驳。如果是他违背了解雇政策或者有不诚实的行为，就没有必要给这样的警告了。要是开除某个人会引起惊讶，就意味着管理上的失策。
2. 为每位员工建立解雇债务，每工作一整年，就将一周左右的工薪数额存入这个人的解雇债务。这样做的好处是未雨绸缪，当裁员在所难免，提前的预留款项会让裁员进行得更顺利。同时也不会因为公司的不景气或者销售的跌落，而克扣解雇费用，那样做往往会伤害公司的名誉。在假定所有业务都在不断发展的理论指导下，会计实务会引导公司做得相反。假设错了，实务当然也就不可能对。

3. 在员工手册中明确指出，员工可以自由离开，但是必须提前两个星期提出辞呈。同时声明任何人在任何时间都可以无条件解聘。如前面提到的，这样做在实践中是备受争议的，你必须要给出一个理由，简直和很多法律的伪善如出一辙。为了合法地保护你的公司，你没有别的选择，虽然这些都难以出口，但也不得不公开的阐明。

# 第27章 BEAT THE UNION

# 打破联合

罗伊（Roy）是艺术与工艺出版社（Arts & Crafts Press）的负责人。具有讽刺意味的是，他还是一位有着30年老资格的工人联合会成员，他在8年前才进入管理层，但是很显然他在管理上不甚精通。这家公司是他父亲开办的，罗伊经常亲自研究公司的业务数字和报表，还自己到邮局取信然后拆阅，堂堂一个负责人却做这些小事，说起来真让人难为情。

有一年，罗伊正在对下一年的劳务合同进行磋商，我当时是总公司的成员，每个月我都有一次机会到他那里，那个月我恰巧赶上。我试图以旁观者的姿态观察事态的进展，当然，我的确当了一回旁观者。那天，对罗伊来说，真是难以忍受的一天。

“我不太了解你。”工会的一个干事坐下来说道，显然这不是一个好的开端，要知道，他在和罗伊说话。

不过他说的是事实，罗伊和他几乎没有什么沟通。这家公司很小，有大约100名员工。对于这个工会代表，以前没有和罗伊交流过是十分正常的，即便是本公司的某些员工，也有很多人没有与罗伊正面沟通过。

在理论上，工会存在的目的是在劳资双方互利互惠的基础上，通过友好协商达成一致的解决问题的办法。他们也会彼此握手，显然这不是私人谈判。

在协商谈判之前，罗伊并不是没有机会解决将要讨论的那些问题，只是罗伊没有很好地利用机会；相反，他总是躲在办公室里，深居简出，失去了那些绝佳的机会。但不要误会，罗伊是个大好人，至少在我认识的人中，他非常的好，没有什么坏心眼，问题是，如果你不了解你的员工，这一切优秀的品质也毫无用处。

现在他为此付出了代价：接受了破坏公司发展的不合理要求。

谈判桌上的协商并不如意，其实早在几个月前公司举办集体野营时，罗伊就埋下了交锋失败的祸根。不仅如此，罗伊的失败还来自于日常工作中的细节，比如在餐厅和走廊中当罗伊见到员工时，故意转移视线，拒绝和他的员工用眼神交流。罗伊也许是因为害羞，但是员工不会这样认为，他们看到的是冷淡，你知道事实上不是这样的，可是又有什么办法呢？对员工来说，平时的感受总是更加的真实。

工会的问题不是来自工会和员工本身，而是来自管理，是由于懒惰、漠不关心和有时不恰当的管理造成的。管理不善才会催生工会。

但是问题不止于此，解散工会的理由之一是一旦工会成立，不信任感就会出现，而且愈演愈烈。工会天生就是站在抗争的立场上，没有冲突，工会的管理人员就要下岗了。

在前文提到的协商之后两年，我在艺术与工艺出版社看到了这个态势。那时我是艺术与工艺出版社持有公司的 CEO，我被邀请到那里，去观看我的经理人告诉我的所谓即将上演的好戏。

围坐在福米卡贴面会议桌的共有 7 个人，当时正是下午茶时间。两个人是管理人员，两个人是来自工会的代表，另外两个分别是工人代表和嘉宾，嘉宾是被开除的原来负责制版的工人，带着满腹的怨气坐在那里。

会议整整持续了 3 个小时，让人筋疲力尽。我努力克制自己，不要卷入其中，这次交锋与我无关，可是我却在场。工会的代表反反复复地声称艺术与工艺出版社随意开除员工是不公正的。罗伊真是一个绅士，对此未做反驳。

“等一下，”我终于忍不住了，“这个人有偷窃行为，而且被当场捉住，人赃俱在，事实上他的行为是其他工会成员举报的，他不仅偷我们的原料，还在外面办了一家自己的厂子和我们竞争。”

我可不是什么绅士！

我轻啜了一口苦咖啡，接着说道："他在自己的工厂雇用那些没有参加工会的劳力，压低工资，还打扰你们的正常工作，你们认为这种开除行为不公平？那好，我倒有个主意，不如我们把这件滑稽的事情说给报社听听，标题就叫做'工会领导袒护偷窃，支持工贼行为'。"

"没出版社什么事，"工会代表说，他抓了抓下巴，继续道："你知道，我不关心你说的这些，你们侵犯了那个员工的权益，保护他是我们神圣的职责。"

神圣的职责？嗯，好吧，这个会议断断续续地开了两个星期。最终，工会承认这次解雇事件是合理的，但是对于最终的处理方式抱有不满。我们也不必为此烦恼了。我猜想工会一定认识到……噢，忘掉那些吧……工会和董事会那帮人一样，政治色彩太浓厚……他们总是花时间让一切看起来很难办，而并不关心结果。

更大的问题是，我们在为一件不值得讨论的事情争吵不休，浪费了多少宝贵的时间。那个员工偷窃，合法开除他，事情就该到此结束。

在两个星期内还发生了许多其他的事情，我们在本地最大的竞争对手，一家和工会没什么瓜葛的公司，趁我们忙于和工会交涉无暇顾及发展客户的空当，攫取了两宗大买卖。他们的工人不必交纳什么工会费用，所以比艺术与工艺出版社的工人挣钱多。

打破联合只有一条路可走，赢取员工的信任。

这就是游戏规则，也是真理。如果你值得他们信赖，你就能带领他们在市场竞争中获胜。如果你不能让他们信任，那种持续的对抗会让你力不从心的。

下面是如何让工人和你一起投入到工作中去：

1. 制定401（k）退休规划，以瓦解任何形式的工会基金。这很容易，401（k）退休规划比任何工会规划都要好，交纳的数目差不多。不论员工是否换工作，这份规划金都会跟随他。在一个存在工会背景的公司设立这种规划金，让那些参加工会和没有参加工会的人都能从中获利，很多工会成员会看到利益所在而离开工会组织的。他们当然也可以继续交纳工会基金，但是那种付出没有任何回报，最终，当半数员工放弃了工会，你就可以不必担心他们了。这一切水到渠成，而且保证公平。那时，罢工就变得不合规定，合作成为现实。

2. 解决劳务纠纷时千万不要邀请外界专家人士介入。那样做就淡化了交锋的意义，工作本身就是协调和合作。当然，一定程度上的外部建议是有益的，但最终的协商问题是要建立在信任的基础上，而不是授意下的威胁和合法化的欺骗。
3. 和员工们打成一片，不仅仅表现在工作当中。一起去打打球、出去野餐、做慈善工作、打打扑克。你必须要真心诚意，不要装模作样，否则会引火烧身。让不同部门不同层次的人彼此融合，成功的唯一途径就是让团队的成员彼此融洽地工作。

# 第28章 FIGHT POLITICS

# 远离政治伎俩

这一直是比尔·李尔（Bill Lear）的梦想。在20世纪60年代早期，瑞士政府从美苏间的军备竞赛中解脱出来，相应地削减了对战斗轰炸机研制的投资预算。李尔抓住了这个机会，他从政府手里以很低的价格买下了飞机的设计图纸和制造设备。

他的思路很简单，就是打算建造一家私人飞机生产厂，价格适中，至少众多的成功人士能够承受得起。他认为市场前景一定很好，成功人士们总会考虑买上一架的。

李尔利用买回的设备在堪萨斯州的威驰特（Wichita Kansas）迅速开办了自己的飞机制造厂，生产Learjet型号的飞机，飞机的性能真的很棒，在短短5分钟内就可以爬升3万英尺。

李尔的计划很庞大，可是资金很快就用完了，所以他不得不找到查理·盖茨（Charlie Gates）。盖茨是丹佛盖茨橡胶厂（Gates Rubber of Denver）的老板，他从丹佛的斯黛普雷顿机场（Stapleton Airport）买下了在美国地区销售Gates Learjet的特许经营权，Learjet的其他部分，包括生产部门，仍然留在了威驰特。

这次合作不过是权宜之举，后来由于双方的利益冲突和拒绝共享某些信息而损失了2 000万美金，我认为这不过是损失的一部分罢了。

政治可是一项很流行的运动，充斥着骗人的鬼话、谣言和窃窃私语，还有一堆下流的名字。一旦身陷其中，你就会发现这些东西好像是理所当然的，有时还乐此不疲。只有一切轰然崩塌，回首往事，反省自身，才知道自己有多么幼稚，而原定目标还远远没有达成。

（我在此泛泛而谈，都是些普通的生意经，不是指董事会那种与生

俱来的政治癖好）

1968 年，我被聘为丹佛 Gates Learjet 公司公关部的经理。工作绝对是小菜一碟，难的是心理压力。我必须到处兜售这样的论点：Learjet 对大量的频繁快速出行的商界和政界人员来说，是实用性的商务工具。首先我不得不亲自进行销售，过了一段时间，我终于明白了一个道理，萝卜青菜各有所爱，我热爱滑雪，别人喜欢开飞机，只不过是花钱的方式不同罢了。

为了卖飞机，我们极力做出有关节省金钱与时间的构想，然后把这些方案存放在三孔活页文件夹里，冠之以“旅差分析”的名称。虽然这本东西经不起明眼人的仔细推敲，不过还是成功地压制住了投资银行家和潜在股东的批评声浪。很快，我们成为公众关注的焦点。我陪同《商业周刊》（*Business Week*）落基山地区的主编乘坐飞机到威驰特共进午餐，然后当天返回；我和《财富》的大记者也有一次相似的旅行。

这确实很好玩，我不停地向媒体历数公司的奇闻轶事，比如叙述比尔·李尔怎样自己改造了机翼的设计，节约了 20 万美元的工程费用，实际上，他聘请了一个本地设计机挡板的人，付给了他很高的工资，即便如此，李尔还是节省了 15 万美元以上的资金，另外整个改造工作只花了两天时间，不是什么 18 个月。我就这样信口开河地夸大事实，问题是不只我一个人这么做，我是有竞争压力的。

竞争压力来自本公司，我为丹佛的 Gates Learjet 工作，在威驰特还有 3 个和我一样的公关高手也从事同样的工作，这可不怎么妙。

没有人负责我们之间的管理和协调，所以我们各自向媒体传播信息，有时是分别对一个记者陈述同样的信息。正因为我们之间的竞争，导致那些真实的消息很快就不够用了，于是我们开动大脑，开始自己编造故事，有时候我们的故事漏洞百出。

我们同在一家公司，可是几乎从未交流，每件事都相互保密。最明显的一次是，我出席一个新闻发布会，宣称上年销售了 22 架飞机，不久《财富》的一位记者打电话来，他说威驰特的新闻发布会给的消息是只销售了 18 架飞机，“究竟卖了多少？”他问道。

这的确是个好问题，可是谁知道答案呢？一切都应该靠订单说话，可是订单有的靠得住，有的靠不住，反应在两家公司的统计上就不一样。

我们为了争夺报道的机会而残酷争斗，新闻发布会越多，意味着制造矛盾的机会也越多。有一次，休斯顿的心脏移植外科专家迈克尔·迪巴克（Michael Debakey）打算买一架飞机，他的业务经理在丹佛和我谈这件事，同时迪巴克本人到威驰特和他们谈同样的事情。我告诉他们在这么小的飞机上安装洗澡间是不可能的，威驰特的人当然更了解飞机，他们说完全没问题。当然，他们早在一年前就设计出了这种新的型号，不过从来没有告诉过我们，事实上，当我们询问此事时，他们明确地说过不可能。

这次洗澡间事件之后，威驰特的人来找查理·盖茨和我，并召集了丹佛那些无能的同事，宣布他们完全可以凭借自己的力量把一切做得更好。

丹佛的人也不是好惹的。我们想办法干扰威驰特的生产，给生产飞机引擎的通用电气（GE）打了一个电话，在威驰特按照对市场的估计购置了引擎之后，我们向GE保证有能力再销售12部引擎，GE就照单多生产了12部。

但是销售情况极差，和威驰特预测的一样。威驰特试图降低引擎的交易量，同时得知了丹佛这帮梦想家（他们电话中这么称呼我们）曾经打保票能卖出去，最后他们不得不吃掉这批货，以每部20万美元的价格买进。这些发动机在库房睡了一年觉之后，才终于有了出头之日。

人人都在相互抱怨，这显然是人性的劣根性。Gates Learjet几年后就消失了，是滥用政治伎俩和责任权利不明导致的恶果，是2 000万美元买来的一次惨痛的教训。Learjet公司也卖掉了，新的主人不再把心思花在玩弄权术上，而是致力于开发适应市场变革的新型号产品，公司很快就腾飞了。多好的观念啊！

每家公司都不同程度的面临政治权术问题，没有什么比这更能削弱一个组织了。成功的企业深刻地懂得，在交易之中开诚布公、坦然相待的重要性。

生意就是生意，绝对不是玩弄人和争上风的游戏。

一旦感情用事，忽视了影响和结果，就需要反省，重新为自己定位了。

下面讨论如何建立一整套正常的商务规则：

1. 明确每项工作的责任。对目标要陈述清楚，尽可能要可操作，这会让人能够很好地为目标而努力。鼓励团队精神，摒弃那种无聊的整人的政治游戏。
2. 不要设立“影子政府”和“企业间谍”。每个员工都要为自己的岗位负责，这会减少由于管理人员过多而带来的费用和折磨。废掉那些配备文字助理、协调员和联络员的职位，要么给他们安排实际的工作，要么让他们走人。
3. 如果雇员之间互相埋怨，那么好，就让抱怨的人去做那个人的工作。确认每个人都知晓这个问题。避免穿梭往来的外交手段，直接面对面的对话会更好。

# 第29章 DANCE WITH THAT DEBT DEVIL, ARM'S LENGTH 与债务魔鬼共舞需要铁的手腕

联合标记（Intermark）是一家控股公司，位于加利福尼亚的 La Jolla 地区，依赖美国证券交易所（American Stock Exchange）生存。他们总是不停地借款，然后收购公司，仿佛有一种魔法般的神秘第六感，他们总是借到极限，然后收购得越来越多。

我当时是富兰克林印刷厂的 CEO。在整日烟雾蒙蒙的圣波那迪诺（详细见第 15 章的描述），我们可是一家有着 700 万美元资金规模而且运营良好的公司，我之所以了解联合标记公司，是因为我所在的富兰克林印刷厂就是被联合标记公司收购后才聘请我来负责它的经营的。

联合标记公司对我承诺，如果我设法熟悉了印刷业务之后，他们会在适当的时候把富兰克林印刷厂和艺术与工艺出版社兼并重组，最终的目标是再找一家印刷厂进行收购，然后在 5 年之后把整个联合的大集团推向社会化经营。这很对我的胃口，我们差不多就要达成目标了，是的，只差一点点。

1983 年是联合标记公司的业务飞速壮大的时期，这一切看起来非常有可能实现。那时联合标记公司旗下大约有 12 家公司，当他们决定再弄两次大手笔的时候就有些吃不消了。他们的计划看起来很宏大，但是太过冒险，也许只有联合标记这样的公司会大胆地涉足另外一个领域。

我只需要 300 万美金的现金和 800 万美金的票据就可以收购图形艺术中心，但是此时联合标记的兴趣转移了，将要操纵更大规模的收购行动。他们买下了一家价值 5 000 万美元的车轮制造厂，然后是一家超大规模的体育用品销售商，接下来是 Pier One。这一系列的收购行为很快

就让联合标记陷入了新的债务之中，仅仅偿付这几家公司的债务就需要 3 亿美金。

我第一次向联合标记的管理层陈述关于图形艺术中心的事情时，他们的执行副总裁尖叫道“简直是疯了”，后来，我不得不采取协商的办法和他们就此事多次探讨，最终他们极其不情愿的答应了此事，以 3 倍于原定价格的代价完成了收购，如果我们能够更加积极一些，也许情况就不是这样了。

收购之后的第一年，图形艺术中心的利润就从 150 万美元上升到 220 万美元，接下来的一年更是硕果累累，所以我们节约开支，再过一年利润就超过了 300 万美元。除了留足自身运转资金之外，在 3 年内联合标记就收回了这次收购的半数成本，然后以 2 500 万美元的价格卖出，联合标记公司这一笔生意做得不错。

然而在其他的收购行动中，联合标记公司就没有这样的好运气了。他们看好的那些“发出耀眼的光辉的”收购从来都没有使他们捞回当初的本钱。

在 1992 年，联合标记公司破产了。如果在 1973 年，谁要在联合标记公司投入 2 万美元，那么到 1983 年，回报就是 100 万美元。不过无论是 1969 年的 100 万美元投入还是 1973 年的 2 万美元投入，最后的结果都是一无所有，到了 1992 年，一切都灰飞烟灭了。

公司一帆风顺的时候，我们都好像是上帝的宠儿，然而运气仅仅是一段时间。一旦市场状况动荡不安，联合标记公司就陷入了困境，原因很简单，他们债台高筑，我也无能为力。

如果联合标记公司在 1983 年的时候停止继续借贷和收购，那么现在很可能就会成为一家快速生钱的公司，也许每年能有 5 亿美元的销售额，并且能保证 5%的净利润，没有任何债务的烦扰，所有的股东都会因此而会心一笑。

债务也是与你最终同欢乐的朋友!

下面讲述如何避免债务破坏你的公司和事业：

1. 为每项业务整理一篇 10 年的远景规划，就和城市规划者做的一样。设想一下大概什么时候将会是公司的难关，并适当调整债务水平以渡过艰难岁月。为每份规划编上号码，绝对不要超出公司所能承受的债务水平，你可能会错过几个绝佳的机会，但是也会在不可预料的困境中停立下来，这可是你最想要的结局了。

2. 当你制定本公司的债务水平时，参考一下你竞争对手的债务状况。如果他们在偷懒，你就调高点，迅速超过他们；如果他们债务较少，你就要注重内部投资，削减债务，不要轻易地在市场上和他们硬碰硬。如果市场允许竞争对手之间和平共处，就不要在乎别人的债务水平了，尽可能地为自己公司的最大发展而设定借贷数额，但不要陷入10年规划中平均5年就会到来的债务困境。
3. 当利率很低的时候，千万不要借贷。出去散步，多走一会儿，然后洗个热水澡，看场电影，不要因为便宜就去借钱。借贷也要注意时机，比如有一个特别好的机会而自己的资金能力不足，这个时候才能借贷。

# 第30章 DUCK COMPUTER TRAPS 躲避计算机陷阱

铁树公司（Metaltreet）是西雅图精密仪器公司（Precision Machine Company of Seattle）的一家附属子公司，而精密仪器公司则是美国西部最大的金属零件生产厂。

一月份的西雅图，细雨蒙蒙，春寒料峭。我刚刚成为精密仪器公司的 CEO，我的前任是一位有着 33 年管理经验的人，在最近两年对自己的工作有所懈怠，导致公司不再是他驰骋的战场，他依赖 CFO，换句话说，是依赖数字，来维持公司的日常运行。

在此前两年，精密仪器公司成长迅速，在仪器设备的投资方面挥霍无度，虽然销售额增长迅速，但是债务的增长显然更迅速。

由于我的前任被辞退，所以我接替了他的位置。他的退位是因为公司的财政发生了动荡，利润荡然无存。我接任的时候，在钢铁制造方面比前任整整少了 33 年的行业经验。

我上任伊始，发现公司的员工工作都很努力，不过努力的方向不对。公司最为繁忙的人恐怕要数 CFO 了，他对计算机十分着迷，作为 CFO，他存在的目的仿佛就是不停地出报告，好像只要有了足够的报告，公司的一切就会变得井然有序。

我上任的第二天，就去视察附属的铁树公司，铁树负责半成品零件的后置处理。

后置处理工作大致分为零件热处理以消除内部张力、打除毛刺和表面打磨抛光等。太平洋钢铁公司（Pacific Metals）替它的母公司承接全部此类业务，同时还为其他厂家服务。

我会见了铁树公司的总经理比尔·霍利岱（Bill Holiday）先生，

就在他的办公室。他为人大方，态度友好，对我的到来十分高兴。我们寒暄之后，宾主落座，我注意到他的办公桌上放了一摞计算机打印的东西。我问到这些东西，只是好奇，绝没有别的想法。

“比尔，你是如何看待这些报告的?”我问道。

他看着我，先是咧嘴一笑，很快又变得严肃。

“我把上面的回形针取下来用来别纸。”他说道。

“是吗？不太明白。”

“看着。”

他说着抄起一本绿白相间的计算机打印的报告，至少有 1/4 英寸那么厚。比尔把厚厚的铁质回形针取了下来，接着他打开办公桌的上面抽屉，里面有一个硕大的咖啡杯，他把回形针扔进了黑杯子中，关上了抽屉，然后把散落的报告扔到了桌子的一边，那里堆积的是将要回收的垃圾文件。

“我不抱怨什么，他们也不抱怨什么，”他说，“我有很多的事情要做，这些东西只会帮我省却了寻找回形针的时间。”说完冲我微笑了一下。

我了解他的意思，虽然这种做法有些欺骗的味道。很多东西，特别是那些报告，百无一用。IT 部门给出如此之多详尽的报告，他们自我感觉良好，而且干劲十足，但是对于分公司的经理来说，这些报告只是方便了他们取用回形针，而总部的领导们还以为一切尽在掌握，因为领导们认为一切有用的信息都已经包含在这些厚厚的报告之中了。

但事实上这种做法是不切实际的，行之无效的。

解决问题的办法很简单，我们把 IT 人员的地位降了一级，使得销售、生产和财务的经理们不必再过于理会 IT 的事情了，IT 又回归了服务的位置，成为响应服务的部门而不是发号指令的部门。

IT 部门总是有自己的一套，因为他们拥有别人不具备的知识，就像其他技术领域一样，知识的强大力量反而会伤害他们中的优秀分子。

IBM 解决这个问题的聪明之处在于从 20 世纪 70 年代到 80 年代的商务活动中渐渐形成了 CIO（首席信息官）这一特殊的职位，除了

CEO 或者董事会 CIO 不向其他任何人汇报工作。这难道不是顺应市场变化而设立的职位吗?

下面这些材料总是违反所谓的逻辑。像 Hershey 这样的巨型公司会在采用某项 IT 系统之后栽了跟头，比如采用 SAP 的产品，这可是 IT 界鼎鼎大名的产品了，据说会带来客观的效率提升，不过谁也没有亲见，正如很多技术的假想在历史上都没有实现一样。历史总是在告诉人们市场瞬息万变，公司合并了，出现了又消失了。把讨厌的 IT 系统掺和在里面，并对其抱有不切实际的幻想，实在愚蠢至极。

另外一个 IT 的发展趋势是 ASP，就是应用服务提供商（Application Service Provider)。ASP 将会是未来的潮流，每个人都会这样说，但不要买这个东西，这就是 20 年前所谓的服务办公室，后来由于种种原因，比如硬盘的容量大大增加，没有必要把公司的宝贵数据放在外面保存，最后消失了。如今这种理念又死灰复燃了，不过是披着新的伪装，它的前提是彼此互联，然后描绘说最好把软件交给别人管理。

这存在两个问题。第一，前提是错误的。的确，随着科技的发展，互联变得更便宜、更快捷、更优异，但是与存储方面的发展速度相比，还差得很远。如今小小的一块硬盘的容量比原来的大黑盒子都要大，截至 2000 年 2 月份本书写作的时候，只要花上 99 美元就可以买到一块 30G 的硬盘，经济规律在这里的表现是，容量逐渐增大，而价格逐渐降低。

第二，软件的编制可不是用来面向在线和远程使用的，非要如此做一定会显得很笨拙、低效、错误百出。不信就等着瞧好了。

如果物尽其用，计算机的威力将是无穷的。比如航空订票系统、财务系统、电子表格处理、银行业务系统、字处理软件（我认为这实际上就是指打字，不过那些用“用户界面友好”来代替“容易”的行业人员才不会抛出这个论点呢！你可能经常看到用户在使用计算机过程中发生的笑话，比如有的人把 CD 托盘当成了咖啡杯架。PC 厂商大肆传播这些笑话，以嘲笑那些不可理喻的使用者。如果是一家汽车生产厂会做怎样的回应呢？他们会在箱子上安装一个咖啡杯架，对于奚落客户的事情他们做梦也不敢想。PC的用户仍然对技术充满敬畏，不过有迹象表明一切正在好转，整个PC行业也开始意识到“简单易用”的重要性了）。

但是20年前，Lotus，1-2-3发行第2 000万套电子表格软件时，声称发行量会有所下降。任何拥有2 000万人口的社会组织注定要使用这种软件，因为组织的复杂性，比如某些人要去造汽车，或者烤面包，或者去发电，没有人能够准确地把握这些，更不可能有效地进行预测。

相比而言，电子邮件是更有威力的应用产品，它可以让决策变得快捷，而且减少会面的次数。

某些自动化软件会代替人的思考。在20世纪70年代，霍尼韦尔的黯淡时期，我是生产管理部的头儿，当时正为上马一种新型的幻灯片投影仪的成本回报问题争论不休。我们相互之间唇枪舌剑，我们说这种型号的会卖得更好，他们针锋相对地说那种型号的销售潜力更大，气氛一度剑拔弩张，为了自己的判断吵得面红耳赤。在两种不同的原型上，我们针尖对麦芒地争论它们各自的市场价值。

支持生产零售价99美元的投影仪的一组人认为每年的销售量会在50 000部左右，另外一组主张上马149美元投影仪的人则预期每年的销售量会在25 000部。

为什么会这样呢？因为一切必须在统计专家拿出准确数据之前作出决定，我们可没有时间去做一大堆详细的假设检验，一旦我们估算出每种价格的机型大概能卖多少、成本大约会在什么范围之内，会计们就会为验证这些数字度过痛苦两个星期。想象一下，那可是手工计算啊。我们不得不为此不断地讨论，甚至切断一切和外界的联系。

今天的情况就大不一样了，你再也看不到丑陋的预测报表了，每个经理都会有一台PC机，大多数都安装有电子数据处理软件，可以立刻给出你要的结果。如果回报额看起来很低，就立刻改变假设条件，轻松地敲敲键盘，增加销售量或降低成本，直到回报额看起来让人满意。

痛苦不见了，心理的苦闷消失了，然而问题接踵而来，思维过程仿佛遇到了停车牌，没有人再为假设问题思虑再三了，他们会轻松地修改数据让结果看起来如其所愿，一些劣质产品和糟糕计划因此出炉了。

下面讨论一下如何让你的机构避免计算机带来的暴虐：

1. 一切从简。禁止撰写那些没人读的报告和报表，依次干掉各种不同类型的报告，并注意除非真的需要，否则不要再次出现或派生出其他的报告。一年至少开一次有关简化报告主题的会议，不取消三五个，就不要让任何人离开。询问每个人报告到了他们手里都是如何使用的，并为此采取了什么行动。在内部网上装上计数器，统计每份报告被阅读的次数，对于那些无人喝彩的报告坚决拿下。
2. 不要急着购置新系统。原来采购的系统要至少用上一年，允许员工购置计算机，但是不要增加那些被认为可以提升业务能力的软件和硬件，等一等再说。到了第二年这些新鲜玩意就会便宜许多，而且你会幸运地获得新的更完善的版本，因为你的竞争对手已经为了该软硬件的磨合付了不少学费了。但是如果有大规模的战略行动而发布行政施令，比如沃尔玛和 Toys R Us，基于他们高瞻远瞩的销售计划提出的全面信息化，就另当别论，这时你就应该快速执行了。如果通过应用新系统可以大大提高设计生产力，而且也有成功的案例，就果断地去做。但是永远不要做那些收益不大的事情。每一次计算机方面的革新都会引起更多的困惑，以及比预期要长的停工期。因为人们怀着美好的理论上的期望，他们认为虽然中断了一些事情，但是前景迷人，而且在智力上也是一个巨大的挑战，也许还会时势造英雄呢！但实际上呢，中断带来了多余的成本。想要成为英雄的人往往感受到更多的诧异，你虽不能废止这些，但一定要有先见之明。
3. 取消讨论预测报表的会议。不要让大伙一块讨论这些数字，而是讨论纳入计算的一些前提假设（比如市场、成本、价格等）。在假设问题达成一致意见之后，任何一个人都可以利用 PC 机很快地给出预测报表。

# 第31章 KILL MEETINGS

# 刹住开会之风

我到 Checks To-Go 上任时，发现他们从不开职工大会，这里真是天堂。

在他们的观念里，会议这个东西不但无用，而且很糟，他们认为没有人会犯什么错误，所以没必要开会。

生产部门并不知道销售部门下个月的计划销售量，他们靠猜测进行生产。

财务人员并不清楚生产成本究竟有多少，而且从来不告诫销售人员他们正在以接近成本的价格销售产品。没有人主动沟通，每个人都在拍脑袋做事情。

所以，我召集了一次大会，讨论的议题围绕着“我们在亏损”徐徐展开。

“你说我们在亏损，是什么意思？销售额提高了 30%啊。”

“那好，请你告诉我公司老板雇用我的目的是什么？你们的费用增长了 40%，早就吃掉了销售增长的 30%。不仅如此，所有的工作都缺乏良好的计划，所以不得不接受桃树表格软件的特殊订单并支付一笔额外的费用。”

多令人惊讶啊！我们在这个问题上谈了很多，第一次会议因为各自所持的观点不同而摩擦甚多，观点的差异很大，使得气氛一度很紧张，但是我们还是坚持讨论，一次就说了一个小时。

的确，会议开了整整一个小时。“当其结束，翻过一页，胖女人开始歌唱”，大哲学家尤基·贝拉（Yogi Berra）似乎这么说过。然后我们开了一个又一个会，每周一个小时，不多不少。最后，经过两个月的言语磨合与感情融合之后，经理们开始体悟到团队的重要，这是他们需要做的，也是应该做的。我们的目的是解决问题，而不是去责备别人，当每个人理解了这一点时，局面就豁然开朗了。

最终，我们的对话是这样的：

“6 月份能否让开放系统（Open System）表格软件的销售再上一个台阶呢?”

“时间有些紧张，要是能够把截止期推迟到本月的下半月，我们就能准备好，并不需要特殊订单来挽救销售额。”

“我们都准备好了。”

第一个季度我们就盈利了，这是在连续 53 个季度亏损之后的第一次盈利。到 1984 年，Checks To-Go 公司被《公司》（*Inc.*）杂志评选为全美增长最快的 500 家公司之一。1987 年，公司的全年利润在同行业中是最高的，就连银行资产的利息收入也是竞争对手们无法想象的。

1988 年 3 月落基山钞票业务公司收购了 Checks To-Go，他们认为既然一周一次会议都会产生如此大的效果，那么增加会议的时间和次数一定会更为有利，所以他们在任何可能的项目中都增加了会议的计划时间，达到了每周 16 个小时。当时的情景极为有趣，在反反复复地预测讨论中，员工们不耐烦地大眼瞪小眼，他们计划来计划去，整天为工作不停地讨论、讨论、再讨论。

我在新的氛围内续任了 6 个星期，他们讨论得太多了，以致没有人能够安心工作。这种聊天式的运动引起了某种心态上的变化，造成了具有破坏性的死循环，此时“说”胜于“做”，结果让人担忧。经理们每周要花上两天时间开会，展示他们高超的社交技巧，生产的实际问题无人过问，客户一再遭到忽视。

因为他们失去了客户基础，所以再多的计划也无济于事，在成为行业领跑者 18 个月之后，Checks To-Go 失败了，从商场上消失了。

为了保持领导但又不可过分控制，请试着做：

1. 每周的会议时间控制在 3～6 个小时之间。6 个以上的人讨论才叫做会议。

2. 如果有6个以上的人参加会议，要提前列出会议的议题和大致的时间安排，坚持按照计划开会，在会议之外可以进行单独的交流。如果两三个人就能解决问题，就不要打扰其他人。在会议结束之前一定要抽一个人把会议的分工安排详细记录下来。
3. 如果某个人希望旁听会议，请他离开，并稍后整理一份会议纪要给他看。会议是耗时费力的事情，没有理由让其他人为此耗费时间和精力。

# 第32章
## KICK DOWN THE WALLS
# 踢倒围墙

我被拽进抢救标石工业公司（Monument Industries）的行列中，这家公司位于内布拉斯加州。

我住的汽车旅馆有 4 个房间。一天早晨，我大踏步走出前门的时候，我听到门房那边传来叩击玻璃的声音，屋主人正指着我的房间，我意识到我忘记了关灯，就立刻转回身，关掉开关，向车库走去。

标石公司是一家专门做建筑用大理石饰物的公司，它的创办人是一位石匠，两年前他去世了。从那个时候开始，公司的运转就出了点问题。

他死后，继任的是他的儿子。在他儿子继任后的第二年我接受了银行投资人的聘请。

创始人儿子的血统里好像有一部分隐士的基因，他也并不是真正情愿经营这家公司，他有一种天生的责任感，他妈妈以为这就足够了，所以他继承了父亲的事业，并在公司烙下了鲜明的烙印。在公司办公楼的后面有一间他的新办公室，办公室的门是独立的。在他的两年任期内，标石公司如同患了癌症一般，利润很快就不见了，并开始开除雇员。公司的 300 多名员工大多来自附近的村镇，有些以务农为生，有些是农民的后代，标石公司是方圆 50 英里之内唯一的一家工厂。

我到任后，摆在我面前的是一个极度涣散的烂摊子。生产线看起来是最有效率的环节，但是延续着多年不符合标准的工作状况。基层员工希望工厂的一切能够更加专业，所以销售部门和财务部门就聘请了联络人员和协调人员，希望他们能够胜任，让公司的方方面面运转更加顺畅。也许他们的本意是这样的，但事实上唯一可以肯定的只是提高了薪水的支出。

头一天，两辆大卡车在我们的货舱卸下了完工的厚石板，这是不正常的，我们应该是运出厚石板的，而不是运进来。当然，我知道这一定是客户认为有问题才退回的货物。

“出了什么事?”我问负责运输的领班。

“啊，这你得问我的上司。”他显得十分烦躁不安，不安地蹉着脚，把脸扭了过去。

我必须去问他的上司，就像政府的行事风格，他知道这不是他的责任，而且也不方便直接告诉我真相。

我们的办公楼有好多封闭的办公隔间，我的办公桌也被一大堆备忘录占据着，大多数备忘录都有好几页，究竟怎样才能找到问题之所在呢?

人们说话的时候，都是窃窃私语，偷偷摸摸地把自己藏在屋子里，以免被我看到。在我面前，他们都表现得很谦恭，不是因为尊敬，而是因为恐惧。

那天下班之前，我径直走到后勤维修部的头头那里，对他说：“除了休息室和 IT 部之外，所有的内部隔间的门都必须在今晚拆掉，把它们堆在停车场显眼的地方，放上两三天，让每个人都看到，然后卖掉这些东西。”

“你不是在开玩笑吧?”维修部的负责人这样说道。

“我是很严肃地说这个事情。”

这的确富有戏剧性，但是这家公司的机构的确出了很严重的问题，打开封闭的门才能让那些有价值的业务显现出来。

大约一个月之后，从标准切削用具公司（Standard Cutting）来的一位销售人员来到了我们的办公楼，他们公司是生产花岗岩切削工具的。此前两年，他总是到大堂接了订单就走了，这次不同，他从一间办公室走到另一间办公室，结识我们的人，倾听我们的情况，然后给出他的解释。

在他离开之前，他跑到我的办公室，当然也是没有门的，“我好像以前从没有来过这里，”他说，“这是一家崭新的公司。”他接着笑着说，“你知道吗，现在一天之内就可以完成以前一周才能办完的生意手续，没有太多的等待，也没有过分的犹豫，我太喜欢你去掉这些门的做法了。”他对此非常赞赏，特意下调了 10%的价格让利给我们，是他主动提出来的，我当时还没有来得及问。

“现在我们之间的交易能够更快更直接。”他说。

从供货商那里得到称赞，可绝不是什么奉承之辞。想要笑吗？就大声地笑好了，让大伙也沾沾喜气。窃窃私语渐渐地少了，大家说话都变得底气十足，声音洪亮，当有问题要讨论时，没有人再鬼鬼祟祟地说“到我办公室商量点事儿”。

一天下午，市场部的副经理把我拽到一边，他的眼睛里闪烁着希望的光芒，我也深受鼓舞，他的表情告诉我，他一定是想到了什么绝妙的主意，而且是对公司非常有利的点子，他诚恳地说：“嗨，我听说你需要一枝 Cross 牌的签字笔笔芯，我这里恰好有一枝。”说的如此诚恳正式，简直让人难以置信。

我无法拒绝，“听着，你是市场部的副经理，你的工作是提高销售量。”我说道。他很惊讶我一下子把话题从钢笔的安全问题上扯开。我接着说，“你关心我的个人需要，这毫无价值可言，我也感到很不安。我接受你的好意，必然会影响今后的沟通，以后不要再这样做了，这会让我们两个都走向尴尬的败局。你的工作是市场，我的唯一任务是帮助你成功。”

他站在那里，惊愕的合不拢嘴。他领会我的意思之后，略有深意地笑了一下，说道：“好吧。”

我的话说得很直接，不过他理解了我的意思。事实上，惊讶之后，他对于公司首脑的这种转变是欣喜在心的，他可以一心一意地在平等的环境中为销售的事情忙碌了。

标石工业公司存在的现象还说明了在公司的内部建立可见的隔绝会造成多么严重的后果。特里·伦道夫（Terry Randolph）是公司的一位小职员，他负责设计和印刷一些广告页，把这些编进公司的参考手册，用做对外宣传。他的确很有创造力，而且是一个很特别的人，有时候他会用自己烘焙的鸡翅膀换取一株朝鲜蓟，有时候周末与奥马哈人一起赌博。

我向人事部咨询道："特里的上司是谁？"他们告诉我特里是生产部门的。

我到生产部门，他们告诉特里是销售部门的。

我很好奇，就径直跑到财务部门，结果在那里找到了特里的档案。我想知道特里整天都在干什么，谁来付他的薪水，档案显示他在 4 年内没有任何一次升迁，他的最后一次升迁是前任的销售经理签署的。

我问特里："你的上司是谁？"

"我不知道，"他说，"没有人在意我，我只负责把印刷好的商品目录册送出去就行了。"

"在公司的宣传目标上谁来和你沟通？谁来帮助你？谁负责你的晋升？"

"没有人。"

公司存在太多的樊篱，特里成了一座孤岛，却没人意识到这点。

在你的心中要时刻提醒自己：

1. 任何时候发现一扇关着的门，要敲一下并探头看看。询问一下是不是一切正常，如果公司的业务运行良好，不会有人感到窘迫。坚持这样做，让每个人都意识到这一点，并且在离开时不要关门。
2. 除了一个关键的位置之外不要指定停车位。那个特殊的位置是为每个月的劳模准备的，就在公司的正门旁边。在公司中形成一股风气，那就是要想得到好的车位，就要努力地工作以展示自己。关闭为领导准备的小餐厅，或者向全员开放。
3. 作为总裁或 CEO，你在办公室的时间绝对不能超过总工作时间的一半。你必须到别人工作的领地，了解他们在做些什么，让每个人意识到你很在乎他们的工作，不要用那种广播式的寻人工具，为每个员工的办公室牵上电话线。这不仅节约了时间，削减了成本，简化了电话费，而且让每个人都保持在紧密联系的范围内。门、保卫、秘书和备忘录都不同程度地切断和弱化你与外界的联系。

# 第33章 WHAT'S YOUR BUSINESS 你的业务是什么

1983 年，我在哈佛参加了一期专门为小型企业举办的培训课程，我们这一期有 100 名学生，绝对是一个了不起的群体。

保罗·敖菲力（Paul Orfalea）经营复印业务，他的公司名叫金考复印中心。他梳着非洲式发型，看起来像科幻电影中的年轻宇航员。我们班半数以上的人都光顾过他的复印中心。当你问到他的过去，你会发现他开始不过是个学生，在 UC Santa Barbara 有一台自己的复印机，那时他就对学校的复印业务了如指掌，可以立刻分析出文科类院校和理科类院校在复印业务投资回报上的差别。接下来的几年，他转移到城市发展。他发现繁华的地理位置、干净整洁明亮的店面比价格更重要，后来他的复印中心还提供 24 小时服务。若干年后，收购金考公司的大买主对该公司业务的估价是接近 10 亿美元。

还有一位同学名叫克雷格·麦考，原先他经营有线电视业务，到哈佛来寻找新鲜的赚钱点子。有天晚上，他和我一起在做关于蜂窝通讯的案例分析。第二天，他就回家了，把有线电视业务转卖了，开始进军蜂窝通讯市场。第二和第三学年他没有回来，看起来他简直是一个懒学生。10 年之后克雷格把麦考蜂窝电话公司卖给了美国电话电报公司，价值 140 亿美元。很明显，那天他看到了一些我所忽视了的机遇。

后来，他又开始一个城市接一个城市地买断出租车电台的特许经营权，改进了服务技术，组建了纳克斯泰尔公司，现在的价值是 450 亿美元，当初仅花费他大约 10 亿美元的成本。

金考公司明白他们出售的是便利，而不是复印；克雷格相信一定会有为生活的更加自由而存在的市场空间，他认为一个电话固定在一个地方是不合乎道理的，电话应该随着人到处移动。蜂窝电话是他的第一条财路，接下来是改变传统的汽车电台服务。金考和克雷格是我们班唯一的两名有阅读障碍的同学，这使他们成为班级的焦点。也可能是因为这个毛病，他们才能够跳过细节，不去读那些冗长的数据报表，不像我们，常常陷入文字的海洋，抓不住重点。

明白你真正的业务是所有课程中最难的，我会不断地举各种例子来说明这个问题，不要急着走开，和我一起看下去。

还有一名同学叫露西尔·罗伯茨（Lucille Roberts），是纽约健身中心的女老板。仅在纽约的各个区就开了 18 家健身美体中心。《大都市》（*Cosmopolitan*）称她为全国最有魅力的商业女性。露西尔还是一个小姑娘的时候，从西伯利亚到了纽约，那时她语言不通，无法生存，在语言学校学了几年，最终能够流利地说英语并以班级的第一名毕业。如今，她周末的时间一般在城市西部的高档住宅区的五层公寓中度过，有时也会到火焰岛（Fire Island）的家中度假，或者去英国英格兰南部南安普敦的私人城堡中休息。我想到现在为止，她又应该添置了几套别致的住宅了吧。

这个女人知道她的业务是什么，而且了解得越来越清晰。

我们一起学习的时候，她说她的生意实际上是一种房地产业务，该业务的回报率极高，当然也非常冒险。故事的开始要追溯到纽约当年破败的时光，政府放弃了许多违法和废弃的房产。露西尔的丈夫鲍勃（Bob），是一个名副其实的房地产投机商，几乎免费接管了这些颓败的建筑，露西尔把它们包装成了健身中心。

瞧！简直就是零成本的生财之道。

不过这种低廉的租借不可能维持长久，所以露西尔开始学习如何经营。

在社会的大熔炉里，有一种现象很明显，就是人们喜欢在俱乐部这样的地方暴露地展示自己的身体，尤其在其他人也这样做的时候。俱乐部的经营牵涉很多问题，比如对成员的性别、阶层、种族和身体状况有所偏好，但是对于这些潜在的影响因素，你是不能列入宣传的，而且你也无权约束别人。实际上，作为一个俱乐部，它要努力寻求那些能够在这里获得舒适感的客户群体，通常他们有着相似的体形、肤色、年龄等，这样每个人都会有家的感觉，才会在这里充分地放松。

于是，露西尔开始减少健身课程中的运动量，每个月减一点，直到恰好适合女性为止，结果那些壮硕的男会员取消了课程，到属于他们自己的体育馆了，而留下的女性会员感觉轻松多了。

她开始了解周围的人是倾向于游泳还是跳舞，然后相应地把这个区的俱乐部布置得符合会员的口味，比如她会在某些地方把游泳池安排在醒目的位置，而在另外一些地方显眼的是跳舞的木地板和落地窗。是偏见么？是的。聪明吗？当然。有人来吗？绝对。

（某些人固执地认为多样性会导致不相干的人难以融洽地相处，以下这个事实可能会让这些人感觉好受一些。18 家美体中心的前面都按照法律的规定设有残疾人专用的停车位，但是在最初的 10 年间没有一个这样的停车位是被合法使用的。所以经济上的低效与宝地的浪费，也许是你所坚持的后果，这没准会让你感觉不错）

如今，露西尔的生意越做越大，日进斗金，同时也在合法化的租赁程序下创造着巨大的利税。

露西尔没有停止过。开始，她们经营的是在美体中心掩饰下的房地产生意，现在，她们开始真正的健身美体业务了。她的 3 套住房，每一套的价值都可能会超过一些小国家的国民生产总值（GNP）。她手下的经理人不断地创造利润，并按照发展会员的数量分发奖金。

“让这些工作能力的评价成为他们生活的一部分。”露西尔讲道，她总是给那些达到会员发展目标的经理人很高的荣誉，有时还组织他们出去度假旅游。对于会员，每个月收费 60 美元，通常是通过支票支付。

几年后，露西尔采取了一项激进的变革，几乎颠覆了整个经营体系。她把每个月的会费降低到了 15 美元，提供的服务时间和项目不变。付款方式采取银行自动转账或者信用卡支付。

会员的数量猛增，几乎是原来的 10 倍，投资回报也随之翻倍。然而，设施的利用率降低了一半，相应地所需的人手少了，这样整体成本下降了。

收入翻番，成本下降，业绩非常不错。我想现在露西尔和罗伯特有机会出去惬意地泛舟了。

但是，利用率降低难道不是一个危险的信号吗？不是。只要你不断地发展新会员，新会员的市场成本就会越低，因为你的月费也比较低。

更重要的是，你现在的卖点是“梦想”——很多人非常想做却没时间和精力去做的事情，就是我们所说的“梦想”。你的经济模式让真正的使用者赚了大便宜，那些弃权的人则变相支付了他们的费用。真正的使用者开心无比，弃权的用户也只会抱怨自己，但一般不会主动取消会员资格，他们总是想也许下个月就会来锻炼吧，这就是他们的“梦想”。健身器材生产商、减肥书籍出版商和电影制片人都是靠卖“梦想”生活，而且生活得很好，他们的客户们也很开心。

我相信她的业务还会有所发展。从健身中心掩盖下的房地产生意，到真正的健身中心，再到向大多数人销售“梦想”而实际上只服务了其中的一部分，每一步都带来了丰厚的利润。

10 年后，我把从她身上学到的经营技巧用在了我所开办的一种服务业务的销售环节上，这种服务是通过互联网自动备份 PC 机的数据，当时我们的技术还无法达到投资商所期望的速度。

实际上所有的市场调研都认为这将是应用的热点，结果所有的调研结果都废弃了，因为他们都错得一塌糊涂。

但是随着减价策略的实施，事情有了转机。结果虽然难以预料，但是至少从用户的接受角度看有了数量上的巨大飞跃，这主要来自于美体中心开展的会员业务给我们的启发。

下面的例子是关于高科技领域的。英图、微软、美国在线（AOL）是我们的合作伙伴，毫无疑问，这些公司都是真正的高科技公司。

斯科特·库克（Scott Cook），是英图公司的创始人兼总裁，总是握着一枝铅笔到处巡查。他总是重复着“这是我们大家的竞争”。英图公司发布了面向个人和小型企业用户的 Quicken、Quick Books 和 TurboTax 等软件产品，用以管理支票簿、财务和缴税。他视手工记账为他们唯一的对手。

史蒂夫·巴尔默（Steve Ballmer），微软的 CEO，把所有人视为竞争对手。

史蒂夫·凯斯（Steve Case），美国在线的创始人兼总裁，说道他的公司是属于娱乐行业的，是要和媒体展开竞争的。

一个非常有趣而又被忽视的现象是，上述 3 位高科技公司的领导人职业生涯的开端都在同一家公司，他们都曾在宝洁公司供职，这家公司是全球最大的广告商。

所以当你翻阅微软的年度报告时，你会发现市场部的预算要比研发部多上几十个亿，你大概会从中悟出高科技公司运营的真义。高科技的竞争领地，也是要靠高额的广告支出来宣传产品，打败竞争对手，只靠技术引导消费的公司，很难生存。

这也就是为什么你要比消费者想的更深一步，抓住他们的真正需求，对症下药，展开销售。我做印刷生意时，最好的客户从来不在价格上吹毛求疵，他们真正要买的，不仅仅是印刷本身。

这是一门艺术，而不是一门技术，并无规则可循。有时候它来自于本能，所以我们再看几个例子，试试看能否激发你的灵感。

"我从你这里得到的是一个'安稳觉'。"彼得森出版公司（Petersen Publishing）的吉姆·克雷耐克（Jim Krenek）说道，他并不在乎印刷的颜色是否漂亮、价格是否最低，他只想要正确、无误、准时地完成订单，这才是我们共同关注的焦点。没有人会因为纸张样式的匮乏而耽误工作，因为这不是客户要买的。彼得森公司买的是无差错和按时交货，就这些。

还有一家自称是做技术的 SAIC 公司，资产有 50 亿美元，总部设在圣地亚哥（San Diego），实际上他们的业务和技术不沾边儿。它十分熟稔如何从联邦政府预算的大蛋糕中切上一两块。公司的领导人到处拉项目，员工主要分布在华盛顿特区，还有一部分在圣地亚哥。有好几家餐馆为满足 SAIC 公司的需求而设立专门的葡萄酒储藏室，是的，这家公司做了不少技术活。不过他们也会努力地从五角大楼（The Pentagon）争取价值 100 万美元的电视教学片的合同，就是教士兵如何正确刷牙，然后转手分包给某个独立制片人，给上一点钱。没人知道哪个储藏室的哪瓶酒将会成为 SAIC 今晚的席上之物，SAIC 公司在这方面做得很好，上年的净利润就有 6 亿美元。有时候，公共服务也会赚大钱。

20 世纪 70 年代的霍尼韦尔，主营业务中一半是做温度调节器，一半是做计算机。那个时代的计算机市场格局是 IBM 对 BUNCH，IBM 占领市场的大部分份额，Burroughs、Univac、NCR、Control Data 和 Honeywell 分餐其余的份额。

在温度调节器市场，霍尼韦尔有着超过 90%的市场占有率和坚不可摧的市场地位。成百上千的技术人员年复一年地卖命工作，一点一点地降低成本，让设备的反应更快一点，以确保无人能够与我们竞争。

参加过管理会议的明眼人很快就会发现，我们的部门之间好像有些功能紊乱的迹象。计算机部的人花钱如流水，极力鼓动联邦政府的调查人员打破 IBM 的垄断。有趣的是，温度调节器部门那些穿着短袖运动衫的员工不希望任何人谈及“垄断”二字。

说这么多故事的意思是什么呢？

你必须了解你的真正业务，紧紧抓住不放，一旦如此，东山再起就变得容易至极。

霍尼韦尔的发展缓慢，直到放弃了计算机业务才有所好转，并重新抓住了机遇，同时对公司的文化进行了调整。克雷格·麦考依靠通话自由的卖点赚了不少钱，先是让投资方认可，然后是用户。金考的卖点在于宽敞明亮，环境舒适。露西尔是在卖“梦想”。高科技公司，像 AOL、微软和英图在市场上的投资远远大于在技术方面，所以他们胜出。SAIC 的腾飞来自于对政府需求的把握。

当你接管一家失败的公司时，你会发现他们看不到自己的力量所在，也没有真正理解自己的业务是什么。这就是所谓的“有眼无珠”，无法意识到自己的优势。建议每天晚上留上一段安静的时间，开始缜密的思考，透过现象，看到本质。

当初接管波特兰（Portland）的图形艺术中心（GAC）的时候，该公司可是美国西部享有盛誉的最大的一家商务印刷厂。作为我们的一家子公司，它的经营状况竟然莫名其妙地滑向亏损，在几个月后才扭转败局，达到了历史上利润的峰值。

有4个主要因素：

1. 首先是业务太分散。与印刷相关的很多业务也纳入经营，它有一家出版子公司，排版子公司和装订子公司。有时候企业的垂直集成是个好主意，但是如果你有很多子公司，而且它们的利润不仅仅来自你，也包括竞争对手，那么集成就未必有效。因为你是子公司的幕后老板，所以在市场竞争中竞争对手不会完全相信它们。所以我们将3家子公司进行改制，脱离母公司的从属关系，形成独立核算的经理—雇员体系，GAC得以全身心地投入到印刷业务上。
2. 与洛杉矶和海湾地区的印刷公司相比，GAC的真正优势在于人力资源。3家公司在印刷和纸张上的费用基本上是一样的，但是与加利福尼亚的印刷厂相比，每小时的税率要低30%，如果生产力相当，我们就会有大约10%的成本优势，其中5%用以低效运输费用，还剩5%的优势。

   管理手段上存在问题，它的管理有些脱离工人，滞销问题在工厂内也广泛存在。因此，我们逐一视察每个生产现场，更好地了解每一位工人，然后制定了一套员工辅助程序解决滞销品问题。这些措施奏效了，不久工会组织就从对立的阵营转变为公司的盟友。
3. 第三个显著的变化是，认识到大多数的利润来自于用户更改费用。所以我们把更改费用调整为原来的两倍，相应的销售提成也多了一倍。一旦任务确定之后，客户的心思就放在如何降低费用上，在一到两天内能够快速响应客户需求的任务变更服务能力是有价值的，没有人反对为此多付些钱。这就好比顾客在西装的价格上讨价还价成交之后，再趁机搭配销售衬衫和领带，或者车的侧镜，顾客们不会在乎在这些小东西上再花点钱的。我们的销售人员热心地帮助客户，满足他们的需求，因为销售人员更多的薪酬来自顾客的更改行为。

4. 最后，也是最基本的，印刷的销售人员薪水特别高。在 GAC 大约有 20 名销售人员的薪水超过总裁。

这是公平的，在商务印刷业务中，每份订单的工作内容都是独一无二的，包括版式和格式的设定，装订和纸张的选择，客户并不像销售人员懂得那么多，所以销售人员在每份工作上都要花很多心思，要同时考虑客户和公司的最佳利益结合。对于销售人员来说，就如同经营独立的业务实体，所以他们挣得非常多。

很多大公司不了解销售人员的重大价值，往往因此损失惨重。RR·当纳利（RR Donnelley），阿可达图形印务（Arcata Graphics）和万国图彩（World Color）是巨型的印刷公司，能够提供比商务印刷厂更加专业和标准的印刷服务。这些大印刷公司也会承接杂志的印刷业务，不过所提供的服务类型相对稳定，不会偏离太远。作为服务敏感型的企业他们给销售人员的薪水也不低，不过与商务印刷厂比起来，就相形见绌了。

所以他们收购了洛杉矶最大的商务印刷厂之后，3 位行业巨人不止一次地调整销售提成，试图调整出一个更为专业的薪酬比例。比方说，更多的基本工资，少一些奖励的提成，并且计划 10 年内再做一次大的调整。遗憾的是，在头一年原来的那批销售人员就辞职走人了。

对这种现象做一个简单地分析就一切都清楚了。的确，GAC 有自己的客户群体，但实际上真正的客户是那些销售人员，所以我们多雇一些销售人员，把奖励提成定得再高一些。

奖励机制的调整要充分估计到经验丰富的销售人员和新来的销售人员在印刷时间上存在的竞争冲突。印刷任务总是很饱满，因此需要争取印刷时间，这意味着平均的利润空间扩大了。同样的道理，只要你懂得销售人员之间的对抗和竞争，意味着客户买方市场的竞争，你就不会去压制这种有益的竞争，而是雇用更多的销售人员，给他们更高的销售提成，在效果上就如同雇用了新的客户。

上面提到的3个巨头都是这个行业的行家能手，结果无一逃脱失败的命运，很简单，他们没有意识到我所说的这些。他们认为，印刷就是印刷，不过就是在纸上涂墨。他们的理解导致了巨额的损失，几乎是几个月就会亏损。他们根本没有从业务的表面看到实质的东西。

大多数陷入困境的公司，情况和这差不多。他们忽视了曾经让他们卓越的东西，也许是下一代的管理人无法理解他们前任的行为和用意，更有可能的是，先前的经理没有解释清楚业务的真正秘密何在，这些人共同的特点是，凭着直觉做事。

下面介绍的是本人的经历，很幸运地连续3次成功地经营，在本书的其他部分也会提到这些。

在Checks To-Go，很快地关于客户表格的事务处理就变得很清晰，对于那些发票和支票的格式适合桃树、大平原或者其他公司的，就转包出去，以最少的客户投诉，产生最大的利润空间，而且，速度是第一位的。

我们将送货时间从两个星期降到3天，同时提高了价格，客户们对这个举措很欢迎。在公司尚未被收购以前，我们正在酝酿一个“12小时送到”的计划，还有在联邦快递（FedEx）中心附近设立一家出版社，当天午夜前接收所有订单，以及加上一个晚上8点到凌晨4点的班次，以赶上从孟斐斯起飞的班机。

当这些计划实施之后，客户可以通过传真下订单（现在可以用电子邮件），在当天下班以前的订单，无论是来自哪个地区，都会在次日早中饭以前收到一批新的支票和发票。这就是Checks To-Go业务的核心，快速优质的服务，票据的颜色如你所愿。

很悲哀，新的收购者，落基山钞票业务公司，没有读懂我们的生意经。他们宣布取消选择颜色的规定，而代之以黑色，认为这样会降低成本，有利于和头号敌人、行业的领导者Deluxe Check公司竞争。落基山钞票业务公司在Checks To-Go身上投了不少钱，结果还是失去了这项业务。作为一次挽救形式的收购，Checks To-Go为落基山钞票业务公司预留了过渡期可能会造成的运营亏损额度，收购时净利率在 20%左右，对他们来说，转移其他新收购的业务到 Checks To-Go 有利无害，而且可以在几年内享受免税的特惠（的确，在税的问题上，你必须要小心。既要合法纳税，又要合理避税，这就是 CFO 工资高的原因，也说明了为什么注册会计师事务所敢于每小时从你的钱袋里掏出 3 倍于工资的酬金）。

落基山钞票业务公司在短短的几个月内，就损失了好几百万美元，仅仅因为他们不懂收购来的业务的实质。

接下来的挽救和转售行动发生在斯麦丽工业公司，在第 13 章你可能看过一点关于这个公司的故事。谈判总共进行了两次，裁去了一些成本支出，简化了看起来像图腾柱一样的组织图表。这家公司的业务很奇怪，为波音 747 做过价值 17 美元的门窗铰链，也为导弹做过价值 6 万美元的导航系统架。公司原来的老板是一位勤奋能干的企业家，他在生意场上开疆拓土，从容易的小东西做起，经过了数十年的发展，回顾过去才猛然发现这么多年公司做过一连串的产品，可是产品之间相关性不大。

在斯麦丽的转售拍卖中，一家来自底特律的金属模具公司赢得了收购权。他们的行为可以理解，为汽车制造商提供模具设计和加工服务，也是一个竞争极为残酷的领域，所以他们希望多种经营能缓解竞争的压力。那位勤奋的企业家答应不再过问公司的事务，但是和预料的一样，他还是每天都会打电话问这问那。底特律方面聘请了年轻的新 CEO，是一位退休的军官，他的背景与斯麦丽需要的相差太大。他的观点是，重赏之下，必有利润。对于具体的工作而言，这可能是合理的论断，可是具体的工作和利润之间还差着十万八千里呢！

1988 年斯麦丽的亏损率是 35%，前一年是 10%，此前在创始人手里公司都是盈利的。我在 1988 年的第四个季度加盟，次年一季度扭亏为盈，同年把公司转售出去。

在一连串行之有效的举措之后，利润重新出现了。我们简化了组织结构，削减了部分成本环节，在管理体系和示警合同的调整上动了一点小手术。真正导致成功的因素是，将传统的锻铸工艺转给了一位曾经从事清算的家伙，同时把运营成本高昂的业务转给了一家社会化经营的航天制造厂。

说起来惭愧，胜利的曙光大约在我上任的 5 个月之后才姗姗来迟。当时公司的核心竞争力是什么，已经十分清晰：用进口金属材料加工复杂零件，精度控制在 2～4 英尺的误差不超过0.000 1毫米。太令人激动了，不是吗？主营业务确定之后，公司参加竞标活动的次数下降了一半。

这很好，因为我们的中标率从原来的 18％急剧攀升到将近 78％，业务变得更加繁忙，当然都是在忙正事。客户的反馈减少了，因为我们不做不合适的竞标。公司的声誉大振，优势逐渐显现，一切看起来都是那么简单。虽然说起来很轻松，做的过程中还是很困难的，因为这个看似简单的战略调整，让我花了半年时间才想出来。

你还记得我提到的哈佛课程吗？当时我们做过一个案例分析，就是说明了解业务的重要性的。

回想起当年的上课情景就让人热血沸腾，教室里坐着 100 位敢于冒险、富有主见的企业家，他们都腰缠万贯，而且不乏像金考和麦考这样的人，正在向更高的层次奋斗。

我们的教授马蒂·马歇尔（Marty Marshall），在他上课的前一天让我们研读金脚趾（Gold Toe）袜业公司的发展历程。

也许你正穿着一双金脚趾的袜子，明显的特征是袜子末端是用淡黄色缝边的，这是金脚趾的标志。

不过，从数字上看，这家公司的状况并不好。销售增长的幅度明显低于衣袜行业平均水平。大部分高端分销商都经营金脚趾品牌的袜子，在大众消费的市场连锁店却难觅踪影。销售团队只有几个人，集中在纽约，他们的年龄比目标消费者大上十岁左右。La Cirque 饭店是曼哈顿区最豪华的饭店，他们在这儿有两个包桌，平时的午餐和晚餐就在这里吃，算下来他们在 La Cirque 的花销比同行业其他人在这里消费的总和还要大。

金脚趾的生产成本也稍稍高于同行几个百分点，主要原因是选择在国内生产，特色的金边也在某种程度上增加了成本。

整个班级在这个案例上吵疯了，马歇尔教授让我们一个接一个地发表意见，说出对这家公司的责问，包括对公司缺乏进取精神和崇尚享乐之风的批评，普遍认为市场会淘汰金脚趾。

“好了，大家是不是很想立刻收拾这帮销售人员，”马歇尔总结道，“要求他们只有发展了新客户才可获取报酬，削减他们的销售提成，是不是?”

大家点点头，有人甚至大声说：“对!”

“所以，我们应该扩展金脚趾的销售渠道，从布鲁克斯兄弟公司(Brooks Brothers)，Macy’s 和 Bergdorf Goodman 这种高档店延伸到 Target 和 J. C. Penney，对吗?”教授问道。

我们都点了点头。

“爱兹德（Izod）在著名的鳄鱼 T 恤销售上采取类似的做法，导致两年后的失败，如果金脚趾也这么做，后果将和爱兹德一样，你们认为呢?”

“呃?”我们很惊讶。

“金脚趾品牌的袜子不具备在价格上竞争的成本结构，”马歇尔继续说，“所以大宗批发商很想获得金脚趾的经营权，以跻身于本不属于他们这个消费阶层的业务行列，如果他们得逞，高档店很快就会做出反应。比如如果金脚趾品牌在 Target 以某种折扣价销售，Macy’s 在得知此事之后，不出 30 分钟，肯定会把金脚趾从货柜上撤下。”

这是教授在对 100 名成功的 CEO 讲述经营之道的关键时候，列位看官最好集中心神，仔细体会。事实足以支撑教授的论断，金脚趾在几年前曾试探性地尝试着这么做了，目的是提高收益，结果差点因此而倒闭。

如果要在更广泛的范围内竞争，就要有较为低廉的价格；如果他们想占大块市场份额，就需要有独特的款式或者不同的盈利模式，这在制袜行业实在是件难事。最好还是在 La Cirque 多订一张桌子，让商店在绝对不打折扣的品牌上多些利润空间，以满足那些阔佬。

这就是真正的理解了业务的内涵。

你的公司可能靠低成本竞争，也可能靠质量超群取胜，但是你不能两者兼备，从历史上看，也没有人做得到。

你可能是最快的，你也可能是对信誉要求最严格的，这对你的经销商来说也是一种优势，因为你要求严格，他们的竞争相对要少得多。也可能你对信誉要求很宽松，人人都能买，但是你要能够比竞争对手更深刻地观察和分析那些起伏不定的应付款项，这样你才能在理智的基础上更加大胆，尝试别人不敢尝试的风险。Binney & Smith 公司把石蜡装进管子，染上色，贴上 Crayola 蜡笔的标签，在市场上无人能与其竞争。他们还出台了“365 期限”的付款规定，也就是说你可以今天买，一年后付款，同时营建了无与伦比的高效分销体系。

也许你最终控制了局面。可能是由于你的自动化程度最高，这不过是成本低的另外一种说法罢了，也可能是其他原因。

总之，任何业务都必须能够赚钱，任何一家企业都注定要和同行展开激烈的竞争以获取领先的地位，但是你绝不可能同时拥有最好的质量、最低的价格和最佳的服务，如果你能，也不会有人相信你。

我接手富兰克林印刷厂的时候，公司的经济状况很不错。收购之后，费尽了九牛二虎之力才取得那么一丁点的收益，让我很困惑。直到几年之后，我才明白他们实际上所有的利润皆来自于选票印刷业务，而我们的收购恰好发生在美国大选之年刚过。

骑士保安公司经营夜贼报警业务，经营过程中他们发现无线电广播广告业务很有前途，于是他们投入了资金、人力开发这项业务，最终狠狠地赚了一笔。当时高速公路上的广告牌业务方兴未艾，但这并没有影响我们广播广告的销售。接着大选来临，关于选举的宣传铺天盖地，我们所有的广播广告业务都被订购了。很快别的公司发现广播广告业务价格低廉、效果不错，开始涉足这个领域，而我们已经转到监控业务了。

Teledesic 公司是一个激进想法的产物，它的最大资产是频段，或者称之为授权公司经营管理的频率范围。是伟大的点子产生了频段这个巨大的财富。如今这些频段怎么样了？仍在使用中。

恩润（Enron）是一家经营管线的公司，是电子商务领域的大鳄。实际上所有的管线都已经架设完毕，他们只需要不花费什么成本地把光纤引到客户那里就算完成任务，在几乎所有能够想到的城市之间都可以实现最便宜、最快速的连通业务。

当你面对一家陷入危机的公司时，你所能做的就是寻找他们最强的业务是什么，然后围绕这个最强点重建公司，除此之外，别无良方。

如果这家公司实际上是靠成本低廉赢得竞争，那么挽救的可能性就比较渺茫了，因为你很难发挥和深入挖掘这种优势，所有你能做的，就是让业务不要太分散。削减一半的广告开支，人力资源部门也要减半，辞退所有挂着“某某助理”头衔的人，开除所有无所建树的销售人员，确保经营保持高效运转，试着提高价格，一般说来，公司在几个月之后就会有所起色。

确认在采取上述措施之前深入地了解情况。你的生产环节必须比竞争对手更为高效；你的工艺必须有 10%以上的特殊方法，让人难以模仿；或者在同等的生产力上你的人力成本要低上 20%。有了上述的铺垫，然后才是挽救的“大灌篮”。

如果列举的条目都不符合，就应该想办法转移生产地。将任务要求发送到爱尔兰，让印度人帮你写代码，让中国人帮你做小饰品。

如果这些仍旧不适合你的情况，就把目光投向分销环节。雷·欧汉那斯（Ray O'Hannes）规定分销必须在指定的专卖点进行，使得理光（Ricoh）相机一夜之间就成了美国 6 个最著名的相机品牌。理光相机看起来不怎么精致，没有宾得、尼康、佳能和美能达的历史悠久，几乎不具备什么其他品牌没有的特性，辅助配件也不及其他品牌的一半，但这些都无所谓。凭借优秀的分销战略，在不具备增长潜力的销售渠道做文章，获得了业务的巨大增长，理光从默默无闻的品牌一跃成为“十大知名品牌”。

有的时候，你的生意会因为“到别人不去的地方”而兴旺发达。在最初的30年，山姆·沃尔顿从不在超过5万人口的城镇设立沃尔玛购物中心，而是选择那些被西尔斯和Kmart所藐视的小城镇尽力施为，结果在沃尔玛进军城市之前他就成了全国最富有的人。

在书籍中不断挖掘，寻找金块。当你发现某些东西好像比其他的更能盈利，就果断地放弃其他，努力发展这种产品或者服务。那时也许还是一家小公司，但是盈利不久之后，利用赚来的钱就可以快速地成长。不要依赖财务记录，要深入到客户服务的细节层次，了解一下投诉从何而来，是哪个环节出了问题；和你的销售团队交流时，注意他们提到最多的产品和服务是哪些。这样你就会明白如何分配管理费用才是合理的，也许本来就分配得很恰当，不过这种可能性不大，所以很多书籍仅针对产品进行讨论，扭曲了利润和亏损的本质。

了解哪项业务都不容易，做到精确透彻地了解更难，这是生死攸关的大事，但你别无选择。祝你好运！

# 第34章 TURNAROUNDS YES, STARTUPS NO, AND WHY 挽救为上，重建为下

如果你是一位胸怀抱负的青年，一心想要成为挽救经理人，那么仔细看看本章的内容，这是特意为你们写的。你们一定很聪明，过一会儿，从文中你们就会明白为什么说“挽救为上，重建为下”了。最后，本文还提供了一些起步的技巧。

1995年，一家特大规模的风险投资基金组织，有着丰厚资金回报的交叉点风险投资公司（Crosspoint Ventures）请我帮忙照看一桩出了点麻烦的投资项目。

这笔投资是投向一家做声像合成设备的公司，他们的产品主要面向娱乐行业，如今公司的经营状况不佳。该公司的办公室离我住处不远，开车很快就能到达，的确是个不错的工作，况且这家公司的利润情况还比较好。

公司的主要客户是娱乐圈里的电影制片人群体。他们有一个想法，就是在著名的商业区投资一大笔钱，替换原来用泥灰建筑的仅有一层的制作室。在树阴的遮蔽下，新厂区的商业摊位看起来很不错，虽然没有什么让人一见倾心的东西，但是一般说来，环境不错的公司也暗示机会不错。

所以，我仔细看了看财务报表。报表上显示，公司刚开发的第一代产品，在创新方面很一般，可是市场反应还不错，至今销售量还在增长。但是投资方的愿望和梦想全部建立在下一代产品上，那是一种更快捷、更优秀、更易用、也更昂贵的设备。这个梦想实现起来很有难度。

我对投资方的回复是：“与其给我资产净增长的5%和20万的薪水，不如给我10万的薪水加上净增长的10%，不知你们意下如何？对

我们双方更为重要的是，你们曾经承诺，一旦我加盟，你们会投入400万资金，我的意见是你们保留这400万，但是可能需要签上一张价值100万的贷款限额。”

我的想法是，我能让公司在很短时间内凭借第一代产品扭亏为盈，使资金流趋于正向，然后推出第二代产品，根据市场的反应逐步调整，稳扎稳打，不用冒太大的风险，就会让公司的状况再上一个台阶。

然而我的电话静静地躺在那里，没有收到任何回音。我又给主要投资人打了一个电话，那边迟迟没有接听。在同一个月，我还与亚利桑那州的一家CD-ROM发行商谈过一次，他们通过批发经营，在短时间内成为世界上最大的唱片发行商，他们很赚钱，但是下属的一家子公司却不停地亏损，濒临倒闭。

我提出了同样的想法，然而业主信不过我的处理办法，他认为加大投资力度才有可能挽救失败的下属公司，而我的方法是不投入新的资金，所以我们没有谈成。

那是1995年1月6日，神灵显圣的日子。我很清楚我的能力，我完全可以不依靠任何追加的投资而让这些公司起死回生，但是英雄无用武之地。可能是这个世界太有钱了，所以他们才会急着不停地投资啊投资。

仿佛是该自己开办公司的时候了。花上几年时间开办自己的事业，在这个富足的世界上赚些钱，也是个不错的主意。于是在1996年我们合伙创办了天之台公司，在接下来的5年内创造了大约5 900万的利润，在6个财年中，每年的股票涨幅都有所提升。开公司真的很有意思，也顺应了时代的潮流。

不过在1995年考虑是否开办公司时，我还是犹豫再三，因为我认为挽救行当带给我的回报更为丰厚，而且比开办公司要轻松得多。

嗯？是的，不信你听我说。

当你自己开办公司时，投资人望眼欲穿，雇员们发财心切，都盘算着利用优先认股权发财。CEO在股权上只有7%，而且是4年之后才兑现。董事会每月要开一次会，因为他们都是投资人，他们有权知道你管理的业务进展得如何。

而挽救行动就不同了，我聘期一开始，就有了 20%的股权，有时候这些股票会给你带来非常可观的回报，与之相比，你的薪水就少得可怜，甚至不好意思对朋友说。而且在这个时候，董事会就像一群畏缩的鹌鹑，不知道躲到了哪里，我就有足够安静的心情去考虑如何拯救公司。要是不开会，董事会议的存在倒还是挺有趣的。

开办公司失败的几率极大，而我所从事的挽救行动却无一失败。

所以，为什么一定自己要创办公司呢?

也许是创办事业的冲动驱使，也许是对梦想的追求，但现实往往让梦想变为残酷的噩梦。然而，在挽救行动中，你会发现那种对生存的渴望对你是多么有利，员工会无比地尊敬你，并给予你绝对的支持，因为你是他们心目中最后的希望，他们总是会迁怒于前任管理者，他们清楚地知道现今的处境是拜谁所赐，他们也清醒地认识到自己如今的处境。

在开办公司和挽救行动两个问题上，我都谈了一些，有些像交叉培训。如今，无论是开办自己的公司，还是加入挽救行列，你的生活都将会比一般业务工作的节奏更快，你的焦虑程度会上升几个等级。而且，我认为一次又一次不断地重复面对危机，不停地做超理性的事情和精确地谋划每一步行动，在无休止的挽救行动几乎扭曲了你的人格之后，开办自己的事业，无疑是平稳心态、减缓压力、疏解心情的最佳调剂。

从平均个人收益来看，显然是挽救行动更高一些，当你成功地救活了公司，人们会给你很高的评价，认为你很有智慧。可是如果你自己开公司，成功则被认为是理所当然的。

好了，你是不是很想从事挽救的职业呢?下面告诉你如何开始：

首先，你必须有一般的管理经验。如果你不具备，就想方设法去完善这一点。在你现在所处的公司就可以获得这些经验。如果你在市场、运营、财务或者是市场研究中的某个领域相对比较薄弱，就寻求一个恰当的工作来弥补它。在各个环节都深入了解一番，你就会明白其中的奥妙和规律。

其次，自告奋勇地到不景气的部门或分公司工作。这实际上与一次真正的公司拯救行动一样充满挑战，但是外界并不知道这些，你从这个过程中可以很好地锻炼自己，增长经验。如果你能够胜任公司内部小范围的“救火”，就有理由去从事更大范围的挽救行动。

之后，你职业生涯的黄金阶段就会如期而至。

抓起一沓白纸薄，拎上半瓶葡萄酒，关上你的门，仔细思考一下关于挽救行动的问题。在白纸薄信笔涂鸦一番，把你认为挽救行动中最为重要的几件事情写下来，将其浓缩为3条。

接下来的几个月，大量地阅读商业周刊中关于企业战略和公司挽救的话题，试着分析你的3条想法是否真的有效，把那些支持你想法的文章剪辑下来。

好了，你现在要做的，是把你的挽救信条写成一页纸的文章。其中一条用你的经验来铺陈，另外两条用搜集的案例来支撑。

找个地方把文章打印出来，在哪里发行不要紧，但是一定要有重印的权利。我就是这么做的，当时我恰好在一个工业园区从事挽救工作。园区中有一块公告牌，称做“文章夹”，也许光顾浏览的人很少，甚至比一次晚宴聚会的人还少，不过没关系，在某种程度上，这是一件好事。公告牌的编辑很愿意看到他负责的公告牌上有东西，而且没有权利去修改你的观点。

然后把这篇文章做成幻灯片、挂图或Powerpoint的演示文档，开始向财务人员阐述你的观点。

在你发出的每一封信件中装上一份文章的重印件，根本不会多付一分钱的邮资；也可以在你的邮件中发送一个链接。平均一个星期，向投资商、银行家和注册会计师，以及任何你能去的地方，陈述你的观点。

现在好了，经过了这么多的努力，你已经是这个领域的专家了。在公司挽救这个领域，基本上没有什么竞争。

我就是这么一路走来的，现在已经不需要在上面花太多的心思了。不过，如果你是一个新手，你就需要花大量的时间寻找一个陷入危机的公司以及能够接受你思想的老板，这比实际操作中完成挽救的任务更重要。确信聘用你的老板了解每一步行动的成功之处，让他们对你放心，并时不时地告诉他们是什么导致了失败。对于这些商场中的老手来说，他们会十分欣赏你的坦诚，并更加接纳你。

然后开始阅读本书的其他部分。

现在你该清楚为什么“挽救为上，重建为下”了吧，请保守秘密，OK!

# 第35章 ONE BUBBLE OFF PLUMB 远离铅弹的肥皂泡

在《一位广告人的自白书》(*Confessions of an Advertising Man*)一书中，作者大卫·奥吉利（David Olgilvy）披露了他在第一份工作中的出色表现，你可能想象不到，他当初是一名厨师。

奥吉利在广告界中声名显赫。他创建了 Olgilvy & Mather 广告公司，生意非常好。他的余生是在法国的一座城堡中度过的（那是他的产业）。

他最初的名声来自于当厨师时所做的烤苹果甜心，这种餐后的小食品只有他能做得出来。他的做法是把苹果皮削开后呈爆炸状摊开在盘子上，每次摆出的形状都不一样。在他的书中，他披露了做烤苹果甜心的小窍门。其实很简单，他烤上两个苹果，把其中的一个掏空，把掏出的甜物撒在另外一个苹果上，但是其他人做不出这种特殊的食品。

这通常是一种直觉的力量，无害且让人欣喜。在生意上表现为迅速把握客户的需求，并让他们满意，同时获得丰厚的利润。

从你的本职工作中发现问题，趟出一条新路来，总是会带给你惊喜。

在我当年从事照相机行业的时候，我们公司销售部的小伙子们在处理零售业务方面的表现，让我钦佩至极。

查理·格利赛斐（Charlie Grisafi）一直在等他的经销商来提货，已经是中午了，他的曼哈顿区的经销商还是忙得不可开交。12:15 的时候，他干脆自己送货上门了，领带斜搭在肩上，推着满满一手推车的宾得相机和闪光灯，脖子上还挂着一些相机。

“默里（Murray），把东西放在哪儿?”他问道。

默里正在收银台忙个不停，等待交款的顾客排了很长的队，他用手指了指商店的一角。查理把货物推了过去，在货物车上贴了一个纸条，把货物放在了安全的地方，擦了擦额头的汗，朝默里走了过去，然后把等待签字的收条放在了收银台上，恰好在默里的手边上。

查理等了一会，默里朝旁边瞅了一眼，查理顺势一指台上的收条，默里立刻签上了字，然后查理拿起收条大步流星地走了出去。

挑字眼的人会问，默里并没有订购这些相机产品啊。这是一个稍微有些夸张的假想销售情景，也是查理每天中午都要在纽约重复上演的一幕。

在中西部还有一位和查理差不多的人物——克拉克·欧文（Clark Owen）。他负责哥伦布、辛辛那提、代顿和印第安纳波利斯以及周边地区的销售。他通常一个月到各个地方跑上一次，每个地方有六七个经销商。

在他到达该地的第一天，他会一家接着一家地走过每位经销商的店，在橱窗玻璃上敲几下，直至确信经销商注意到他，然后他挥挥手、笑一笑，就离开了，这让经销商们感到很温暖，也对他的来访更为关注。克拉克会在第二天或第三天再次光顾每一家店。

他不是恭恭敬敬地等着见面，而是让他们猜测他的行址，比如究竟在哪位经销商那儿待的时间较长、为什么如此，等等。这是一种策略，在谈话之前就吸引了对方的注意力。

雷·欧汉那斯也是一位销售大师。有很多年他稳居理光相机的销售之神，在整个行业倾向于超市营销的方式进行销售的时候，他却敢于抗拒潮流，只向专业相机经销商开展业务，创造了惊人的销售业绩。

雷还是一位凯迪拉克的狂热爱好者。有一次，一位经销商向他抱怨确定该把广告投在哪里真是越来越难时，雷问他广告预算的绝大部分投向了哪里。

“广播，”经销商回答说，“我认为这是最有价值的媒体，可是不知道该选择哪家电台。”

雷拉着经销商走进了他的车库，打开第一辆车的车门，依次打开日常存下的最喜欢的电台频道，接着是第二辆、第三辆、第四辆、第五辆。

“这就是你选台的计划。”雷说道，真是一针见血。

芝加哥市区有一位名叫奥特曼（Altmans）的家用器具经销商，他的脾气很暴躁，不过人很聪明。在芝加哥，市民对垃圾收集服务的需求越来越强烈，在这个问题上政府和商业界都花了不少钱，治理的效果不尽如人意。奥特曼想出了一个奇妙的点子，成功地解决了这个问题。他让每一户在夜里把垃圾放进一个空箱子里封上盖子，然后放在巷子口的路灯下，每天早晨他们醒来的时候，会发现里面的垃圾已经清除了。这个主意非常奏效，而且成本低廉，比起那些狮子大开口的解决方案实惠多了。

我原以为这是独一无二的聪明之举，直到后来听说了路易十六国王在成功地向法国人推广马铃薯这种新蔬菜的故事之后，才改变了看法。马铃薯是从南美移植过去的农作物，产量非常大，种植上一小块地就会产出相当大数量的果实，不过国王的子民并不买账。于是他想出了一个主意，首先他授意种植100多亩的马铃薯，然后派兵在周围看守，时而巡逻，看守的数量不能覆盖所有的区段，但是要能够让人注意到你，当收割的季节来临时，大部分的马铃薯都被好奇的周边百姓偷吃了。结果，种植马铃薯被法国人热情地接受了。

我们的相机经销商都是些典型的干劲十足的零售商人。有一次，在贸易展览会上，我们租用了一个冰窖，里面放上一些冰冻生鱼片，蘸上美味的鱼子酱非常好吃，当时，一位醉醺醺的经销商大步走了过来，随手挖了一块昂贵的蘸料就往嘴里送，多亏他的随从及时提醒，才没有吃得太多。这就是我们那些可爱的经销商，我们的客户。

第二年，我们变换了方式，特意租用了一间套房，提供同样丰盛的食品和饮料。问题是套房中有两个洗手间，我们干脆请酒店的人在洗手间门口拉上了帘子，掩饰起来。我们的活动面向所有人开放，随便吃随便喝，但是他们的膀胱容量太有限了，用不了多久他们就会到处找洗手间，当然套间内的洗手间是不能用的，所以他们只好出去方便，这样再回来的人就比较少了。我们在预算的额度之内表现得很慷慨，用的是如此简单的办法。

还有一年展览的开幕式是在麦考密克举行。在芝加哥展览会中协调总是一个问题，比如做预算时，连请电工帮助安装一个灯泡都要一大笔钱，这些不可预料的状况放在预算计划之中实在是有些困难，也让人很恼火。

这次展览的费用更是让人咋舌，展厅中每平方英尺的周租金就要 20 美金，在那个时候，这样的价格和同样面积的房子价格相当（亲爱的读者朋友，我们谈论的是 1971 年的事情）。

因此，我们设计了一个 3 层的展棚，在当时是个大胆的尝试，此前没有这样做过。展棚由 3 层螺旋型楼梯连接，成为那个展览会议论的焦点。更酷的是，第一层是全钢材料打造，第二层是木质结构。在决定谁在第一层谁在第二层的问题上，木匠和铁匠还争吵不休，最终两层完美地锲合在一起成为惊人的艺术品。

夸夸其谈当年的小小成就，在今天看来也许会贻笑大方，不过必须承认，在那次的展览会上我们是最有想象力和创造力的群体之一，但不是第一名。

我们的竞争对手威达，又一次胜过了我们。他们没有参加那次展览，是不是让你大吃一惊。大多数前来参观的人都十分惊讶于威达的缺席。事实上，他们买了展棚，认为这个太限制灵活性，而且调整预算也是一件折磨人的事情，于是就放弃了。

威达公司是第一个具有勇气逃离公众展览的公司。取而代之的方案是，在大挂车上放置音像宣传设备，全国巡回展示，每到一处，就召集此地的所有经销商，一同领略他们最新的产品和交易。与展览会相比，他们的花费可能更高些，也可能更低些，不过这都无所谓了，由于他们的特殊行动，迥异的作风，吸引更多的关注。更重要的是，他们能够让经销商专心致志地听他们一家的宣传、看他们一家的展示。

后来的两次展览会，我们取得了最佳的效果。

在梦创公司的开办之初，我们有一种投放到音像市场的玩具产品，所以选择了 NAVA 展览会。在这次展览会上，我们的产品得到了几乎每一位来宾的好评，在狭小的展台上我们不能提供所有的必需品，于是我们请来了拉斯维加斯 Dot's Floral Shop 的人帮忙，在展台的周围用常春藤编织了花墙，在中央放置了休息的长椅，在桌上摆上盛柠檬汁的大玻璃罐。

这样的布景让疲惫的观众大为满意，他们仿佛找到了沙漠中的绿洲，终于可以舒适地休息一下，于是就会坐在我们提供的长椅上。好了，我们展示产品的机会来了。那次展览会我们的花销是最低的，但效果是最好的。

5 年之后，Checks To-Go 参加了它的第一次 Comdex 大展，这家公司做的是表格软件。在众多的财务软件商，比如桃树财务软件和大平等公司当中，寻求可能的合作，奋力地挣扎出自己的生存空间。生存的诀窍就是要获取那些财务软件公司的注意，然而，我们并没有任何期望中的谈判约会，因此在开始的几年也没有财力负担展览会昂贵的展棚。

当时，普华永道有一个号称是 PC 财务宗师的专家人物，我们花了 500 美金请他来，在午餐时间请他演讲了 20 分钟，主题为“财务软件的未来”。

所有的财务软件执行负责人都参加了那次午餐会，我们的大厅人满为患，当场我们公司签下的单就足够未来几个月的营业额了。整个午餐会和演讲的费用比参展要便宜得多。

在我年轻的时候，我曾在游园会的展台打过小工。有一种钓竿套索的游戏，一根长长的竹竿，一端拴着绳子，绳子的末端系上一支铁环，每个参与游戏的人要付 25 美分，用这根带环的套索扶起地上放倒的可乐瓶子，看起来很简单的游戏。

为了吸引大家参与，我会做上一些示范，当然是成功地扶起瓶子了，于是大伙纷纷响应，花上 25 美分，结果他们每次都不成功。

这里面的奥秘是，每个可乐瓶子在压塑成型的时候，都是偏心的，总是一边薄一边厚，这并不影响饮用里面的饮料。要搞这样的游戏，你要做的无非是找上一大堆可乐瓶，挨个试验，找出那个最不稳定的就行了。

我做演示的时候，把可乐瓶子重的一面朝下，很容易就扶正了，但是把竹竿交给玩者的时候，就把可乐瓶轻的一面朝下，这样很容易在扶起来之后又倒下了。

在游园会这类的场合，此类的骗术和歪心眼还多的是呢。比如有一次，我们的马戏团到密苏里州的 Springfield 演出，当地的报纸没有报道我们到来的消息。一天夜里，我们的驯兽师带着我，把大象放了出来，领着它穿过了几家住户的后院，大象撞倒了一些工具架，扯断了一些晒衣绳，造成了小小的破坏，第二天当地的报纸就头版头条的对此事进行了报道。哈哈，这就是公共关系的小魔术。

从拉霍亚（La Jolla）地区购回我们的新房子的第 18 个年头，家里的热水器坏掉了，水喷溅得到处都是，屋子里成了海洋。该叫谁来修呢？恰好在热水器上贴着一张服务电话的小纸条。我们照着这个号码拨通了电话，当天新的热水器就安装好了。

那张小小的粘贴纸是大约 10 年前随着一封信寄过来的。我对安装人员大加称赞，并表扬他们公司真是聪明，发来这么一封信。维修人员的神情显得困惑，然后我解释了我赞扬的理由，他接着向我道出了其中的原委。

事情的真相是某个公司的员工给他应答服务列表上的每位客户发送了这份邮件，邮件中建议把这个粘贴纸贴在热水器上，以便需要服务的时候应急使用。电话打到他那里，他会把电话自动转到离求助者最近的水工那里，水工每获得一次这样的维修机会，就付给他 25 美元。这桩生意的资金回笼并不快，但是收入十分稳定。看来他当初发的那些信真是物有所值。

我没有为此而抱怨，反而十分钦佩。不管怎样，我的热水器在短时间内修好了，现在仍然每晚提供温热的洗澡水，这就足够了。

下面提到的是一位在 Pasadena 的印刷工，他非常富有，在卡特琳娜岛（Catalina）的山上建造了一座别墅，这个家伙还特别喜欢开飞机，技术水平还不错。让我疑惑不止的是，他是怎样将千头万绪的事情处理得井井有条的，而且工作和生活都很惬意呢？

他还开办了海葬的业务，只要你付给他几百美金的报酬，他就负责把你已故亲人的骨灰撒到浩瀚的太平洋上。

你是不是会看到这个家伙，在周末的时候愉快地跳上飞机，准备到海岛上过周末呢？他一般这个时候会携带几小盒骨灰，把支票揣进钱包里，起飞，然后在海岸线已经模糊的时候把海伦姑妈的骨灰撒了下去，接着沃尔特斯上校（Colonel Walters）的骨灰也飘向窗外，几分钟后海岛近在眼前的时候，再把萨姆·贝克比（Sam Bixby）的骨灰撒向大海。就这样，我们这位印刷工一举两得，周末的旅游路费也有人给报销了。

继续说下去。我还注意到我们的邻居 Mail Boxes Etc. 公司，他们提供着一项碎纸服务，我问他们老板这项业务的收益怎么样。

“基本上能够抵消我们的包装费用。”他笑着说。他用这些废掉的碎纸屑换取过去要花钱才能弄到的包装材料。

这种思维方式不是学来的，但是你可以让具备这样能力的人为你服务，他们往往思维角度很刁钻，或者认识问题很透彻。在告诉你如何做之前，先明确你不能做什么。首先，不要急着把这些异想天开的奇妙主意说出来。否则那些根本做不到的人就会尝试着去做，结果扰乱军心。教笨猪唱歌，不会产生美妙动听的旋律，反而会让畜生暴跳如雷。你的期望是让员工专心寻求利润之源，放弃其他的一切。其次，不要开集思广益会。那是让人痛苦的会议，一般也不会有什么价值。伟大的点子往往是下意识的产物，在放松的环境中发生。比如在淋浴的过程中、红灯闪烁的一刹那或者飞行中打个小盹之后。

下面是如何充分放松员工的脑神经，让他们大胆地思考：

1. 在以下的几种情况下，要报销他们的餐费：当一名财务人员宴请一位市场人员时，或者一位操作人员和研发部人员聚在了一起，鼓励工程师和财务会计一起用餐等等，但是一个部门的人待在一块，就千万不要增加这笔开支了。
2. 如果员工加入了外部的某种团体、组织或者协会，发放一定的奖金，但不要发重份儿。

3. 送给所有的经理一本像《孙子兵法》（*the Art of Warfare*）一类的书，并附带上一份读后感的填写回执。正如莎士比亚描写的在阿金库尔战役之前有必要大规模的传播亨利五世的讲话。作为一个企业的领导，你要把你喜欢的歌曲、格言、剧作推广给全公司的员工，以激励他们的工作热情。组织他们参加音乐会或者去看拳击赛，或者退而求其次，到网球场或者高尔夫球场，不过一定要让会打网球的打玩高尔夫球，让会玩高尔夫球的去打网球。这么做的唯一目的就是放松。

# 第36章 ELIMINATE SEX

# 办公室爱情

爱情是盲目的；办公室爱情让人耳聋、眼花、口哑。

本迪克斯（Bendix）公司的总裁威廉·艾吉（William Agee）的经历证明了这一点。他和他的秘书玛丽·坎宁安（Mary Cunningham）的风流韵事，让他失去了商业的理智和洞察力。

艾吉和坎宁安都是聪明之辈，可是他们之间两性的欲望极为强烈，后来双双坠入情网，同时爱情的陶醉让他们失去了对本迪克斯公司正常运营的监控与管理，最终以惨败收场。也可能是爱情的迸发先于性欲的冲动，不过这些无所谓，关键是爱情的折磨严重地侵蚀了办公室的团队工作。

在图形艺术中心工作的某一年，我们负责印制数本迪克斯公司的年度报表，共 32 页，报酬是每小时 4 万美金。这的确是笔大订单，我们装了一火车皮的纸张以及其他的必备物品，一切准备就绪的时候，本迪克斯公司的电话打了过来。坎宁安刚刚看到报表的校样，她有一些修改意见。

这件事是从我的销售人员那里听来的，当时他接的电话，撂下电话时，他说："我们必须停工，坎宁安说她不喜欢这张艾吉的照片，她个人的意见是不戴眼镜的照片更好些。"然后我们停止了印刷。

一架私人飞机载着摄影师急匆匆地赶到了艾吉当晚要下榻的地方，为了拍一张合适的照片。这张照片中的艾吉把折叠的眼镜握在手里。这次印刷时间的重新调整花去了本迪克斯公司 6 万美元（这不能算在我们的成本里面，当时那张已经签批了，我们认为他戴着眼镜的照片没有什么不妥）。

坎宁安和艾吉都没有意识到成本的问题，虽然他们都极富经济头脑，一般说来应该更为关注成本之类的事情。钱来自大大小小的股东，他们不会意识到这种杂项费用是怎么造成的。

办公室的风流韵事是对合作精神的亵渎，在精力旺盛的人之间难免发生。为了每个人顺利工作，你必须有效地使你的员工只为顾客服务，而不是彼此服务。

下面就是预防之法：

1. 避免公司高层人士性骚扰事件的发生。有关种族、政治倾向、宗教和性的问题都不应该出现在生意场上。作为一个管理人员，邀请异性的下属吃晚餐是不正常的（如果是同性恋，就不应该邀请同性）。一般情况下，管理人员可以和下属共进中餐，但是在一个团队中不应该和某个人接触过于频繁，一起进餐的频率也不宜过高。作为同等级别的合作伙伴偶尔约会一次也是可以的，但是绝不能有第二次。一旦被人拒绝，下次甚至连提都不要提及。如果你所要邀请的那些客户面有难色，就请不要勉强。
2. 如果在某个部门发生了风流韵事，就要把两者中职位稍高的人调离该部门，但不能升迁。作为主管，对这种事情有责任适当地给予降温。
3. 千万不要在个人保险问题上开出太过慷慨的关于工作压力咨询等费用的补偿条件。我们旗下的一家公司就被一宗离奇的离职案搞得土崩瓦解，同时离开的是销售部的一男一女。我问他们负责人的时候，他们还对发生的事情极力否认，并对我提这样的问题表示不满。那两个离开的员工双双和原配离婚，并签署了一份长达一年的压力咨询申请。我们的个人保险费一下子窜升了一大截，结果全公司范围内一路高涨的工资待遇在当年下降了一个百分点。要是员工知道了这件事的内幕，肯定会聚众滋事的。也许我该对这件事负一点责任。

# 第37章 ATTACK DRUGS AND ALCOHOL 远离毒品和酒精

（略）

# 第38章

STOP GAMBLING. OH. YES YOU ARE

# 停止赌博

（略）

# 第39章 SEND GOD BACK TO CHURCH 送上帝回教堂

“著名的歌唱世家打过电话给你”，在梦创玩具公司办公桌的留言条这样写道。斯麦丽沃斯（Smileyvoice）老夫妇的确打算和我们严肃地谈一笔生意。

他们想要订购一批玩具电影播放器。这种产品操作十分简便，只需要摇动一下曲柄就能看上 3 分钟左右的胶片，而且不需要安装电池。最初的想法是把市场定位在卡通电影上，但是在启动初期我们还犯了一个错误，致使公司要为那些废弃的加工产品承担经济损失。虽然市场前景不错，销售量也很好，但是创造的利润不足以填补过失造成的损失，所以我们只好寻求其他的市场份额。

销量最好的一个系列是 CPR，红十字会大量订购用做培训指导的配套教材。除此之外，许多药品公司也购置了一些播放器，用做向医生和患者演示如何正确涂抹治疗青光眼的药膏，或者如何使用重度烧伤的绷带。还有一宗买卖是和美国癌症协会（American Cancer Society）做的，他们用播放器来做胸部自检的使用说明，上百张胶片都是委托 Sesame Street 卡通公司制作的，这些用途完全超出我的想象。

我们正在寻求业务合作，恰好此时斯麦丽沃斯打电话来期望我们帮助制作胶片，同时订购5 000套播放器。他们想把“牛奶—甜饼”（milk-and-cookie）团队最近的欧洲之旅拍成胶片，他们很想从影片中一睹他们小儿子和漂亮女儿的风姿。

他们的建议书中要求我们把影片剪辑成 3 分钟的短片，在电话中，我提出剪辑需要2 500美元，胶片制作要2 000美元，每份播放器和胶片的拷贝要 7 美元，包括包装费在内。

“要价有点不合理，不过这只是一个开头，”斯麦丽沃斯夫人说道，她曾经是商务洽谈的高手，“我们拥有大约 20 万左右的狂热爱好者，在测试完毕之后，你们能否考虑量大从优，在价格上做些调整呢?”

我还有什么更好的选择吗？在当年我们已经错过了两笔大单。旅游代理公司正在催促我们用个人信用卡支付票款。到货的玩具零件也等着付款。由于费雪玩具公司的一点点库存错误，导致玩具的销售量大幅度下挫。

“想想看，你们一次买断了剪辑和底片，如果你们订购的数量增加一倍，我可以考虑把价钱降低一美元。”我再次提议，他们后来果真买了 1 万套。

我从旧金山的办公室前往他们位于拉斯维加斯的住处，我到的时候，他们家族的大部分人都在懒散的闲逛，一切都由斯麦丽沃斯夫人主事，她希望在影片中突出小儿子和女儿的形象，因为与兄长相比他们更为杰出。“让他们的哥哥们作为背景。”她如此指示道。看来“钱浓于血”啊。

她准备了一份协议，我读了一下，基本上和电话中谈的一致，我就签上名，准备离开那里，因为我们的工作结束了。

我的签名墨迹尚未干透，斯麦丽沃斯夫人就邀请我一起做祈祷。“等一下，年轻人，”她用那种慈爱的母亲般的声音软软地说道，“在你离开之前让我们为成功祈祷吧。”她看起来面色有些黯淡。

我们祈祷了一会儿，在她的宫殿般的房子里，至于她说了些什么，我实在记不起来了。我可没有触犯上帝之意，她的上帝和我的上帝肯定不是一对完美的网球搭档，不管怎样，我还是鞠躬，随着她念念有词，在商务利益面前我必须向某些事情点头。

上帝会保佑我们的，她说道。这倒是件好事，因为后来她告诉我她无法支付这笔账款。她断然地说，“上帝刚才在试探我们，”她补充说道，“我真的不知道到哪里去弄这笔钱。”

最后，那些狂热爱好者俱乐部的成员疯狂地抢购有斯麦丽沃斯女孩和大男孩的玩具电影放映机，斯麦丽沃斯夫人很快就把最初订购的 1 万套卖光了，开始续订产品。

尽管他们曾经的承诺已经成为现实，当我仍然坚持在续订的时候一定要付现款。由于有前车之鉴，我在他们提货的时候，不无怒气地提出了付款的要求。奇迹出现了，所有的钱立即到位了。

我们把支票兑了现，并推迟6个月发送了第二批订购的货物。这恰好是第一次付款拖延的时间，我们曾为这件事痛苦不堪。不得不承认，上帝有时候行事诡异。这次我们没有采纳《新约圣经》中所说的“打你左脸的时候，把你的右脸也伸过去”，而是依循了古书中的“以眼还眼，以牙还牙”。

宗教信仰是私人的事情，如果你的卖主显露出宗教的热情，你就必须要留神他或者她最近的付款情况了。

下面告诉你如何让上帝老老实实地待在教堂里，不会突然在你的办公室冒出来：

1. 首先必须明确你的公司非常尊重个人的自由。任何侵犯个人信仰的行为都是不可容忍的。你必须拒绝祈祷，拒绝宗教服务的邀请，但是婚礼、葬礼、清规戒律都是允许的。其他的一概不要介入，你是在经营公司，不是在办教堂。
2. 对利润的追求常常被那些强加信仰给别人的人所诟病。必须采取措施防止此事的发生，在公司的规章明确指出利润只能证明两件事情：第一，利润证明你的组织正在为所在地区和国家上缴着赋税，而不是白白地享受别人的服务；第二，利润证明你所提供的服务价值高于创造价值所消耗的人力和物质成本。如果不盈利，则证明你消耗的大于你创造的，证明你是个标准的寄生虫。
3. 必须铭记，宗教有时候会以不同的面貌出现，比如像安利（Amway）、联合劝募协会（United Way）、PTA、斯科特女孩曲奇（Girl Scout Cookies）和政治行动委员会。对于谁参加了这些组织，你是没有任何权利干涉的。你的员工来这里就是为了工作，作为老板，你为他们的努力付出报酬，其他的事情都不是你该管的，否则就是侵权。

# 第40章 SLASH CONSULTING 削减咨询

一位篮球教练发明了手持电影播放器。他认为对篮球运动员来说，这将是一个极好的训练辅助工具，有助于观看场内跑动和投篮的动作是否标准。他把他的发明带到霍尼韦尔给我们演示，激起了我们极大的兴趣，所以我们立即安排广告代理商着手该产品的筹备工作。他们推荐了一家咨询公司，负责市场调研，主要是在销售中心之类的地方随机采访。

这笔生意最为重要的一部分，就是手工制作出一系列原型，既体现出优良的性能，又有舒服的手感和便捷的使用性。咨询专家们带着这些原型做了大量的调查工作，然后提出他们的参考建议。

在明尼阿波利斯市的阿帕奇购物中心（Apache），人行通道的两旁摆放了两个桌子。调查人员坐在那里，同时接受调查的人站在一旁回答一些问题，一般持续时间为 3 分钟，问一些关于产品、胶卷的选择偏好，以及作为顾客最愿意为之付钱的功能和部件等。通常一些非常难以获取的个人信息，比如收入和职业之类的信息，也可以通过邮政区号大致推测出来。

我们的一位经销商也参加了这次调查活动，他将和一些自愿参加调查的人探讨一些更为深入的话题，而参加的人会得到一张电影票作为礼品。所以我们既有大量的简短快速的询问，又有有质量有深度的会谈。他们设计的问题包括一些宽泛的关于购物态度的测试问题，也有一些收集其他产品的长处和短处之类的问题。职业和业务爱好也被记录了下来。他们甚至还利用周末和晚上的时间展开调查，以获取更为广泛的人群覆盖面。

报告最终提交上来，这本蓝色的小册子建议道："这是一种严肃的教育产品，你们可能会犯的最大错误是把它当作一种玩具。"他们还谈到需要一些产品演示人员分布在各个主要的销售场所，毕竟这是一种大家都不熟悉的产品。

开发全套的技能指导影片是关键所在，软件必须要跟上硬件的发行。广泛的人群反馈信息充分说明，这种产品将会成为市场热点，但是首先必须要把它看作一种严肃的教育设备。

即使霍尼韦尔有很多人对他们的建议兴致颇高，但是考虑到开发影片的费用太过巨大，而且时机也不合适，我们最终没有采用这条建议。

产品的发明者回到了北加利福尼亚，在那儿有一位有名望的风险投资人士对这个产品也特别感兴趣，而且他恰好有一家体育用品商店。这位风险投资商还告诉几个在霍尼韦尔供职的人员，如果他们愿意以个人名义加入，他将会再投上400万立刻开始这个项目。结果，他们加盟了，霍尼韦尔的销售经理约翰·贝尔登辞职之后去加利福尼亚负责这个项目的启动，我在市场部最好的两个朋友也离开了霍尼韦尔去帮助他。

我很羡慕他们，但是他们的离去，为我带来了职位上的晋升，所以我留了下来，成了一个主管，感觉好像是天上掉下的一块大馅饼。

第一笔400万的投资很快就蒸发殆尽，约翰·尤尼塔（John Unitas）被聘请负责足球影片的制作。吉恩·施瑞普唐（Jean Shrimpton）负责结构和造型。阿诺德·帕默（Arnold Palmer）处理高尔夫系列。这些名字都已经是历史了，在当时都是大名鼎鼎的人物啊。选题共有12项之多，每项都分为几部影片。邀请12个名人担纲就花费不菲，在市场方面也是耗费甚巨。

西海岸地区的产品测试安排在体育用品商店和商场的专柜举行，几乎覆盖了所有的此类销售网点。报纸、电视、零售大幅海报、小传单以及广播电台的广告铺天盖地，商场的展示风格也经过了精心的设计，演示的内容也考虑满足各个层次的目标买主。

虽然展示方如此精心与热闹，可观者寥寥无几，零星来捧场的人也许就是那些当初填写调查表单的神秘人群了，不过他们可不是期望中的

“广泛的客户”啊。

因此公司立即改变了行销策略，在广告上大张旗鼓，他们尝试了各种类型的广告方式，低价促销，搞优惠券活动，向当地学校的免费赠送，还有通过邮件的直销。结果没有一种方式奏效，账面上又有 100 万美元消失了，公司不得不裁员，各商家的退货堆满了仓库。

大概在 1972 年的 1 月份，这家公司的退货量竟然比出货量还要大，这种情况实在特殊。

那时，一个偶然的机会，贝尔登邂逅了迪斯尼公司（Disney）的人，他们交给贝尔登一些米老鼠（Mickey Mouse）的卡通，让他试试看。迪斯尼在行业中的竞争力无与伦比，无论是他们的卡通，还是伴生的玩具业务。他们为贝尔登提供了卡通的使用权，并按照 7%的比率收取专利使用费。

贝尔登在危急之时攀上了迪斯尼，他恳请一部分员工留下来，那时候公司的资金情况很糟，仅仅够再雇上 3 个职员，加上买一些米老鼠标签和包装的支出。

公司终于绝处逢生，没有在广告和优惠券多花什么心思，仅仅因为有了不一样的米老鼠，有了顾客愿意付钱的东西。

投资商增加了投入，制作出了更多更好的卡通。在两年之内，就创造了 800 万的产值，但是商务的成功整整迟来了两年，并在歧途上多扔了 300 万的资金。另外，一些人的美好前途因此破灭，约翰·贝尔登本人也因此华发早生。引起所有问题的原因只有一个：一份对错误的商业战略信誓旦旦的咨询报告。

必须要弄清楚的是，你和咨询分析师最大的区别在于你比他们任何人都更懂你的业务，你根本不用花那么多钱请别人来帮你分析，这些调研分析之类的工作完全应该由自己来做，并且对结果负责。船长会和他的船一起沉入海底，而咨询人员不会与你共赴死地，他们会爬上陆地继续从别人那里讨饭吃。

咨询是在业务上懦弱的表现，意味着你把决策的权利交给了别人，延误了时机，浪费了金钱。经理人要能够发现做什么是对的，做什么是错的，否则他就不配做一个经理。

下面是如何让咨询人员了解你的业务：

1. 咨询人员的一半佣金应该建立在执行效果的基础上。如果目标没有达到，就不付余款。只有在你不熟悉某一项新的技术、某一个新的领域或者某一块新的市场的时候，才考虑请咨询人员帮忙。否则，就放弃咨询。
2. 通常情况是，你希望通过咨询人员之口，说出你想要听的内容，用来抵制业主、员工或者客户的某种想法和行动。如果是这样，就不要基于执行效果来付费，而是要等到最终报告提交之后再付钱。对自己所做的事情，切不可自欺欺人。其实大部分咨询公司也乐于和你有这样的合作，只需要你私下里把个人观点告诉他们，他们会乐癫癫地帮你写出漂亮的报告。
3. 如果你希望得到一份货真价实的报告，比如用来评估你的管理效率之类，你需要提前付清咨询费用。在他们提交报告之前，如果见不到最后一笔款项到账的话，就很难保证所谓的公正性。

（现在，我必须告诉大家，大部分的咨询都是浪费精力，只有极少部分才是物有所值。在公司的关键时期，比如开创初期或者挽救之时，需要丰富的经验和深刻的洞察力，这些在以后的日常管理、例行办公的稳定时期是不太强调的。在 Teledesic 公司初创阶段，我们雇用了 20 多位咨询人员和 3 个员工，只有一个人在后来的 10 年间没有离开过。当初作为工资替代之物的股票一路看涨，如果他们留下来的话，所有人都会成为数百万级别的富翁。时间流逝，大浪淘沙，最终才会筛选出真正具备远见卓识的人中龙凤）

# 第41章 USE LAWYERS LESS

# 少用律师

骑士保安公司成了被告，被指控要承担一定的罪责。诉讼的原因是骑士保安公司的商标有侵权行为，在我1990年成为CEO之后才知道，骑士保安公司一直和一家也是经营报警器业务的公司有着一样的"骑士"商标。那家公司的全称是北好莱坞骑士保安公司（Knight Protective of North Hollywood），位于加利福尼亚，是一家国有的报警器生产厂家，它的客户遍布纽约到檀香山的广大地区。

此前一年，骑士保安公司在这桩讼案上花费了不少精力，争取商标价值的同时也带来了一定的损失。1989年一年的诉讼费用就高达30万美元，让我们不得不反思，这桩诉讼打得是否值得，这些花费似乎比失去商标带来的损失更多更大。案件判决的结果是，法庭发布了一条禁令，我们不能再使用"骑士"商标，否则就是对原告的侵权行为。

骑士保安公司提出了上诉，质疑案件的前提假设是错误的，既然存在侵权行为，为什么直到两年后才立案呢？在我们上诉开庭之前，对方又起草了一份诉讼草案，内容是指责我们拒不执行法庭的判决，所以控告我们藐视法庭。我们不得不走进州高级法庭的调查庭接受进一步调查。

法官听取双方简短的陈述，然后他摇了摇头，站了起来。"这件案子继续进行下去，无疑是十分愚蠢的，你们认为呢？"他说道，"现在我最想做的，就是离开一个小时，看看你们是不是能够表现得成熟一些，在这段时间内达成某种程度的庭外和解方案。"然后他悠闲地走了出去。

原告的眼神中充满怒火。"就算是耗尽财力，也要把你们告到破产为止。"他嘶叫着，我猜想这个小伙子一定是恼羞成怒了。

“我想跟你说的是，”我说道，“我们没有更多的钱耗在官司上，所以我提议，在赔偿10万美元现金之外，我们愿意再付给你们公司20%的股票。”我笑着补充道：“这样的结果应该可以向董事会交差了吧。”

“你们的股票能值多少钱?”他不无讽刺地说。

“大约一股负2美元。”我回答，“要是给你们一些新发行的股票，会降到每股负1.6美元。你们可以持有我们的负资产。如果你们在法庭上胜诉，我们肯定付不起这笔钱，所以你们还是有所损失。如果你们败诉，你们损失一些钱。但是这些损失我现在就可以弥补给你，根本不需要经过董事会讨论，因为你一旦接受，意味着转移了我们的负债到你们的账簿上，我们持有的股票的价值也会因此上升。”

他走了出去。即使他在第一轮的交锋中获胜，我也不是很在乎。因为我很清楚他是那种赢得起输不起的人，而且他的陈述有以下3个致命的弱点：

第一，在整整两年的时间里，他从没有提到过控告我们，甚至对侵权的事情提都未提。

第二，他还不知道，我们从他的硬件供应商那里了解到，在我们开始在市场上打出“骑士”的广告之后，他们的销售也有所增长。这和诉讼是同时发生的，有些客户错把他们当成我们，还打电话给销售部表扬“骑士”的广告做得好（这充分说明了我们广告的效果，不过具体的细节将在另外一章讨论）。这项事实当然可以为他们胜诉提供更为充足的证据，但是某种程度上减少了他所能收集到的所谓侵害利益的证据。这有助于他们的申诉，因为恰恰是由于侵权造成了市场混淆，但是另一方面，不也说明他们正在从市场的混淆中受益吗?根本不存在伤害之说啊。

第三，我先前对他说的条件，都是十分严肃的。当时骑士保安公司正经历困境，渡过难关才能生存，我们根本没有足够的资金去偿付这么大一笔赔偿金，更不要提申诉恢复商标的使用权了。

过了一会儿，原告回来了，5分钟之后，法官溜溜达达走了进来，用他疲惫的眼神看了我们一下。原告没有说什么，但是从他的表情你就知道怎么回事了，法官问事情进展得怎么样，他的律师，一个矮胖而且秃顶的家伙简单地回答说，没有庭外和解的希望。律师说话的时候，口袋里的硬币随着他的动作丁当作响。

经过了一星期的审讯，骑士保安公司最终承担了这笔诉讼费。紧接着，我们提出的上诉被法庭受理，这次审判的结果完全颠覆了首次的判决。受理上诉的法官也同意我们上诉的理由，就是他们的控告来得太迟了。这几乎在上诉的所有案件中，能够翻案简直是百分之一的幸运。但是我们没有继续坚持法庭的判决，我们给了北好莱坞公司 3 万美金，一次了断这桩事情。他们接受了，这次我们的法庭账单只有 1 万美元，和上一年的 30 万美元相比已经是一个小数字了。

我们最大的错误，在于我们的律师太不理智了，而这完全是我们自己造成的，开始的时候我们还鼓励律师打这场官司。在缺乏缜密的逻辑分析的情况下，就贸然反击。由于我们的律师已经不很理智，我们本身也就变得愚蠢了，反过来律师也更加不理智，结果我们在这个问题上骑虎难下。对方的控告理由始终都没有变，而我们却越来越迷糊，钱也花得越来越多。

我认为在有一点上他们的律师激怒了我们的律师。有一次他们用一种很豪爽的口气挑衅道："继续啊，看你们的本事了。"这可能是律师学院的必备课程吧，也许是从艺术表演系那里偷学来的，就是教会律师如何在客户面前故弄玄虚的摆姿态。

是啊，每个律师都在法庭上展示自己的风采，花的是股东的钱，这不能怪他们，是我们请他们来的，这才是关键。在每一次诉讼的背后都站着一位感情用事的客户。

你经常会看到某些人或者某些公司很容易就陷入诉讼，除了某些人的确是有点偏执狂或不同程度的患有迫害综合症，没有人愿意放下手头工作，去和这些事情纠缠不休。可悲的是，诉讼之风的流毒越来越广。

公司的利润和诉讼的费用是成反比的，除非你经营的是假公司，也就是说，诉讼之事，必须有所克制。

下面告诉你如何解决问题，而不是动辄诉诸法律：

1. 在没有做好充分估计之前不要轻易陷入官司。这会节约公司的法律事务支出，减少1/3的日常工作。非常规性的工作本来也没有几件，每周核准一次账单，询问一下正在做什么，为什么这么做，这可能就是“不寻常的工作”了。事实上没有一家律师事务所会在意你的盈利与亏损，你问他们这些事，他们一定摇头不知，可是他们对一小时应收多少钱之类的事情可是一丝一毫都不含糊。这当然不是谁的错，生意就是生意，一定要记住这一点。
2. 在决定是否应诉出庭之前，尝试付给对方一些赔偿费用，观察一下对方是否真的要打官司。同时要为成功辩护做好充分准备。没有必要100％地偿付对方，根本也不会有公司会仁慈到这种地步，而是要能够恰好补偿对方的损失，一般控制在胜诉后赔偿的25％左右。如果对方眼中的怒火已然散尽，诉讼就没有必要继续下去（不要到处宣传这件事，否则你会发现一些公司不顾一切地控告你，因为他们的目的就是要你为他们的开支买单）。
3. 如果你发现某一项法律费用高得离谱，让人无法接受，就不要付钱。钱要花在刀刃上。如果律师想大肆宣传他们自己玩忽职守这一行为，那么他们就去起诉他们的委托人吧。既然律师们发明了玩忽职守这个概念，就说明这个罪名的确立还是有道理的。

# 第42章 ROMANCE THE BANKERS 与银行家浪漫手牵手

在联邦印刷厂工作期间，我们和银行家的关系非同一般，他们时刻准备给我们提供资金支持，虽然有时候我们并不需要。

在那个时候，我们认为培养和银行家的良好关系，就是为我们的资金来源提供了保证。我们的母公司联合标记公司，一年至少要举行一次“银行家日”，联邦印刷厂一般会在这种场合发表一通热情洋溢的演讲。我们会展示公司的销售增长、资金流通和利润上扬的情况，然后我们带着来自3个不同公司的银行职员代表们到工厂参观，让他们感受到工厂的气息。其实作为银行的职员，他们也愿意在整日与数字打交道的工作之外，做些其他的事情。

所以我们继续发扬公司的优良传统，位于波兰的东芝印刷厂（Toshiba Press）开业的时候，我们提议邀请银行家们到建筑的屋顶上鸟瞰全城，在上面我们还布置了一张桌子，添置了咖啡和甜圈饼。在这里我们可以看到绵延270多英尺长的布卢明代尔百货公司（Bloomingdales）的圣诞商品销售广告。印刷厂房中传出纸张呼呼啦啦的声响，成吨的纸张用起重机搬运着放在一边，另一边小型的升降机正忙碌的运输。看到如此壮观热烈的场面，你说银行家还能不喜欢你的公司吗？在这样激动人心的场合，他们已经无暇小啜咖啡和大嚼甜饼了，我们趁机展示了更多的东西。比如，我们迅速用微机制作了产品目录清单，这些清单将要寄送到他们所在的银行，而在这种场合我们先行展示出来，以示我们的良好关系，毫无疑问，他们将成为我们未来的客户。

还有一年，我们向他们展示了印刷前置处理的工作领域，刚好看到一位技术人员正敲打着键盘为一份梅赛德斯（Mercedes）的校样调整颜色。样本在屏幕上随着调色的过程不断变换着效果，梅赛德斯一会成了一支灰色的，一会又变成栗色的，这给来访的银行家们留下了深刻的印象。和往常一样，把关键的有特色的地方展示出来，让银行家们一下子就能抓住你业务的核心。

大陆银行（Continental Bank），美洲银行（Bank of America），联合银行（Union Bank）和第一洲际银行（First Interstate Bank）都参观过我们的工作现场。每一次会晤，联邦印刷厂都会坐在不同银行家的旁边，在空气中依稀能够嗅到银行家之间竞争的气味。

有一次我们到洛杉矶市，特意逗留几天参观了一下，并迅速做了一次重大的战略调整。通常情况下，我们会邀请ARCO、本田（Honda）、时代华纳，同时也请来银行家让他们见见我们的客户，有些也是他们的老客户。而一旦我们想要进行社会化经营，这样的聚会就会自然而然地成为“预报会议”。作为联合标记公司的一家子公司，我们总是要向总公司借款办事，如果我们能社会化经营，我们就有了自己的银行周转现金了。

他们仔细地倾听了我们的筹划，然后开始盘算的并不是是否应该给我们投资的问题，而是什么时候为我们出上一笔钱，贡献一份力。

1982年突遇市场不景气，联邦印刷厂的利润一下子下滑了一大截。为了能揽到生意，我们不得不降低4%～5%的价格，同时为了获取利润极力压缩成本，几乎到了极限。在当年年底盘点时，才发现公司的收入之微薄，简直让公司颜面无存。

但是6个月之后一切都恢复了原状，原因很简单，我们仍然按部就班地做事情，有3家银行主动争着要给我们贷上一笔钱。

在公司的低迷时期，我们勉力支撑公司的运营，为了削减成本，不得不忍痛砍掉一些业务部门，同时创建了一些能够有所盈利的子公司，最为尴尬的是我们不得不裁掉一批雇员，虽然这么做让我们心存内疚，却也是迫不得已的法子。无论如何，总比眼睁睁地看着公司破产要好得多吧。

更为重要的是，我们没有放任公司逐渐地走向绝路，而是向银行家说明我们的境地。

很快，我们得到了银行家的资助，在两个季度之后，公司重新焕发了生机，销售额大幅度增长，成本有所下降。我们迅速把状况向银行家们做了汇报。

想想看，这些银行家与我们一起度过了一段艰难岁月，对于他们来说能不经历风险已经万幸，更可喜的是看到我们公司恢复了元气。我们紧接着对接下来的一年的经营状况进行了预测，虽然他们心里很清楚任何预测都是靠不住的，但是仍然感觉良好，毕竟他们亲眼看到了我们公司从步履维艰到东山再起。

当经济有所复苏，联合银行的琳达·爱瑞（Linda Araiza）说了这么一段话："默不作声通常是公司在困境面前做出的选择，而你们不一样。你们的做法让人耳目一新。"

这表明了她的态度。那次我们到处借贷时，找到过她，两个星期后她微笑着给我们送来第一笔 1 000 万美金的贷款。两个星期就办完了贷款，对一个新客户来说，绝对是一次破例的行为。虽然我们是新客户，但已经是旧相识。

银行家提供借贷服务，并不能因此比法定利息多挣一分钱，但是却有可能一下子全赔进去。这就是银行家当中多神经质的原因。为了更为稳妥地挣钱，银行家宁愿规避现有贷款的损失，也不愿接纳新的客户。只有让他们对你的公司和业务逐渐熟悉，他们才有可能放松警惕，并在关键的时候给你资助。

银行家的钱通常要为你所用，为了让他们始终支持你，你需要做到：

1. 设法结识公司的贷款银行老板。如果你不这么做，你会发现由于账目级别的周转非常频繁，每两年你就可能在各个银行家那儿打个转转。向银行家介绍一些你公司的核心领导成员，以便于他们能够多方面地了解你公司的信息。同时要和若干不同银行的头头建立良好的关系，这样可以在你目前的贷款银行家更换工作或忘掉你，或者银根紧缩的时候，救你公司一命。要善于和资助你的竞争对手的银行家交流，因为他们认为已经对你的公司了解了，实际上都是些片面或者反面的认识。

2. 每一个季度，给银行家提供一份公司所在行业的背景信息。无论你是否急着办理贷款都要坚持这么做。向他们提供季度财务状况陈述，与他们探讨公司的未来。很快，银行家就会优先考虑你的需求，并主动询问你是否需要一笔贷款。这样的好处就是避免了急需资金的时候，银行家因为对你的公司一无所知而惊讶你的申请，或在是否为你提供贷款上犹豫迟疑。
3. 如果情况变得有些不妙，就要向银行家提供比平时更为详尽的信息。这样会使你的行动更为有力，当你公司恢复正常时，银行家会觉得这笔贷款给他带来了成就感（如果你们恢复公司的运营，也没有关系）。如果你能渡过难关，银行家会更加信任你，会认为对你的投资和贷款都不会承担太多的风险。

# 第43章

USE THE CPA AS MORE THAN AN ACCOUNTANT

# 注册会计师不仅仅是会计

“你也知道，在目前这个时期，要是有人想要收购这家公司的话，对我们来说，无疑是雪中送炭。”鲍勃·杰克伯森沉思道，他和他拥有的Checks To-Go公司来说，正处在一个让人欣慰的恢复和发展时期。

杰克伯森已经是个功成名就的人了，他曾创建过一家税务软件公司，在1970年的时候成功地将其转售给Burroughs Computer公司。在1976年，作为业余消遣，他和他的后代创建了Checks To-Go，我在1986年的时候被聘为这家公司的CEO。

Checks To-Go公司在我成功实施挽救行动之前，经历了两任CEO的领导，不过在他们的任期内，公司每个月都要注入大量的资金以维持不倒闭。

在1987年，该公司经过我领导的经营战略调整之后，开始为杰克伯森源源不断地赚取金钱，他谈到要是能够寻到一家买主来收购Checks To-Go该是多美妙的一件事啊。这不是什么要紧的事儿。公司的前途光明，和PC市场一样一路凯歌。不过杰克伯森有着那种典型的康复型公司老板的心态，既放心又不放心，他们可不愿意随便再碰碰自己的运气。

所以我们只好私下悄悄地寻找买家。寻找买家需要足够的机警，一定会有某些竞争对手对收购之事感兴趣，但是一旦他们知道了我们正打算售出公司，一些别有用心的公司就会到处传播这个消息，特别是告诉我们的客户，说我们陷入了困境，正等待收购。

我们找到了一位名叫Geneva的银行家，他们在小型公司投资方面经验丰富，业绩和口碑都不错。他们驱车来到了我们位于EI峡谷工业园区（EI Cajon）的寒酸的水泥色办公楼，在我们的沥青停车场上，可是第一次出现梅赛德斯—奔驰和宝马（BMW）这样名贵的轿车。车门打开，首先伸出来的是鳄鱼牌的公文包，下车的几位都穿着设计人士流行的那种背带裤，很明显这些衣物都价格不菲。我们简短地谈了一会儿，他们提了提背带裤，然后告诉我们要对公司的业务进行初步的分析，估计需要2万美元，实际上就是做一份估价单和一份乐观的方案。

我们没有同意。后来我们请来了普华永道，一家财务公司，帮我们整理了一份计划。我们撰写了一封信，将从他们洛杉矶的总部发出，这封信将会发送到我们的竞争对手甚至是战略对手那里。信中不具名地描述了公司的规模、利润状况、增长速度和报价，所有的描述都是一般性的，不存在特指的成分，这样收到这封信的人会联想到类似规模的经济实体，而不是一下子猜出是我们公司在等待收购。

什么事也没有发生。

注册会计师是你最好的外部顾问。

我们重新拜访了普华永道，建议他们给邮件列表中的所有人再发一封信。作为一家注册会计师公司，必须保证所做每件事的可信性，所以我们只是稍微在销售状况陈述方面做了改动，就给同样的接收人群发送了第二封信。普华永道并没有要求为此付费，但是我们坚持在原有报酬的基础上加上一定的比率，以支付第二封信的开销。

第二封信寄了出去，仍旧石沉大海，毫无回音。我们支付了2 000美金，作为他们花费时间、确认信件发送以及邮资、电费和信纸文具费用的补偿。

我们又尝试了第三封，对普华永道提出了同样的建议，他们并不热衷于此事，这也可以理解，毕竟这不是他们的业务。但是他们还是帮了忙，因为我们是他们的客户，同时也会为此支付报酬，他们必须迁就我们。我们终于从东海岸的快速制表公司得到了回信。“我想知道更为详细的情况。”该公司的CEO致电普华永道说道。他签署了一份诚信保密协议，然后我们的财务公司告诉他更为详细的信息。

我和他们的执行副总裁谈了几次，有意识地放慢了洽谈的节奏。

另一家公司，落基山钞票业务公司也对我们公司产生了浓厚的兴趣。奇怪的是，他们是因为想要进军 PC 供应商行列才注意到我们的，与我们此前所做的转售努力无关。当然不可否认我们的努力产生的意义，做任何事情都保持积极进取的精神，会让某人谈论到我们公司的时候点头赞许，而不是嘲笑挖苦。落基山钞票业务公司不知道从那里听说了我们公司复苏的报道，才找上门来的。后来这两家有意收购 Checks To-Go 的公司知道了彼此的意图，在收购问题上都加快了步伐，对我们来说则是“鹤蚌相争，渔翁得利”的时候到了。

我们在收购问题上表达了我们的惊讶、谦卑和喜悦，然后总是以一种很为难的语气说我们现在状况良好，即使不转售日子过的也不错。落基山钞票业务公司实在忍不住了，直接出具了现金，数额是公司正常情况下年收入的好几倍。我们还装作非常勉强地答应了收购的条件。

这不能不感谢普华永道公司，因为他们的宣传，虽然这宣传并没有明确地挂出“待售”的标签，但是的确为我们吸引来了东海岸的收购者。也正因为东海岸收购者的存在，我们公司的售价才翻了将近一番，是普华永道的信誉帮了我们的大忙，当然他们在这笔生意上也赚了不少钱，这很公平。作为商家，你当然希望他们站在你这一边。

注册会计师是最好的外部顾问。他们能够看得更全面，他们知晓你的账目，知道你们是怎么一步步发展壮大的。很可能有些时候，你会讨厌他们的报告，但是有了他们的服务，你在竞争中才会多了一成的胜算，而且他们总是先于你看到危机并友善地提出警告。

下面是关于如何更好地利用你的财务公司：

1. 当一位财务管理者或者首席财务官离职而去的时候，请暂时不要添补这个职位，请你的注册会计师来，在 3 天之内把以往各个月份的账目查明封存。这仅会花去原任一半的工资，但是你会得到更具客观性的数据，有时候还会从中发现一些隐藏的问题。
2. 在年度审计之前，争取邀请你的注册会计师伙伴花上额外的一些时间关注一些特别的事情，比如成本的削减情况，让他们在和相似公司比较的基础上提出运营管理方面的建议，并请他们指出公司相对的长项。这不是在做公司的整体诊断，而是针对你疑惑的地方向他们咨询，一般情况下，在短短几个小时内他们就会给出精辟入理的比较来。

3. 希望卖出某个分部或整个公司的时候，请求注册会计师公司帮忙，往往比请那些表面光鲜的银行家要有效得多。你的注册会计师会更加了解你的业务，费用也少得多，还有信誉的保证，而且注册会计师可很少穿着流行的吊带裤。他们的工作将会提升你公司的价值，使之看起来并不像一家待售的公司。

# 第44章 INSURANCE STUPIDITY 关于保险的糊涂事

日出投资公司（Sunrise Capital）斥资8 000万收购了太平洋钢铁公司（Pacific Metals），沃伦·史密斯（Warren Smith）得到了一辆福特跑车，一笔钱和一份人寿保险单。史密斯对这一切很满意，也很高兴。

史密斯先生是在公司内部成长起来的，这家公司是他父亲开创的，有40多年的经营历史。他对一切都了如指掌，他熟悉钢铁价格的变化规律，知道如何洽谈企业商务能耗的缴费问题，以及在哪个月的哪一周运输价格最便宜，不必惊讶，因为他是在公司各种业务的熏陶下长大的。

在日出投资公司的董事会上，大家最终拍板了对太平洋钢铁公司的收购计划，我当时是董事会的一员。收购交易还包括租借给史密斯先生一辆新车，并为他继续管理500万美元的人寿保险。史密斯本人坚持要一辆栗色的"城市（Town）"型车，就是有着磁带卡座和巨大引擎的那种福特车，我们同意了他的要求。

当我们谈及他的人寿保险的时候，他把我们介绍给了他的经纪人。他的经纪人包办了他所有的业务，这种情况已经好多年了。我们对此一笑置之，后来我们把史密斯介绍给了我们的保险经纪代理商达信公司(J&H Marsh)。这下子史密斯有些慌神了，就请求我们不要再换人了，就让达信公司负责这件事的始终吧。

收购正在稳步进行着，史密斯也开上了他的新车。在他的监督下我们接管了他的公司，一个月之后，他又找到我们谈关于人寿保险的事情。

“今年我在房地产生意损失了不少钱，我想能不能把原来的人寿保险提现，”他说道，“不知道现在提出这样的要求会不会太迟？”

我们的CEO，鲍勃·米利肯（Bob Milliken）打电话给达信公司，终止了史密斯先生的人寿保险合约，取回了现金。然后给史密斯送去了一张18万美元的支票。

几天之后，电话响了，是史密斯打来的，大声地抗议他收到的现款。“其他的钱哪里去了？”他咆哮道。

“那就是全部的保险金啊。”米利肯回答道。

“不，不，不，”史密斯说起话来像打机关枪，“我曾专门花了半天时间请教纽约的人寿保险办事处，我看到上面的数目，该死的，我现在还记得他们呢。这笔保险金至少也有25万。”

米利肯深深地吸了一口气，他开始解释道：“我们的确是按照契约的规定买了保险，你也签了字的。这张保险单覆盖了所有你需要的险种，并且是同样的赔偿级别。唯一的不同是我们发现的确只需交18万美元，达信公司全权负责的这件事，他们的确已经买了所有可能的险种。”

“我不信！”

紧接着我们提供了详细的解释和证据。达信公司负责我们的保险业务，他们熟知每一种保险，经常在市场上为其他客户选择险种，深切地了解每种保险的价值所在。史密斯的保险费用多年来一直超出了规定的底限（18万），这是另一种方式的资金泄漏。他把保险视为一种日用品，而不是一种价格会随时变化的服务，结果耗费了他不少金钱。这可能是他经营中唯一一件没有获得最大利润的业务了。

史密斯一直没有完全相信我们，他不信任的部分原因是他不愿意承认自己多年来一直愚蠢地交着额外的保险费，他没有多说什么，也从不再讨论此事。在后来的几年里，他时常念叨着说我们侵吞了他7万美金的保险费，对他来说，这样的事实似乎更容易接受，而不是许多年来当地的保险伙伴一直在欺骗他的事实，因为他们曾是如此亲密的伙伴，一起打高尔夫球，出去钓鱼，经历了一段快乐的人生时光，他们怎么会骗他呢？

当然，他最终永远地从太平洋钢铁公司辞职了，真是太糟糕的一件事了，因为他对业务是那样熟悉，他的继续参与无疑对我们的业务帮助巨大。但是他的智慧因为偏见而蒙尘，所以我们只好分道扬镳。

保险只有在我们需要它的时候才是我们的救生艇，否则就是负累，是一种难以摆脱的讨厌之物。

下面告诉你如何获得保护，而不必在水中挣扎：

1. 雇用代理公司帮助你管理保险业务，一定寻找那种不收销售佣金的代理公司。这和其他的产品和服务一样，也存在着货真价实和冒牌伪劣的差别。险种覆盖的范围通常会随着销售佣金率和代理公司的热情的高涨而降低。
2. 少买保险。尽可能少买保险。投保众多的公司往往比那些没有沉重保险费用的公司更容易陷入赔偿申诉等类型的纠纷，因为保险问题常常成为律师的诱饵。把公司的各项扣除款相应增加一些，采取积极的自我保险措施。不要让你的公司为不可能发生的意外投保，即使它很便宜。记住一点，保险公司也是盈利的，他们吸收的保金永远大于赔偿的金额，这是他们的生存之道，否则就不会有那么多保险公司入住摩天大楼的高级办公区了。
3. 在某种危难时刻，比如经历了某次意外或者官司，你害怕你一生的心血付诸东流，而开始考虑是否增加公司的保险金额，请在此时缓口气，开始筹划另外一种更明智的退路，比如在你公司之外谋求另一种可能的发展。这样，即使没有保险公司的保障，没有律师的帮忙，你也一样能在大风大浪中挺立生存。

# 第45章 CHALLENGE THE DO-GOODERS 挑战社会改良家

1991年，骑士保安公司经历了一次急剧的变革之后，达到了一定程度的盈利，在这种情况下，公司出台了两项面向社会的政策。第一项是公司将为那些申请履行陪审团责任的员工支付部分工资，第二项是可以根据员工个人的选择给予一天的带薪假期从事公益活动。

问题是，没有人为此请假，我们试图回报社会，在工资、员工规定和时间方面做出了充分地考虑，但是没有员工对此产生过兴趣。

在1992洛杉矶罗德尼·金（Rodney king）事件发生后的一段时间里，每天社会上都在呼吁人们参加到救助活动的行列中，公司的内部仍然没有人响应，所以到了最后，我只好给红十字会打电话，志愿到暴乱地区服务一天。

我先去了他们位于洛杉矶市区的总部办公楼，觉得那里的人都是那种非常有社会责任感和热心的人。他们给了我一张地图，一个大咖啡壶和10英镑的咖啡，两个装有立体脆（Doritos）的快餐硬纸箱，一箱依云（Evian）矿泉水，20多包Nabisco饼干，一辆新型的货车装载着这些物品。我还佩带着两个大大的红十字标记，在我的前胸后背各一张，这样我就不会被人枪击了，同时也为红十字会赢得一定的赞誉。你该知道，只有当镜头对准你时，你才应该努力地做好事。

他们给我指明了到洛杉矶中南部卫理公会派（Methodist）教堂的方向和路线，那里是救援前线之一，位置就在西方裔与韩国裔居民居住的街区。

我的工作很简单，就是把食品和咖啡送到指定地点，然后架起台子，在那里逗留上几个小时。“待在那儿，想办法引起记者的注意。”他们建议道。

教堂很容易就找到了。在那儿，大约 300 人排成一条线，99%是韩国人，他们手牵着手练成一道人墙。大概是上午 10 点钟，太阳火辣辣的，没有一处可以避荫的地方，为了能够穿越人墙进去，我足足等了两个小时。

我终于走了进去，之后还需要填写一些表格，又花掉了两个小时。我在那里还遇到了联邦应急管理局（Federal Emergency Management Agency）的负责人，他并没有像报道中说的那样废寝忘食，反而是在那儿不停地抽着香烟。

“把所有的东西放在后面，”他说，几乎是秘密地授意我这么做，“我们需要把这些东西放到离人群远远的地方去，我可不希望他们拿到这些玩意儿。”

我费尽周折，把所有的东西运了进来，要是不让那些需要这些物品的人们得到慈善组织提供的东西，简直是天理难容。我在那儿仅待了几个小时，我料想周围的大多数人都是在读学生。

我根据指示逗留了一会儿，和一位心理工作者聊了聊，她喝着咖啡，吃着丹麦面包，周围还坐着其他 3 位志愿者，也在聊着天。这位心理工作者向我解释了邻近地区发生的事情，300 多名参与者中的一部分是因为不堪生活的重压，希望通过这种方式得到一定的帮助。

她告诉我这个事件给每个人都带来了紧张的情绪，说着她又吃了一大口面包，然后她告诉我她们同桌的 4 个人已经连续工作了 21 天，而我刚到 4 个小时。短短的 4 个小时，她们就喝了不少的咖啡，而在这期间，她们中没有一个人去和等待解决问题的人群交流过。

另外两个来自正义之家（Fair Housing）和失业办事处（Unemployment Agency）的工作者在屋子另外一角搭起了一个咨询桌。女的正在用针线缝什么东西，男的在翻阅一摞体育杂志，好像没有什么其他可以做的。

在另外一角，来自小型公司管理局（Small Business Administration）的 4 位工作者也摆了一张贷款申请的桌子，也是无人光顾，他们

4个正开着暧昧的玩笑，我听到了一些，还不算太粗俗。

在另外一张桌子，有20位处理救助贷款申请的志愿者，其中只有一位志愿者门前的队伍在移动，显然只有他对救助贷款的规定比较熟悉，处理起来得心应手。他已经处理了10份贷款申请，而其他的19个志愿者加在一块才完成了3份申请。

这些机构让人很吃惊，我想我们的合作者比那些通过中介办事处的志愿者能够给予社会更多的帮助，毕竟我们更为直接。我正想着，从华盛顿前来视察的小组到了。

6位衣冠楚楚的官僚径直走向了联邦应急管理局的桌位，他们热情的领导人开门见山地问："你们今天有多少位申请者？处理了多少？我们能帮上什么忙？"

那位负责人首先谢过领导的关心，然后解释到他们正在努力处理这件事。"我们有这么多志愿者团队，请放心，我们一定能够处理好。"

"好的，你们是我们的骄傲。"联邦政府的办公人员打着官腔说，"请代表我们向所有前来救助的人表示感谢。"说着他把声音抬高了5个分贝。

他们之间热情地握了握手，然后视察结束了。

这只是我一天的经历，真是让我大开眼界，备受教益。如果一位员工一年都这么做上一天，没准儿在众人的参与和监督下，我们这些慈善组织会变得更有效率，那样我们的员工也会感到帮助别人的快乐。

某些公司资助的慈善行为，将会创造条件使员工在外边团结合作、彼此支持，从而有助于在公司内部营造良好的氛围。团队精神也会通过员工对慈善行动的参与而逐渐地建立和深化。

所有以盈利为目的的公司都需要做一些公益事业。通过走出去，你会看到比媒体的文字和图片更多更真实的东西，很多"好心工作"都劳而无功，部分原因是从事这些工作的人长期缺乏监督，因此也就疲惫了、懈怠了，如果纳税人都来参与其中，情况就大不一样了。

用以下3条来检验你的慈善行为：

1. 不要对任何团体捐献现金。取而代之的，是投入时间和努力。

如果他们不愿意接受你的帮助，而希望得到你的捐款，你就要仔细考虑一下了。

2. 如果你的公司盈利状况良好，就要为你的员工参加陪审团工作而付一定的薪资报酬，以便于他们在较小的牺牲下从事这件事。不要给太多，否则他们会借机休息的。劳资双方都需要参与其中。许多公司的经理人们愿意在 YMCA 委员会帮忙，或者到联合劝募协会（United Way）打工，或者做个学校的基金筹款人，以此来躲避陪审团的义务工作。这也是为什么很多的法庭裁决都是由那些退休的和无所事事的人来决定的原因。

3. 首先要创造利润。如果你不能创造利润，你就不能很好地纳税，你就会变成社会的寄生虫。每个人都要用公共的街道，你的某些员工还会受益于公共学校，在此不是建议街道和学校需要更好的治理（这是另一本书的任务），而是说既然你要用这些公共设施，就有义务去为之付出，而你付出的唯一方式就是通过盈利赚钱来缴纳税金（下次那些非营利组织的人再藐视你并趾高气扬的宣称他们是非营利的时候，你就问他们非营利是不是逃避纳税，问他们是不是也在使用街道和学校，堵住这些人的嘴）。

# 第46章 BREAK LAWS CAREFULLY 小心莫犯法

（略）

# 第47章 THE TURNAROUND NEVER ENDS 挽救无止境

这通常叫做“死猫反弹”，有些事情出现了，但不会持续很久。

我的朋友克雷格是一位非常出色的挽救人士，他曾参与到一家轮胎公司的挽救行动中。这家公司是行业的领头羊，但是从来没有真正盈利过。我的朋友到了之后，第一年仍旧是亏损，第二年开始盈利，可是平均收益的增长仍不足以让每位股东从中获利。

该公司一年的销售额是4 000万美元，可是亏损额竟然达到了1 000万美元，董事会不得不对此采取行动，所以请克雷格前来接管这家公司。

他经过努力，在两年内创造了1 500万美元的利润，使得业主收回了所有投资，还有很多甜头是他们此前 15 年间从未尝过的，也从未想过的，所以每个人都为之欢呼雀跃。

到了第三个年头，这家公司又亏损了 800 万美元，形势整个颠倒过来，原因是公司违反了贷款合约，还有一个原因是我的朋友离开了那家公司。

一些事后诸葛亮们建议轮胎公司应属于紧跟潮流的那种公司。金属加工技术的变化已经脱离了主营业务的范畴。还有一个问题是如果挽救人员待得太久，要么会再次变革已经变革的事务，不管需要不需要；要么会行动趋于缓和，逐步推动各方力量以解决企业难题。

克雷格·克里斯曼在丹诺公司和应用磁业的传奇故事充分说明了一个道理：对一个挽救专家来说，如果还有比及时抽身更为明智的举动的话，那就是寻找一个新的 CEO 继续完成你业已铺垫的挽救任务，然后转手把公司卖掉。公司所在的环境发生了变化，继续留下施行某种挽救手段就会冒很大风险。

有时候挽救进程中公司发展的势头一路看好，一些参与人员就会过早庆祝成功，往往“行百里者半九十”；有时候是挽救人员滞留得太久，以至于在业已加速的业务之舟上再加了一股动力，结果把公司从脚踏实地变成了悬在半空中，正所谓“过犹不及”。

如果公司第二次陷入困境，重新振作就很难了。就好比打碎的鸡蛋不可修复，挤出的牙膏难以收回，第二次挽救也难以重聚人心。

这种情况并非不存在，而是经常发生的。一旦火灾被扑灭，就不要再到处洒水；当凹痕抚平，就不要在保护层上敲打；既然已经切除了发炎的阑尾，就不要再切了。

你能说出有哪一位传奇教练在胜利连连的赛季宣布退休的吗？你想过问题出在哪儿吗？

一旦不再亏损，你就必须给公司来个大换血，怎么去做？首先辞退修复公司业务的挽救人士，这很容易；其次选一位性格平和或保守居多的人来代替他的职位，宁肯选择能把一百件事情做得更好的人，也不选择彻底地改变一两件事情的人。

这么做你当然要经历一点儿痛苦。

公司业务的修复会减轻你的痛苦。

报社的主编会打电话给你，不会再有人向投资商申请另一张支票，不会再有来自银行的催款警告，卖主又开始对你说的笑话感兴趣了，员工会觉得待在这里很有前途（错了，没有人可以在“水面”上浮太久，商场本就是波涛汹涌的大海，你只能是或沉或浮）。

如果公司亏损了，就立刻更换CEO，当情况好转到自信回归的程度就再次更换领导人。记住挽救组织的人是不能维持好扭转后的公司局面的。在佩恩中心（Penn Central），在克莱斯勒，在IBM，在蒙哥马利·华德（Montgomery Ward），在日本，在德国概莫能外。

信仰一门宗教似乎也会好些（两年的义务付出、未来丰厚回报的承诺、多级市场营销脉络让多少安利的销售人员泪眼迷离）。

好了，到现在为止，说的都是些坏消息。当你的公司转危为安，只能说明这是一个开始，还需要在公司的高层再做一次调整。是不是感觉不太好，要想得到心灵慰藉也很好办，去买一本《心灵鸡汤》（*Chicken Soup*）系列的《六十分钟经理人》（*Sixty-Minute Manager*）好了。

胜利的关键在于今天，而不是明日；同样的敌人正在纠集，准备再一次攻击，你的对手都是些邪恶的家伙；市场不断变化，新的竞争对手不断涌现。你的心里正渴望一次安稳的睡眠，可是你判断错了，任何事物都在变化，不可能有一劳永逸的挽救行动，某次的挽救只能暂时救命，而不能保证你永远生存。

本章只不过起到一个提醒的作用，类似于清晨的警钟。不过不要因此而太战战兢兢过日子，轻松些，午后黄昏的漫步仍是人生不可或缺的风景。

第 68 章把所有你所需要的都说了，其中包括如何把一次短暂的胜利转变成一种不变的趋势。不要急于翻阅第 68 章的内容，还是继续阅读以下关于挽救的章节，脑海里有些基本的理论和事实做铺垫也许更好。

现在就开始阅读※标题的章节，直至第 68 章，总的说来，前面的章节是后续章节的支撑。

让我们一步一个脚印，直到获取正向资金流。

# 第48章 HOW IT FEELS
# 感觉如何

“麦洛（Milo），还记得我们曾经谈过要取消你所在部门的事情吗？我想现在是时候了。”

他的眼睛有些湿润。我们一起仔细检查了所有的营业数据。麦洛不是明星演员，也不是落魄的戏子，他只不过是我们公司一位优秀的雇员，他有着良好的品质，十分热心，总是在别人危难之时伸出援助之手。

“加里，还剩多少时间？”

“没有理由再等了，如果我们已经知道裁撤在所难免，那继续在走廊上对员工们微笑就有些假仁假义了，咱们现在就着手处理这件事吧。”于是我们就立即着手做事了。

麦洛需要找一份新工作，帮助他是我们义不容辞的事情。我给认识的朋友和公司发了十几封信，麦洛最后在离家 20 分钟左右车程的地方找到了一份薪资待遇基本相似的工作。问题是那家公司的问题不少，看起来好景不长。

一年之后，在麦洛的撮合下，他的老板给我们发出邀请，我们前去拜访，结果他的老板想请我接管这家公司。我当时正为先前的一家公司效力，而且有一些官司上的麻烦，所以没有接受这家公司的聘请。不过一个裁掉的员工在一年之后竟然想到让我去接管他老板的公司，这已经让我感动不已了。还有一些裁掉的职员，大概有 1/4 之多，在两三年后又重新返回公司工作了。

如果你想成为一名挽救经理人，你就必须明确你在人们心目中的形象，是让人觉得新奇，而不是恐惧。

要是你想吓唬人，就选择当官，或者当警察，当监狱管理员也可以，牙医也行，而且收入还不错。

面对你人生中将要来临的一切，你必须首先弄清楚两件事。

第一件事是旅行，或者直白地说，就是出远门。在你邻近的地方找到陷入危机的公司，让它的老板接受你，并视你为一位专业人士，这样的机会很是渺茫。所谓“外来的和尚会念经”，如果你是从远方来的，你就很有可能被当作专家看待。能跨越时区更好，但也没有必要如此偏颇，只要别让他们觉得依稀在哪里见过你就行了。这样你的到来会昭示着一种能力和自信，所以一般说来，你走得越远，你的薪酬也就越高。

第二件事是个性转变的风险。这并不像作为内科医生那么惨，每个人都会用一种抱有某种希望的表情看着你。我的医生（My Doctor）也就是“我的守护神（My Deity）”。你也不会像外科医生那样不自然，仿佛工作内容之高尚，已经达到了远离浴室之类俗事的地步。你的境地应该很像采购代理，每个人都会冲进门来对你灿烂地微笑，关心地问你家人孩子的情况，如果门卫离开了岗位，访客就会让你几乎没有闲暇时间吃午饭。

你非做不可的事情无非是在客户和债权人那里花同样的时间和精力，同时不要认为一切都是现成的，也不要通过减少高悬不下的佣金要求以获得挽救工作的机会。这样才会更好地衡量你个人的价值。

现在你该知道我们其实是哪种人了吧。

因为我们是 CEO 这张椅子上的第二人，至少不是先前那些麻烦的肇事者，所以即使我们强硬或严肃，也会被认为温和优雅。

你可以对人家公司的业务漠不关心，但你必须把与金钱相关的事务放在心上。

是的，你来这儿的目的就是解除资金危机。你不会在此地久留，因此要充分倚仗那些公司业务上的栋梁之才，给他们充分施展和发挥的舞台，但也不要关系太密切，否则会纠缠不清。你很快就会离开，亲密的关系会让你心有牵绊，如果你不注意这一点，就可能成为他们眼中讨厌的家伙。

不要企图克隆一个自己来代替你的位置，其实你根本就没有必要做类似的决策。如果公司给你的薪酬还不错，你可以和其他人一道去找一个最适合的人选，作为下一位公司领导人。但不要认为你自己一定能把这件事做好，因为这里面牵涉到个人价值观的因素。有些干我们这行的优秀分子会抱有偏见，认为一旦自己离开，肯定无人可以替代，公司的运营很可能会再次陷入困境。存在这样的偏见对于寻找继任者具有很大的破坏力。

自负的个性会切断你的经济来源。

为了避免这种人的通病在你身上滋生，你必须时时刻刻用上面这句话提醒自己。你的思想也要“与时俱进”，你给公司留下的“遗产”一定会被那些更具客观性思维的人接管，否则某种企图证明只有你才能处理一切的诱惑，就会强烈地吸引你，让你成为一个不可理喻的自负主义者。千万不要因为能力出众而走向被人鄙夷的境地。

你不能容忍别人的假意奉承，如果有人这么做，就当面羞辱他们；对于那些敢于冒犯你，挑战你的权威和做法的人，要学会欣赏，学会与之争论，通过争论来激发正确的判断。然后，运用你无与伦比的自信，召集所有管理人员，宣布你经过认真倾听所有人的意见和若干次讨论后制定的决策。这时你是公司的精神领袖，必须要求所有人支持你的决策，沿着你选择的方向前进。

专制和独裁在公司是行不通的，民主和自由也是行不通的，领导才是切实有效的，特别是在公司遭受创伤的时候，唯有领导才更有可能引领公司走向成功。

如果你正在为员工是否会承认你这个挽救经理人的事情发愁，那么你就不配做一个挽救经理人，也不要尝试着去改变这些员工的命运，因为你不具备做这份工作的气量。事实上，你应该立即着手进行有效的行动，你会发现他们会非常欢迎你的到来。

真正有潜质成为挽救高手的人，不会认真读完本章的，他们很少有所顾虑，因为他们的自信心足以让他们解决任何烦恼与困难。

# 第49章 DRESSING UP THE STIFF 锦衣华服

挽救行动的最终成果就是销售额的增长。

每个人都喜欢这种结果。

股东和董事会的先生们热情到不顾惜自己的腕关节，似乎要把彼此后背的每个平方英寸都拍到。他们不关注成功是否会继续保持，如果你认为他们会，只能说明你对他们此前的工作了解不深。在一些小小的阶段性胜利到来后，他们就会理所当然地认为是该庆祝一下了。如果你能以某种获利的价格卖掉公司，当然会更合他们的心意，换句话说，他们只想得到财务上的回报，至于挽救行动本身，他们并不关心。

新来的CEO也会庆祝，虽然他或她在这里的职业生涯未必璀璨辉煌，但是你完全可以在招募新人方面采取一些机智的措施，以保证CEO更替的选择权控制在你的手里。如此行事，意味着你会永久性地得到CEO的支持，也有可能在你的任期内就找到了适当的收购者。别忘了，离开CEO的位子，你的行动计划必然大打折扣。

你，这个聪明的家伙，在如此短的时间内，就收效显著，在你的手里，利润重现。当你经历了几次快意拼杀的挽救之战后，你就如同“挽救之神”出现在人们面前，因为随着岁月流逝，经验的丰富，你已经掌握了其中的诀窍。在充当了几次挽救行动的首领之后，你还会选择一项安安稳稳的工作吗？你还会费尽心力地自己开公司吗？那样等上漫长的几十年才能看到些许的回报，值得吗？还是现实一些为好。

所以，我们还是要装作一定会永远保留这颗“恢复光泽的钻石”，因为这种姿态会提升你的价值，但是私下里我们可以大胆地说出我们是如何快速摆脱持久的麻烦。事实上并不像大多数人认为的那样“这只鸟一定会飞得很高”。

（其他人会优雅地谈论所谓的“双赢”，如果你能碰巧遇到“双赢”，当然再好不过。我这里主要针对的是“单赢”，是让股东“赢”，这才是最重要的，作为公司的新主人，对此你不可不知）

如同编织衣物一般，理顺公司的业务也需要仔细跟踪调研，比如我会关注与公司销售相关的每一点，有些是很不错的投资，有些属于收购的范畴，不过有趣的是，你会发现它们的处理过程基本一致。

贵格麦片收购了费雪玩具，这是一次非常完美的行动，是“可靠的产品”和“更多的特权”之间的联姻。我们公司开办之初，费雪玩具公司就是我们的客户之一。我们公司后期做的一件事就是为费雪玩具公司开发主打的视听产品。对于费雪玩具公司来说，最大的特点莫过于公司似乎想要开发所有的东西。他们有一天回顾公司的发展历史，仔细研究了他们的 130 种产品后，才意识到这一点。我们为该公司开发的产品中有 3 项列在该公司销售排名的前 5 之列，所以我们有足够的资本商讨“结合”的问题，如果我们离开，他们可能承受不了打击。

当然他们可以收购公司的外在形式，但却无法收购创造这种业绩的内在精神，也不具备再现这种辉煌的力量，因为这一切源于我们公司伟大的文化体系：让强者更强，让不能者有所能。要想让他们收购我们的公司，很简单，方法就是“时常出现，深入就里，紧密结合”，直到他们不得不买。是的，他们会照搬你的经营理念，可是你会采取另外一些新办法，所以没关系。

不管怎样，我们还是把公司卖给了费雪玩具公司，有了我们的经营铺垫，公司在他们手里的经营状况也不错。但是与此同时，我们在拉丁美洲、南欧、北欧和日本地区向费雪的竞争对手也提供了特许经营权。之所以会有地区的分别，是因为我们在不同的地区分别设立了特许经营的规定。这些获得特许的公司都干得不错，根据合同，他们会提供销售总额的 7.5%作为专利使用费（不，你不能完全相信他们。所以我们设计了关键的零件，非常小的零件，但是很难加工。这种零件我们会运送到各个厂商那里。其他的零件都是各自生产的。我们会在零件的一个表面上刻上小小的记号，然后到各地区的市场买回大量的该种玩具，仔细检查这个零件，以确保我们是这种零件的唯一供货商)。

关于玩具公司一件有趣的事情是，你必须每年下一次"赌注"。还好，我们做得不错，只有一个例外。费雪玩具公司的生意还算兴隆，可是人才不断流失，这在行业可算上是一种"异常的现象"。所以约定俗成的规矩在此产生了功效。

问题是，我们的一位客户仍旧保持着以往的约定，某一天打电话来，要求取消一年的订单。表面上看起来他们仿佛正陷入增加仓库的混乱之中，他们有一个仓库的记录不在公司的 IT 系统之内，而这个仓库放置的恰好是我们的货品。所以我们宏伟的年度销售增长计划成为了泡影，他们的耳边也不再响起我们产品的名字。

当然，我们也收到了一些增加订货量的订单。同时这家公司的取消权是有争议的，在法庭上，这种诉讼也会成为 David 对 Goliath 现象，所以我们采取了一些调节的措施。

我们掌握的一些迹象表明，费雪玩具公司连续几年在西尔斯、Kmart 和 Penney 等商场的销售状况不佳。如果他们在 90 天内销售状况仍旧不能好转，我们就可以采取直销的方式进行产品销售，后来我们的确这么做了，每年都如此（在早些时候，Kmart 十分重视这种直销行为，认为要想赶超西尔斯，必须采取某些行动，那个时候，山姆·沃尔顿还不出名)。

贵格麦片作为最终的上级公司，也正经受着一些冲击，所以对他们来说，显然需要一种更为友好的解决方案，也就是给出一份合理的收购资金，平息潜在的争论。

在那年的玩具展销会上，我们与有收购意愿的买主开展了几轮交涉。美泰公司（Mattel）的 CEO 雷·瓦格纳（Ray Wagner）先生在展览大厅遇到我们，特意停下脚步，与我们的总裁约翰·贝尔登（John Belden）和我本人谈了一会儿，十分热情地向我们解释了为什么他们现在还无暇考虑收购问题。

事实上，那本就不是一个适合做出计划的时机，费雪玩具公司的总裁亨利·考达斯（Henry Coordes）当时恰好路过，他根本不可能听到我们在说什么，不过他注意到雷先生谈话的时候不停点头，离开的时候还互相热情地握了握手。

在这个世界上，几乎没有什么因素比这种事情更能提升一个公司的收购价值了。

两天后，类似的情景又重现了一次，这次的主角是西摩·葛腾博格（Seymour Gartenberg），CBS 公司旗下创意玩具公司（Creative Playthings）的 CEO。

几天后，鲍勃·斯图亚特（Bob Stuart）从芝加哥赶来视察。鲍勃是贵格麦片公司的总裁，一位十分和蔼的长者。在展销会上，我们向他展示了我们的产品，后来我还驱车送他到旧金山会见凯斯帕·温伯格（Caspar Weinberger）先生，据说是邀请凯斯帕先生加入 Quaker 公司的董事会，而我当时不过是公司的一名小小的销售副总裁。

我们办公地点选在了 Mountain View，午饭选在了 Chez Yvonne，在 Palo Alto 这两处都是十分得体大方的场所。按照往常的习惯，在此特殊场合，吃饭的时候是一定要点上一瓶酒的。

鲍勃·斯图亚特先生可是位标准的绅士，平时也不善饮酒，因此看到服务员抱来了一瓶酒的时候，脸色有些苍白难看。我们开始进餐，鱼烧得不错。我在豪饮，他却没有碰杯中的酒。我就问他是不是不想喝酒，他说是不想，紧接着我又问他，那能不能把他的酒给我喝，他很吃惊，犹豫了一下说可以，于是我抓起他的酒杯一饮而尽。

从正午吃到黄昏，我又喝了不少的酒，然后开车摇摇晃晃地在路上穿行，把他送到了市区。

他们最终买下了我们公司，并支付了我们的佣金。

现在，你可能会想在如此关键的时候，我在午餐上的表现绝对是个失误，其实你想错了。

这里面有两个因素：第一，所有的大公司在收购问题上都十分机敏，你表现得越精明，他们就越不会收购你的公司。如果你对公司的快速发展明显力不从心，或者感到困惑以至于不知做什么好，那些善于纸上谈兵的MBA和职员们，就会转动着眼珠憧憬着“要是我来领导这家公司，一定是美妙无比的事情”。所以说，外表显得太精明，要以损失资金为代价。

第二，这些大公司的领导们会对组织图表的拓展倍感高兴，认为这是企业家精神素质的直接体现。理论上说当然没什么错，但是长此以往只会导致“关门大吉”。贵格麦片公司认为我是个可塑之才，把我调到芝加哥的一个分公司工作，辅助公司一位董事会成员的公子。公司内部的人认为这可是青云直上的路子，很有可能直接升往分公司的高层。从我对这位公子哥儿的了解来看，只能说这家公司的高层人士还是有过人之处的，不过对于我个人而言，进入一家燕麦粥公司的高层显然提不起我的兴趣。接下来是接任加拿大区的总经理，这份工作还不赖，就是离费雪玩具公司的总部太近了，总会有人前来拜访，给我一些如何步步高升的建议。后来，我又被委任接管Quaker在哥伦比亚收购的一家食品公司。

所以对我来说，关键的表现就是不参与，这有两方面的好处。如果他们有意留下你，他们会把改掉你的缺点、锻炼你的能力作为促进管理和谐的重要“音符”，他们还会相信以他们的远见卓识一定可以激发你的灵感、促使你的成长，甚至把你提升到不敢想象的境界。也许他们会更直接地对待这件事，就是在接管你的公司的时候，让你离开，我倒觉得这样减少了双方假意结合的痛苦，更加简单利落。

他们会因此多付给你钱，这就是转售公司的本来目的，让他们多花些钱好了，请不要一开始就抱有双赢的思想。

他们的确多付了很多钱。

这是我第一次参与收购的整个过程，而且是处于被收购的一方，当时我还是个小角色，从中我总结了两条经验。

第一条，不要拍着胸脯吹嘘自己的公司如何如何，要靠事实和数据说话，让收购者自己做出判断。

第二条，在收购问题上投入足够的心血。那两次大厅里的偶然邂逅，让我们的主要业务伙伴费雪玩具公司疑窦丛生，还以为他的竞争对手正在“追求”我们，这件事成了最终收购的催化剂。打个比方来说，这与哪家饭店门口的队伍长，哪家的饭菜就会香是一样的道理。虽然事实上那两家公司是否拒绝收购我们根本无关紧要，但重要的是造成了一种亟待收购的假象。另外还应该注意的是，正是由于我们努力寻求收购的买主，才会吸引众多的目光，才会有那两次邂逅，和随之造成的假象。在此之前，我们有过不下 10 次的洽谈，都无功而返，投资人为此都有些灰心了，所以我们到了不得不想方设法卖掉公司的时候。

我们的股东们可不再希望经受下一轮“增长、寻购、磋商”的折磨。

回过头来再说说那两次大厅的交谈，必须承认的是，这绝对不是一个偶然，而是一个必然。如果不是在展销会，就会在其他某个地方，如果不是这两家，也有可能是别人。

在转售公司的过程中，谁联系的越多，谁就越有可能获胜。

我所经历的第二次收购是在我们开办的印刷公司。我当时是 CEO，在整个过程中有较多的发言权。收购方并不急着更换管理团队，让我很为难，结果我损失了一笔钱，同时买了个教训。

母公司是联合标记公司，它已经拥有一家艺术与工艺出版社，然后又收购了富兰克林印刷厂，就是我所负责经营的那家公司。我们后来又收购了图形艺术中心，把 3 家公司的财务做了统一规划，之后又收购了先锋出版社（Rush Press)。

在 6 年之内，整合后的公司销售额从最初的 800 万美元，净利润 30 万美元，上升到销售额 1 个亿美元，净利润 800 万美元。内部运转产生的利润平均每年增长 30%，总体利润年增长率达到了 75%，不过这些都是平均数据，实际上某一年的增长会超过 200%，而另外一年可能只有 50%。

我们各公司的业绩几乎是全线上扬，此时图形艺术中心的业务突然来了个“大俯冲”，我立即采取了行动，解雇了该公司的 CEO，由我自己挂帅，当年利润重新闪现，并且比历史最高记录翻了一番，最终成功地实现了转售。

收购我们的是大陆图表公司（Continental Graphics），这是一家上市公司，因此收购我们这样一家利润涨幅良好的公司，十分有利于他们在股市上的表现。我们的收购活动一般总是在六七月份，这样会在利润增长方面造成一种台阶效应，仿佛上半年创造了一半的利润，下半年自然而然会完成增长计划列出的目标，也使收购者认为买得合理，毕竟收益正一路看涨。

Bear Stearns 和 Smith Barney 在公司的客观评估上各执己见。收购的价格初步定在我们下一年目标利润的 32 倍，Bear Stearns 对下年目标利润的估计是 28 万美元，Smith Barney 给出的价码是 25 万美元，事实上这已经是封顶的数字了。最后这家公司按照较高的估价进行了收购，用他们总裁的话说就是“在这个行业内，大家有目共睹，在收购方面我们十分慷慨，给出的收购价格也是最高的，如果有哪位股东主张终止这次收购，那么我就请那些更有见识的投资人取代他的位置。”

从中你或许能够窥探到一些客观评估工作的就里。

最大的吸引力恐怕来自华尔街的口碑，设法让他们认为联邦印刷厂在图形处理技术方面极具竞争力，这才是问题的关键。

我们设法让投资团体达成这样的共识，当然主要靠销售业绩说话，然后在讲述方式上主要偏重于介绍好的一面，比如哪些方面还有增长的潜力等。在演示过程中很少出现黑白印刷品，目的很明显，就是向他们展示世界的潮流是向图形彩印方面发展，甚至在我们的着装上也刻意避免了白衬衣黑领带的传统搭配。亨利·福特曾说“只要是黑色的就好”，还有海德滑雪板的单一色调，最终都被竞争对手以产品的多色彩击倒，这就是前车之鉴。不仅如此，周围的一切都在印证着这个世界多彩的趋势，黑色的电话不见了，白色的被单也少了，就连起床时看到的牙膏，也不再是纯白了。

这是一次非常聪明的演示策划，十分引人注目。为了支撑这些例子，我们拿出了长期以来各种颜料的销售统计报表，这些硬邦邦的数据再次证实了这个世界的眼光，已经从熟悉的黑白两色转向了五颜六色。

这是我们要表达的第一个要点。

第二是纸张的质地。我们谈到了其他行业的发展趋势，比如音像介质的发展从磁带到立体声磁带再到 CD，吃的奶制品也从 Dairy Queen 发展到了 Baskin-Robbins 和哈根达斯（Haagen-Dazs），同时棉纺技术也从粗织工艺发展了紧密织补。

第三点谈到了我们业务的范围，包括直接邮寄广告印刷、公司年度报告和软件使用手册等。

这让联邦印刷厂成了一块宝，这也是为什么联邦印刷厂最终以 32 倍于年度利润的价格被收购，而行业内一般的收购价格是年度利润的 12 倍。

我们是不是独一无二呢？

应该不是，在全国至少还有 200 家印刷公司能做出同样的演示，证明他们也在做同样的事情，甚至更为详细和深入。

但是没有人这么做，只有我们实现了自身的价值。

所以从中再吸取两个教训：第一，在不动摇基本业务的基础上，通过精心准备的收购筹划工作能帮你赚更多的钱。在这个案例中，虽然公司的平均利润增长十分迅速，但是对公共投资商来说未必能如此顺利。但是他们可以把收购来的公司纳入到更大规模的印刷公司之内，通过内部补贴等方式保证新购公司快速增长的良好公众印象。第二，编个故事，使你的公司看起来与众不同。稍事夸大也在所难免，所谓“取乎其上，存乎其中；取乎其中，存乎其下”，这样既可以让你更客观地了解自己，也可以刺激和鞭策自己。

我的下一次收购经历是在 Checks To-Go，是在成功实施了挽救行动之后。挽救行动总共进行了两个月，而转售耗去一年多的时间。

我们先是和几位银行家谈了谈。我们的公司太小了，业务也比较特殊，不是任何一个银行家都能经营好的那种，所以我们组织了一支由注册会计师组成的兼并事务组，负责起草相关文件和信函，看起来好像竞争对手对我们的收购正在紧锣密鼓地进行着。

在 4 个可能的买家中，只有新泽西的快速制表公司表示出了兴趣，另外3家，摩尔、Deluxe和NEB根本就没有回音，这可不是什么好消息，没有人希望只有一个买主。

我们和快速制表公司谈了谈，建议在稍晚一些时候再谈收购似乎会更为恰当。然后我们潜心发展，创造了更优的业绩。这当然引起了快速制表公司更为浓厚的兴趣。突然之间，洛基山钞票业务公司打电话表示了收购意愿。很可能是我们快速的发展态势吸引了别人的注意，也有可能是我们和快速制表公司之间正在磋商的收购谈判本身让业界有所注意。

我们安排了洛基山钞票业务公司前来参观，快速制表公司的参观日程安排在接下来的一个星期。

这让洛基山钞票业务公司意识到有第二个竞标的商家会在他们之后很快赶到。不出所料，他们立即在第二个星期给出了确切的答复，而巧合的是，快速制表公司打电话来说取消此次访问行程。

收购价格让我和我的股东们都大为满意，让人难过的是公司在洛基山钞票业务公司手里的表现并不像预期的那么好。

这里面的教训是：致力于收购之事的同时不能急于求成，抱有不切实际的幻想。如果第一次按照快速制表公司的想法前来参观洽谈，我们可能得到的收购金额会小得多，因为不存在竞争。幸运的是，洛基山钞票业务公司知道快速制表公司将要来访，而且我也没有必要在快速制表公司取消行程之后通知洛基山钞票业务公司。最终的结果是我们卖了一个好价钱。

斯麦丽工业公司的收购是我职业生涯的又一次经历。该公司的挽救行动也进展迅速，在短短的6个月就获得了成功。我们先是接收到精密空间科技公司主动提出的收购请求，这是一家上市的商业零件制造公司。我们为此雇用了经纪人专门负责将利润微薄的合同和设备调整后与主营业务分离。这种做法取得了额外的收益，更重要的是，对余下条目的评估金额也随之提高。这次行动堪称完美无缺。

这里有什么教训呢？对一个仿佛患了精神分裂症的公司，拆分它的业务之后，以部分的方式售出，这样加起来的效果比作为整体售出要好。

骑士保安公司最终卖给了第一保安公司，成为由 Patricof Partners 和摩根·斯坦利财团（Morgan Stanley）共同资助推进的防贼报警行业整合行动中的一个环节。我用了 6 个月时间挽救了骑士保安公司，使之从 4 年来的持续亏损一跃成为盈利的公司，售出这家公司则用了整整 4 个年头，如此漫长的等待是不可避免的，因为我们的两位主要股东正陷入诉讼的麻烦中，详细情况在第 7 章介绍过了，这里不再赘述。

没有人会买缠杂着一堆官司的公司。

幸运的是，我们的官司刚刚打完，第一保安公司就成功上市，刚刚融了一笔资金，准备开展收购行动。我们半数以上的客户分布在加利福尼亚地区，这恰恰是第一保安公司关注的重点（其他不到一半的客户分散在另外 32 个州，为这些客户提供的服务支出甚至会超过其业务本身的价值，这又是一个悲剧故事，而且我们的产品有着很严重的缺陷。不过在一个热情高于理智的收购者眼里，这两个问题都不成为问题）。

我们曾经讨论过收购的必然性，当时第一保安公司还没有足够的钱，骑士保安公司正为官司的事搞得昏天黑地。当时机来临，我立刻雇请了普若投资（ProFinance）公司给我们帮忙，他们在报警器行业可谓是投资专家。

普若投资公司认为将骑士保安公司预售给第一保安公司的可能性较大，我们和普若投资公司签署的协议是，如果他们成功促成第一保安公司的收购行动，我们就支付兼并贸易合同佣金的一半，如果是其他公司收购了我们，我们就支付全额。有了这样的报酬支付协议，我们有理由相信普若投资公司一定会采取吸引更多公司参与收购的方式来提高第一保安公司给出的收购价格。另外如果其他某家公司最终收购成功的话，他们就能得到全额佣金，因此一定很容易谈成。

总共来了 12 家公司，没有一家最终拍板。

只有两家公司第二次来访，深入了解了一下情况。我表现出足够的自信，甚至对他们有些不屑一顾的味道，这件事传到了第一保安公司的耳朵里。

我们向第一保安公司解释了事情的原委，同时指出是普若投资公司在操作整个事件。第一保安公司太想赢得这次收购了，他们承诺支付普若投资公司其余费用（包括另一半佣金），条件是普若投资公司不再催促我们和其他公司洽谈收购的事情。

芝加哥有一个机构，不仅收购了大量的经营报警器材的公司，而且还在西海岸地区做着积极的调查分析，这一举动让第一保安公司的地位受到威胁。遗憾的是，我们的实力还不足以进入这个机构的视野，所以我专程飞往芝加哥去拜会他们。他们拒绝了我的到访。我个人在公司内部有足够的旅差费用，虽然我们公司很赚钱，也很注意节省开支，但是这次芝加哥之行我是非去不可了。到了芝加哥，我在宾馆的房间里做了一些工作，然后邀请几位大学时期的密友吃了顿晚餐。我给第一保安公司回了几个电话，所以他们一定会注意到回电的区号 312，知道我身在何处的。

这让他们立刻变得急躁起来。

我们最终以月回报金额的 42 倍卖出，在当时是个很高的收购记录。尽管我们的客户分布在 30 多个州，尽管我们的设备时常出问题，尽管要付出太多的服务，但是最终我们还是在行业内创造了一个新的收购标杆。

从中应该吸取的教训是，当另一方的收购意图十分明确，在战略上十分契合，而且也有雄厚的资金时，你需要不断地创造机会，让你的利益和价值得到其他厂商的承认和共鸣。在这些时候，你的神圣职责就是不断地鼓动大家的热情，若即若离，欲擒故纵，时而目送秋波，时而转身离去，而且要一口回绝对方承诺的额外报酬。

时机就是一切。

因为骑士保安公司在我任期的第一年就实现了大翻身，所以其余的时间我没什么压力，我写了本书，又与人合伙创办了 Teledesic 公司。

Teledesic 公司的事情和挽救行动无关，它是一个雄心勃勃的商业概念，这里面也有一个教训。

第一份资金保证合同是和金石风险基金签署的，这是一家中西部风险投资机构，对爱德·塔克的才华十分欣赏。爱德是个充满想象力的天才，他曾经抛出了一个称做麦哲伦（Magellan）的商业概念，就是那种便携式的 GPS 单元，而当时的投资商就是金石风险基金，回报也十分可观。

爱德的支持者声称要是我们能在电信领域再找一家相应的投资机构，他们就立刻跟进。所以，我给同学克雷格·麦考打了个电话，他当时正从有线电视业务抽身出来，转行做一种叫做蜂窝电话的新业务。

克雷格无论从勇气、头脑，还是从经济基础来说，都是最佳人选。他曾经找我商量一些重大的商业设想，而我还从来没有主动找过他。Teledesic 应该算是不错的主意，所以我给他打了电话。

克雷格同意在丽晶大酒店（Beverly Wilshire）和我以及爱德见面，他恰好在那里参加 Drexel Burnham 年会，媒体称之为掠食者的舞会。

爱德和我都很高兴，我们整理了一些预算方案和演示图片，我专程驱车到爱德的办公室和他交换了意见。

"加里先生，是克雷格·麦考先生办公室打来的电话。"我的秘书说道。爱德和我彼此对视了一眼，我们正打算两个小时之后和克雷格见面。

"不要回这个电话。"我说道，然后立刻收拾了一下，驱车上了 10 号高速公路，急速赶往那个古老而著名的酒店。

克雷格在大厅发现了我们，脸色一下变得很难看。

"你没有和我在办公室谈过吗?"他问道。

"没有。"我回答。

他扫视了一下大厅的其他人，走到一个银行家那里低语了些什么，然后返身而回。

"我重新安排了一下会面的事情，现在到我房间来，看是否能在 15 分钟内把问题说清楚。"

我们照做了，但是克雷格本人把会谈延长到了一个小时，他提了 3 个问题，问题本身表明了他对这个领域的熟悉和理解，远远超出了我本人。

“从手持接收器向外传递远程信号，需要足够的发射功率，”他说道，“你们如何保证这样做不会伤害人的大脑呢?”

我们结结巴巴说不出个所以然，只好承诺深入研究后回答他这个问题。

“你们为每 1 磅重的卫星预算了多少发射费用呢?”他问道。

嗨，这个我们知道，我们的费用假定在每磅2 000美金，这是根据10 年前第一只被送上太空的鸟儿的费用计算的。这个问题别人也没有想到过。

寻求投资的过程和销售的过程十分的相似，都忌讳胆怯畏缩。打很多的电话是必要的，重要的是设法让每一次通话产生价值。

Teledesic 在 10 年内不断发展，摩托罗拉（Motorola）买了公司26%的股份，总计投资金额达到了 7.5 亿，其他的投资机构包括 AT & T、比尔·盖茨、波音、沙特阿拉伯的王储。那天，在丽晶大酒店，我和爱德只期望有 200 万的种子基金。

几个星期后，资金到位。

但是如果我们回了克雷格打来的电话，Teledesic 也许就不存在了。

把点子卖出去不容易啊!

我最后的一个例子也是关于筹措资金的，这次不是卖掉整个公司，但原则上是一样的。

天之台公司的第一桶金也是来自风险投资商。头儿让我们必须从别人那儿筹措到一半的创业资金。有一家投资机构表现很感兴趣的样子，但是反应慢吞吞的，犹豫不决，还雇了一家咨询公司提供建议，重新会谈了几次，又雇了一位分析师，最终放弃了投资计划。我们的第一位投资人看到这些，表现得很急躁。还好另外一家投资机构介入并很快达成了投资协议，原因很简单，我当时盯着他们说道：“听着，我还从没有让任何一个投资人失望过，我也不想在你们身上开这个先例。”

“这才是我一直想听的，加里，我们投资。”他说道。

这有两条教训值得吸取：第一，不要对那些摇摆不定、犹豫不决的投资人催得太急。你的催促只会让他们紧张。最好的办法是通过几轮会谈之后，让他们自己寻找到投资的动力因素。第二，在你告诉了他们所有想要知道的信息之后，就必须督促他们迅速做出决定。如果你对这项业务本身都没有信心，你如何能说服他们呢？寻求投资比寻求收购更需要信念。要想他们给你投资，就必须让他们看到激情和信念的火花；而要想别人收购你的公司，你就要表现出一种冷冷的、恹恹的态度。

我们的第二轮资金来自一家规模庞大的公共金融机构。

第一次会谈他们派来了中层管理人员，那是一次典型的具有欺凌弱小意味的会谈。在我们面前，他宣称他们有意创办类似我们公司的业务实体，他们思考的唯一问题是有没有必要让我们加入其中。

这家机构的想法倒是和我们的需求很契合，只是他们身上混杂的官僚味儿太浓。经过权衡，我们认为他们的投资额度还是值得让我们忍受一下的。

他们投了一大笔钱做市场调研，同时和我们一起做了一些开发，在年底的时候他们有参股的选购权。他们的市场调研没有什么收获，然后在专利权问题上提出了若干反对意见，专利问题是极度敏感和隐秘的问题；他们还要求在选购权的时间方面适度延长；作为谈判的一部分，他获取了我们现阶段的资金状况，知道我们正接近资金枯竭的危险时期。

纽约的一家十分有名气的投资银行希望投入一笔私人资金。

我们同意了。

他们请求和我们的合作伙伴，那家公共金融机构，举行一次会谈。我先和金融机构打了招呼，让其有所准备。确信金融机构不会就此离开后，我直飞纽约，哭诉我们的处境，律师们也一致认为在这样的情况下，这个机构没有理由继续对我们公司的业务投资。

难道这家著名的金融结构故意不合作却做出合作的假象以等待我们的资金耗干，并且通过这种方式来吓跑其他的投资人然后以任意价格收购我们公司吗？

我想不会吧。

当你和任何一家大公司打交道的时候，你会发现他们的每个经理人都很想占据上风，赢得胜利；但我还是怀疑他们真会抱有如此的祸心，很简单，因为在商场上信誉太重要了。

这里的教训是：不要让大公司吓唬住你。因为他们很大，所以弱点也就很多，他们的中层管理人员不了解这一点，但是高层肯定十分清楚，如果中层人员做得有些过火，就牵动他的链条，找他们的上司。

让我们仔细反省一下：我们一起在谈论如何卖掉公司。然而在最后一个案例中，我们一起谈论在创业之初如何寻求投资。其实它们本来就是一回事。在寻求投资的过程中，你不过是把公司一次卖上一点儿，在公司发展的每个阶段节点上都会体现出这一点，就是让投资者收回更多的股票价值。

所以在这个机构决定投资的两个小时之后，我们又为另一个投资项目做准备了。销售也要抓住时机，只有薄利才能多销，所以决定开始的时间永远是“现在”。一定要掌控整个公司的发展进程，否则你根本不会有好运气。你的职责就是在销售与发展两个方面不断努力。

恰巧此时，我们早期的投资人说他发现一些东部的投资机构对西海岸的技术公司也有着浓厚的兴趣，所以我们开始想到去纽约碰碰运气。

几个月过去了，只有几家公司出于礼貌地说有些兴趣。

我们的投资人建议到 CUC 公司试试看，福布斯指出这是全美最大的互联网公司，所以我给他们的 CEO 寄去了我原来出版的一本书的拷贝，顺便请求一次谈话。

由于那本书的存在，使这封信成功地越过了秘书直达 CEO 本人。你肯定不会认为我写的是风花雪月的文学书籍，也肯定不会是为了在文学界争名夺位，是吗？

两天后他打电话给我说，他已经召集了他的收购小组，要与我约个时间谈谈。我单刀赴会，和他们谈了一个小时。第二次见面是我和公司 CFO 一同前往的，又是一个小时。他们的目标价位在 400 万美元到 600 万美元之间，说可以请其他人来商量和制定价格。我们花了 70 万美元请来了当地一位在资本评估方面很有名望的投资商来定价，成功地完成了那次融资。

CUC 同时还兼并了 HFS，重组成为 Cendant。财务欺骗行径被揭发，他们的股票一落千丈。我所接触过的那些人都被解雇了，几个月之后我才见到我们的主要联系人。

“小伙子，我们的 CEO 肯定特别喜欢你。”他说。当时我们正在康涅狄格州的斯坦福德市前往一家比萨连锁店的路上。

“我想，总有一天我要去拜访他的。”我回答道。

“什么?”他惊问道。他停了下来，盯着我看。

我重复了我的回答。

“但是，你不是曾在他的大农场待了一整天吗?”他说道。

“那不是我。”我说。

我的联系人很奇怪地沉默着，没有继续追问，但是很想知道为什么我们这么快就有这么多的投资，而且条款对我们十分有利。现在有理由相信，是他们认错人了。这位 CEO，我从未谋面的人，在背后催促他的投资小组在某个人的投资上加快步伐，那个人的名字听起来很像我。

我无法证实我的猜测，不过我相信是这么回事。

那一次，我们银行的户头又多了大约1 200万，我们又开始为下一次融资做准备了。似乎我们需要更多的战略伙伴。美洲快递（American Express），我们的投资人之一，就曾提供一份名单给我们，包括很多我们不认识的机构。

投资方主要分为 3 类：Telcos，数据存储公司和互联网服务提供商(ISP)。

我所说的战略伙伴，可以理解为“合并”，大多数这样的联盟都起不了太大的作用。American Express 公司后来发现他们的小公司客户的信息化基础比较薄弱，我们的在线数据备份服务在他那里根本就没有市场。

Cendant 想把我们的服务包装成另外一种形式的网络提供品推向市场，但是 CUC 原本在市场取得“执牛耳”地位依靠的是他们的在线自动交易服务。每一笔交易收取 1～2 美元的费用，这样一点一点的积累，建立收入体系。

HFS，Cendant 业务的另一方面，很想把我们的在线备份业务纳入到为特权人物如霍华德·约翰逊（Howard Johnson）、华美达（Ramada Inns）等提供的服务中去，这也是很自然的想法，因为他们发现特权人物并不希望任何人靠近他们的数据。然而，Cendant 财务上的彻底垮台，终结了这些美好的前景。

所以，你必须充满希望地去看待每一位战略投资商或者收购者，然而必须注意只有相互适合的理性投资才能产生累累的硕果。

Telcos 似乎是我们服务的天然消费者，因为我们能够完美地解决对小公司的服务问题。天之台公司绝对是他们业务拼图中缺少的那一块，在线数据备份更像一种适合的解决方案，在晚上不忙的时候，通过一根网线就可以实现。

存储公司也很适合，因为我们做的是同样一件事，他们用专线和硬盘为大型公司服务，我们通过网络为小型公司服务，而且小型公司的发展相对更为迅速。我们可以作为他们盘中的一道装饰菜而存在，提升他们的可见价值。对他们来说，需要讲述一个关于未来存储的故事。

互联网服务提供商正经受着圈地和动荡的考验，捆绑上我们的服务，似乎可以避免客户的频繁更换，我们可以充当他们业务的粘合剂。

这次融资花了 10 个月，对象是两家声名卓著的存储公司，一家做磁带存储，另一家做磁盘存储，两家都已上市，而且状况不错，在投资我们之前，他们都和互联网没有什么瓜葛。

我们试图用同样的方式接近所有的存储公司。我给全国每家存储公司的总裁寄去了一磅“装饰菜”，信中用漂亮的书法写到“我们愿意成为你们盘中的一道装饰菜”，这对投资人来说太有吸引力了。结果为我们带来了2 000万的新资金，两家行业领袖公司的股票随后又暴涨了一阵。

（对 Telcos，我们也采取类似的方法，我们寄给总裁的是一块七巧板，暗示说我们就是他们缺的那一块。我们又给所有的 ISP 总裁寄去了一封信，随信寄去了一张强力胶贴纸，说明可以用我们的服务粘合他们的业务。很明显，存储公司的人更有兴趣。顺便说一句，所有的人都给了回信，有时候能够吸引注意力本身就是成功的一半，包装上一份东西

就能顺利地登上总裁的办公桌，应该是很妙的想法了）

从那开始，我们才正式转向公开发行股票上市（IPO）。

一位外国的投资商主动打电话来要求投资。我们拒绝了，理由是 IPO 的过程需要我们全力以赴，我们没有时间转移视线和精力。这个机构很有名气，被主流的商业出版物列为世界上 25 家最强的技术机构之一。最终我们的态度缓和了下来，允许他们以先前价格的 4 倍进行投资，结果在 IPO 来临之前，我们又获得了一笔2 000万的额外现金。有几位董事会成员曾质问为什么我们要接受这笔钱。管理的理性态度就是当大鹅咯咯叫的时候，就喂食给它，所有的明天都是不确定的。的确如此，IPO 的市场最终没有存活，但是我们自己还是赚了一大把钞票。

只要你是在销售你的公司，无论是以收购的形式出现，还是以寻求投资的形式出现，其遵循的原则都是一致的：

1. 根据“能够满足收购者的需求”的原则为公司定位。忘记你自己，不可太做作，但又要让人印象深刻。“装饰菜”的主意其实就有点做作，但是还好，给人的印象深刻。要记住，最终掌握决定权的人根本就不懂业务，也不懂交易，可是他们懂得“装饰菜”给他们带来的信息，因此会为你赢得赞成票。
2. 需要一些舞台效果。只有一个买家的生意就太糟糕了，有两个买家的时候，那效果就会好上 10 倍。营造出一种竞标的气氛，即使那只起到辅助作用。去芝加哥见另外一个买主，管他是不是愿意接见你呢。这很值得。对待买主要诚实，不管交易进行得多顺利，都要提醒自己买主在最后关头仍有决定的权利和自由。尊敬你的买主，假定他们是敢于负责任的。这样，他们在加强条款和降低价格的时候都必须找一个说得过去的理由。总的来说，第二家竞标者，一般都不会表现得太积极。
3. 没有什么可以替代多打电话这一条。在这个世界上，任何销售过程都逃不出这条规律，销售一个公司也不例外。但是不能让买主们看到你的担心和焦虑。所有的销售角逐必须要看起来像是自动自发进行的。在我们的某一轮融资过程中，我一周穿行了美国6次，从太平洋海岸的城市到大西洋海岸的城市。顺便说一下，那个星期我不断地在空中穿梭飞行，让我远离各种各样的电话骚扰，所以我过得很安静，也很悠闲。当然，也没有什么能够代替有力的敦促。

# 第50章 PROMOTE OFFBEAT THINKING 发扬求异思维

我的大学毕业平均成绩（GPA）是2.06，既然2.0的成绩就可以毕业，那多余的0.06对我来说实在是浪费精力。我1964年从爱荷华州立大学毕业，找工作的时候我并不被看好。Lennox公司最终聘用了我，在那里我学到的东西比以往任何时候、任何地方都要多，奠定了我职业生涯的基础。Lennox的总部位于爱荷华州的马歇尔市（Marshalltown），从德梅斯（Des Moines）出发，穿过一片豆荚地，大约一个小时左右就到了。我当时就在那里参加面试，住在高玉米大酒店（Hotel Tallcorn）。

Lennox属于钢铁冶炼的固体加工业，并不需要什么高科技，只是简单的金属拉弯、焊接、抽丝，再加上一些控制和降温措施就可以了。

除马歇尔市工厂之外，Lennox尚有两家分厂，与国内的其他竞争厂商相比，他们并没有什么独特的惊人之处。

这里所有的管理人员都是从一线工人做起的。我刚到的时候，就在一份订单上花了数个星期的时间，整天在蜘蛛网一样混乱而又蹩仄的空间内跪倒爬起，调整过滤器，给滑轮加润滑油，装金属片，整个人脏兮兮的。

接着我还做了一段时间管道排水系统的设计工作，在工作中我学会了如何计算制冷和制热的需求量。

这些都是真的吗？这里没有垃圾债券，没有战略分析。Lennox是典型的美国粗放式经营公司，周围都是农场，因此没有那些“虚”的分析与债券，只有务实努力的挣钱。

但这并不代表发展缓慢、效率低下。那年，Lennox发明了“多区直接供热系统”(Direct Multizone System)，可以直接置于屋顶同时分别给16个房间供热。它的出现使可调节教室的设想成为现实，学校可以根据班级的大小和课程的需要，通过可移动的墙体和方便的管道系统，实现动态可调节的拆分组合。

他们还发明了一种热交换器，改变了以往利用金属应力的设计方式，因此不会发出滴滴答答的噪音。

这些发明的产生源于一种忠实于现实的环境，在这样的环境里创新思维是被鼓励的，甚至是被崇拜的，而且因为贴近现实，所以不会有那些不切实际的创新。

Lennox还充分发掘了喷雾器的功效，比广泛使用的碳氟化合物溶剂喷雾技术早了25年。他们的技术人员注意到美容院的热交换机受腐蚀的速度比常规场所要快得多，通常几年就蚀损了，所以Lennox就发明了金属镀瓷的技术，成功解决了这个问题。

他们总是追求一种更优的做事方式，并且持之以恒。这种作风也延伸到了市场部门。俄亥俄州首府哥伦布地区的销售经理福莱斯特·卢赛(Forrest Locey)，发现了这个行业最经济节约的空调销售办法。

直到20世纪60年代，女性还充当着家庭主妇的角色，白天家家户户都有人。针对这样的事实，制定的市场计划是这样的：在哥伦布地区任何人如果购买了Lennox的空调，厂商就会在安装空调的当天给客户送一个花瓶，接下来的5天内每天送一枝玫瑰花。

卢赛的理由是对的，送玫瑰的做法一定会让邻居拼命猜想究竟发生了什么事，在第6天，厂商会在邻近的6户人家每家送去一只花瓶和一枝玫瑰，左右各两家，前后各一家。每只玫瑰上都系着Lennox的便签，说明Lennox空调会给人带来舒适。

一般情况下，邻近的住户会在一个星期内也提出购买的需求。总成本：11朵玫瑰花，因为每天都要在周围的区镇送出大量的玫瑰，所以玫瑰买来的时候还是批发价。

约翰·诺理斯(John Norris)，Lennox的总裁，在众人场合盛赞卢赛的创新思维，并自豪地把玫瑰花的故事讲给别人听。

20 年后，他的儿子从麻省理工学院毕业之后担任了公司的 CEO，从事一项具有冒险性的新技术开发，这项技术只有通用电气（GE）才具备，但是并没有开发用于商业用途。这种技术叫做脉冲点火燃烧，是一种火焰的精细控制技术，可以使燃料充分燃烧并且提取几乎全部的热量（通常一个熔炉会把 30％的热量通过烟囱等渠道与炉灰一起排放到空气中）。用脉冲燃烧消除了燃料的浪费，而且也避免了空气污染，这种熔炉的价格更贵些，不过客户可以从燃料的费用中节省很多。

求异思维为 Lennox 创造出了不一样的产品，奠定了不可动摇的市场地位，为客户节省了燃料的费用，同时为环保做出了贡献。即使在平凡古老的冶炼行业，也同样需要求异思维。

下面告诉大家如何放松思绪，避免难题困扰：

1. 确信每一位经理人都在做一些实实在在的一线工作。比如处理客户的抱怨、接打服务电话等。不要请所谓的规划师，让整天和规划打交道的人来制定规划。让销售人员有机会到实验室看一看，而那些整日闷在屋子里的科学家们也要出来见见客户。在部门之间调换人员，以消除可能正在形成的隔阂。
2. 一旦员工对实际情况非常熟悉，就鼓励他们做些非常规的思考。让他们和经理人一起寻求更好的解决之道。为创新庆祝：在公司内部通讯上写上他们的名字，留下一半的篇幅用来介绍失败了的创新，并为这些大胆的尝试叫好。
3. 做好“引智工作”，对公司外部的好思想好主意也要借鉴和吸收。让注册会计师事务所来帮助你梳理财务工作，让银行处理你的退休金和工资册，让零售代理商和推销员来帮助你销售，从别人那里吸收鲜活的思想，借助他们的力量。外部联系的介入总能带来一股清风。

# 第51章 CASH MAKES YOU STUPID 金钱让人愚蠢

爱可公司（Acucorp）创办于1989年，在创办的第二个年头就开始盈利，截至1992年，它的销售额超过了400万美元。爱可的创始人兼CEO帕梅拉·蔻珂（Pamela Coker）博士曾说过成功的秘密之一，就是永远记住金钱会让人愚蠢，所以她始终保持着节俭的作风，没有因银行资产的激增而忘乎所以。

他们的主打产品能够与500多种软件平台实现交互操作。爱可的产品是用最为通用的软件语言COBOL编写的，实现的技术并不时髦，在业界几乎所有的竞争对手都倾向于新兴语言时，爱可不同，他们尊重一个事实，那就是主流客户仍然使用COBOL。当整个世界转弯时，你也可以让钱转弯。

“我们每个月都盈利，”蔻珂博士又一次说道，“如果这件事真的发生在你身上，你也会开心不已，通常情况是只有年底统计时才会发现是否盈利。”

在爱可的主办公区，有一幅特大的图表，堪称此处最抢眼的景观。它看起来很像水冷器，这样的造型也许另有深意。上面的图表每天都会更新，显示当天的现金收益。人们在此驻足观看、核对、谈论。所以每一位员工都能领会到什么才是最重要的。

应收账款在没有收回之前，被看作是试销市场的费用。所以在这个公司，资金没有到位之前，不存在假定的销售额，没有假想的客户满意度，也没有预支的销售佣金。

在爱可，COBOL（Acucobol）事业部快速收集销售情况主要有两个作用：第一是迅速从银行获取现金，第二是快速发现问题。积极的收集汇总信息产生了巨大的效益，而且每个人，特别是销售人员，都可以参与其中。

在 1992 年 10 月，蔻珂在收缴德国分销商的款项方面出了点麻烦。她筹划了一次专门为欧洲的 200 位客户召开的会议，地点设在法兰克福，并把所有的账单寄给了这些合作人。她采取了冒险策略，在会议召开之前一晚上公司必须交付酒店的 5 万预付订金，她从美国出发的时候则一分钱也没有带，所以她不可能自己付这笔钱，迫于压力，那位德国经销商不得不垫付了 5 万美金以避免尴尬。故事的结局是皆大欢喜，在会议召开之前，所有的拖延货款全部付清，后续的货款收缴似乎也变得更快了。

爱可公司在所有软件公司大发展的泡沫破碎之后，仍然能够在日益紧缩的竞争领域赚取大量的利润，强有力地生存下去，这不能不说是一个管理的奇迹。它鼓励全球的 140 多名员工从月度的财务报表中领会问题、看清趋势，如果有哪位员工看不懂这些图表，公司会教他，直到他也能读懂。

爱可公司在 1999 年也遇到发展过程中的第一道坎儿，那时所有的 IT 公司都噤若寒蝉，对“千年虫”问题是否出现提心吊胆。紧接着，2000 年经济衰退，直接冲击了这个产业，爱可在所难免，收益直线下跌。但是由于这家公司长期以来比较节约，因此很容易就变得更加节俭，挺过了那段艰难时期，生存了下来，而其他相似规模的公司都已经入不敷出，行将就木。这就是长期以来关注现金流带来的好处，利润本身不能付房租，但是现金可以。在长期经营过程中，利润和现金最终结合为一体，但这不是一日之功。

用以下方法关注现金流：

1. 所有的呆账坏账都是从最初的迟迟不付款开始的，所以一定要在收款上花些力气。很高的应收账款和高库存量都是危险信号，银行的余额评估把这些也称做资产，其实错了，这应该被称做负债，当它们不断增长时你就会感觉得到。只有现金才是资产，你可以用现金来买东西，但是用欠款条和库存单却什么都买不来。激增的应收账款和库存量是你产品或服务下滑的第一个警告信号，虽然这时你的利润声明还是正值，但实际上已经离亏损不远了。

2. 你的工资支付业务需要转包给别的公司管理，这样你的联邦退休基金（FICA）就会自动支付。这样可以保证你在财政紧缩的时候不必从政府那里借钱，那些挪用政府钱财的人结局都很不好。
3. 不要在正资金流的情况下糊里糊涂借钱。财务上会说这是对的，但这是短期行为。只有收回销售货款才是真正的资金流动，其他做法都是暂时的、退而求其次的权宜之计。

# 第52章 DEMAND STRAIGHT TALK 有话直说

想像一下有一位主席先生这么对他的股东说："这是我任期内表现最差的一年，S&P的股市表现，也是最差的。"

这是1999年年度报告的第二段，第一段给出了各种数据。通常CEO们的做法是，把那些请求原谅的句子埋在第20段左右的地方，前面会花上一页左右的篇幅大谈经济是如何的不景气。"能不能快点进入主题呢？我受不了这样的报告格式了！"

然后避开真实的数字，用一些定性描述的词汇说明发展状况，没准已经到了第三十页。

但是这家公司的主席在第三段继续说道："即使是以粗心著称于世的克劳斯检察官（Inspector Clouseau）也能够发现这一切都应该怪罪一个人，那就是你们的主席，我本人。"

你应该知道通常情况会怎么说。比如说，你投资了一批股票，平时没注意，当撰写年度报告的时候，才发现一年来没有跟踪股市的变化。这些数字往往会放在第二十页左右的某个小角落，而第三页通常放置的是管理层人员的大幅照片。

主席继续说道："2000年是充满挑战的一年……"噢，绝对不是，你这么想着，"……也是公司重新给自己定位，以追求更为辉煌前景和无限机遇的一年……"最好扔掉这些废话，你咕哝着说，"在不可重现的大发展时期……"，你开始摇头，因为你知道所谓不可重现的东西年年都在重复出现，"……传统的会计实践不足以昭示你们执行团队在这一年取得的巨大进步……"现在是"团队"了，是吧？可是为什么显示的数字会这么糟糕呢？你很想知道。

上面摘录的是波克夏·哈萨威公司（Berkshire Hathaway）的 1999 年年度报告，堪称是诚实的典范之作了。当然，主席沃伦·巴菲特（Warren Buffett）先生在当年还是为公司创造了利润，而且他的业绩一直以来都是卓尔不群的，因此谦虚地承认错误并不损害他的伟大。他在第四段继续说："我们的最大一笔投资，在年内的运转状况不佳，也没有迹象表明，它能快速步入正轨。"

你不能谴责巴菲特先生在制造骗局，他说起话来总是直来直去，并且总是突出他的错误，哪是坏消息，哪是更坏的消息，这是他的风格。

事实总能消除负面影响。如果人们都能直率地坦言事实，就省去了雇用间谍的预算。宣传的费用因此会下降，同时军火的预算也会下调。你也不必监督别人，或者派人监督那个监督别人的人，以至于大家都很累，因为人人直言不讳，就没有必要监督了。

增长的是利润，节约的是金钱。

巴菲特也熟知如何谈论利润和风险。在他的 1990 年年度报告中，他就预测了重灾保险的新投资业务可能会取得的好结果和坏结果。"我们不是在泛化和夸大风险，恰恰相反，我们正在集中风险，"他写到，"我们期望这个业务在 10 年之后产生满意的回报，我们也很清楚，在某个特殊的年头，我们可能会有很糟糕的结果，所以我一直倾向于 15% 的高风险系数，而不是平稳的 12%。"

这种直来直去的风格最终成为该公司的企业文化，使得运转数十亿的商业投资都变得游刃有余。更令人惊讶的是，总部在内布拉斯加州奥马哈的这家公司，只有寥寥数人。

在波克夏·哈萨威公司，如果你的表现不佳，你会被要求做出解释，如果你隐瞒或者欺骗，对不起，一秒钟后你就得从公司消失。这家公司的员工流动量是很低的，这大大减少了运营成本，因为公司的员工很少，也非常专注于业务，根本没有工夫在各种规章制度的字里行间打转转。所有这一切都带来了丰厚的利润。

下面告诉你如何鼓励大家有话直说：

1. 在给员工和客户的公司通讯上列出一些坏消息。告诉大家一些进展不佳的业务情况。读者人数会因此增加，好消息也会变得更加可信，彼此信任的风气会渐渐形成，但是只有在你的坚持下，这种风气才会永远保持。

2. 在会上，不要夸夸其谈，吹牛炫耀。必须改掉这种习气，否则会威胁到所有人的生存。如果在你的公司这种风气已经形成，你将会看到债台高筑、墙倒屋塌的悲剧，到那时，你还不知道发生了什么。

3. 坚决剔除欺骗之人。让这一条成为众所周知的纪律，写进公司的员工手册。如果某个行政人员某天说了谎，或某个销售人员欺骗了顾客，或有才华的经理人触犯了某条规定，或某个技术人员交给你一份虚假的技术陈述，你就要立刻做出反应。欺骗是致命的毒药，坏消息至少暴露了问题，而谎言掩盖了问题，使问题进一步恶化。

# 第53章 CREATE REAL PLANS

# 制定真实的计划

没有任何意外之事。这几乎是霍尼韦尔公司在20世纪60年代到70年代之间全体人员所遵从的宗旨，他们希望任何事情都能够严格地按照计划进行。人事部（现在叫做人力资源部）整天开会研究如何做计划才能消除意外事件的发生。

有没有一个没有任何意外的世界呢？反正我不信。幸运的是，那样的世界并不存在。

但是他们还是竭尽全力去创造一个这样的世界，那些培训部的职员给全公司的每一位员工提供培训，教会他们如何做计划，以及如何做计划的计划。

他们组织了一次圆桌会议，每个分公司都必须向总部办公室提交年度报告。这次演示会议持续了半天时间，所有的高层办公人员全部到会，所有的计划书都装订得很漂亮，与会者人手一份。计划书中都是些干瘪无味的词句，是我们的管理人员费了很大劲才弄出来的。然而无人喝彩。看得出来，这又是一次愚蠢的全民运动。

他们认为计划书应该涵盖这一年中所有可能发生的事情，因此在明年的计划圆桌会议之前不再需要其他的会议。如果计划书制定的足够好，那就一定会有效，没有必要再做修改。所以我们接到了通知，计划必须完备、详尽。要想使计划书有效，就要求做计划的人周密地思考，结果我们这些经理人绞尽脑汁、痛苦不堪。

我们分公司的经营业务范围包括从德国进口禄来（Rollei）相机，从日本进口宾得相机、Elmo电影器材，经销Nikor暗房器材以及在国内自主生产一些产品。比如幻灯片投影仪和Honeywell Strobonar电子闪光灯。我们先写了一份产品计划和竞争假设，我们当时得知将会出一款新型宾得相机，并假定春季会是这个产品的销售旺季；我们还知道两种新的轻型闪光装置将要到货，我们也假定它们会增加销售额。就这样，产品计划成了销售假设。

写这份东西花了两个月时间。起初，销售部拒绝提交计划，除非价格是确定不变的，生产部也拒绝定价，因为他们需要一个预估的销售额。如果你遇到这种事情，你就会体会什么是纵横交错、完美平衡了。事实上，遇到这种事的是我们。

销售部最终给出了一个预测的销售额，才算是打破了僵局。然后生产部态度缓和了，也给出了一份成本估计。接下来，又在成本和收入上做了一轮预测，这一年就接近尾声了。

每个人的大脑都被折磨得要发疯。

从这以后，部门内为商议计划的事情专门做出预算，因为每个部门的负责人都需要召集更多的人，调动更多的设备，花费更多的时间来完成计划。

6 个月之后，计划终于做完了，每个人都充分理解但并不完全支持这份计划。我们的广告代理和公共关系事务所正急切地等待这份计划的出炉，因为他们也要基于这份东西制定他们的年度计划。这是霍尼韦尔下达的命令，霍尼韦尔的总规划师一定开心极了。

计划书提交后的第三天，美能达就发布了一款新机型，价格是我们同类产品的 70%。

天啊！这可不是我们计划的一部分啊。

聪明的反应只能是把新型号的宾得的价格下调，但是这在文档中并没有写入。所有人都已经在文档上用尽了心思，如今想要跳出文档做事，让我们很为难。我们决定不降价，看看会发生什么。

不可避免的事情终于发生了，美能达占据了销售排行的第一名，我们的反应太慢，最终无法主导市场。同时，威达也稳步进军闪光灯市场，很快超过了我们，并没有回头看我们一眼或者是招招手。我们在几年前就感受到了他们的威胁，也为此制定了对策，我们曾经在日本设立了一个生产基地与之抗衡。

这个对策怎么样呢?

他们并没有设立任何基地，而是继续在全亚洲市场以非常有竞争力的价格进行销售。他们的计划似乎更好，他们的运营利润超出我们10%。他们的计划好就好在是一种态度，而不是一份文档。

我们又开始制定计划，这次我们计划在日本销售更多的设备，但是这来的太迟，也太微弱了。我们曾经为做计划苦思冥想，形诸文字，不断讨论，在当时看起来似乎会很有效。现在回过头来看，这就是我们和威达的不同之处，他们并不仅仅像我们这样在内部人员之间彼此讨论，而是广泛地与客户和卖主讨论。我们在那里做死计划，他们却制定活的计划，能够根据市场变化及时调整。

在6个月内，尼克松总统宣布价格冻结令，这不在计划内；日元大幅贬值，也不在计划内；突然间石油供给紧张，还不在计划内；消费者变得很紧张，不愿意购买任何东西，这更不在计划之内。

太多的计划都是在“真空”的条件做出来的，它们太死板，因此脱离真实，变得不再实用，最终成了一堆堆废纸。

下面讲述如何让计划真的有效：

1. 快速制定计划。不要让做计划本身拖延得太久，没有必要为了一份文档的精益求精花上太多的时间。不要对经济、成本、市场和竞争对手的情况做太多绝对的预测，用一些聪明的陈述方式，来说明如果经济繁荣或是萧条分别会带来什么变化，某些审时度势的判断以及预先设想的对策是十分必要的，未雨绸缪总是好过临渴掘井。如果计划是可行的，就会对实际的工作有所帮助。制定计划的基本原则是立足于自身的实力，洞悉自身的弱点，假想一些意外的事件。
2. 设置短期的检查点，比如一个月或是一个季度，来审核计划的完成情况。如果在5月份之前收入都没有达到某一特定的水平，就不要幻想6月能打个“曲线球”。让计划适应于短期显现的行为效果，因为市场影响你的程度总是大于你对市场的影响程度。

3. 检查一下公司所有的计划。废掉一批。人们应该比计划中做得更多更好。计划有时候就像是空想和读小说，都是不切实际的东西。把那些百无一用的计划挑出来扔掉。计划就是工作的文档，不是书柜上的装饰。在计划中应该有足够的背景资料，有时候可以用做参考。同时计划也是检查进展状况的一个依据，当结果超出或者低于预期时，还可以用来引导变化。

# 第54章 GET ADVERTISING RESULTS 善用广告

2001 年网络公司的神话破灭，原因是对网络广告估计错误。

考虑一下，史蒂夫·巴尔默是微软的 CEO，史蒂夫·凯斯是美国在线的总裁，斯科特·库克是英图公司的总裁。

他们 3 个都是高科技的领袖，对吗？

不要急着回答。他们 3 个都曾供职于同一家公司，他们的第一份工作都是在辛辛那提，你想起来了，是宝洁公司，最大的“肥皂泡”制造者，全球数一数二的广告公司。

当所有人通过网络技术来解决难题的时候，他们 3 个想到了用网络来打广告，因为他们认为网络广告还是个冷门，这个市场一经打开，就会财源滚滚。

但等一下，他们并没有买网络广告啊。是的，他们是卖主。哈哈！他们心里很清楚，网络广告根本就不那么有效。

他们已经聚集了大量的金钱，让人们疯狂地投资，如今又抛出了 Internet。现在 Internet 和 web 都成为现实，正在深刻地变革着整个世界。然而，实际情况并不像股票价格表现得那么辉煌，那么有价值，其真实的价值充其量不过是市值的 10%。

在这股网络浪潮中，每家公司都争先恐后地投资网络广告，可是没有人认真估计一下它的价值。收费的比率是按照电视广告的水平制定的，假定电视广告每千个观众收看就要收取 50 美元的费用，那么对网络广告而言也应如此，这么算对吗？

在没有任何正确的估计广告效果的错误逻辑下，大量资金投了进去。

稍微思考一下，当你投放电视广告的时候，你占据的是整个银屏；当你在一个网页上打广告，你占据的只是一个广告条，往往只有邮票的一半大小，还被其他的广告所包围。在电视上你可以把声音和动作相结合，而且观众不会分心；在网页上你只能写上四五个字跳来跳去的显示。在电视上，你有被动的观看者，他们正在放松，乐意接受你的宣传，这也是为什么周日的报纸增刊总会附赠一份精美的 Shirley Temple 布娃娃，却只售 39 美元，甚至在有限的版本中还会附赠一把纪念朝鲜战争的刀具，其限制的数量取决于一个月的时间能生产多少这样的刀具。事实上，这些都是在卖广告。在网页上，浏览者是主动的，这些广告显得很恼人，很快就被关掉或忽视了。在电视上，你可以有 30 秒的时间宣传；网络上呢？每个页面看上三四秒就不错了。

没有人算这笔账。许多人被欺骗了。无论什么时候，投放广告之前的仔细分析和效果评价，都是必不可少的环节。

霍尼韦尔摄影分公司（Honeywell Photographic）在 1970 年秋季将有两款新的照相机投放市场，广告部经理费理克斯·鲍莱诺（Felix Pogliano）负责广告推介工作。

这两款相机的差异很大。Roller 35 型是第一台口袋大小的 35 毫米相机，性能相当不错，有蔡司公司（Zeiss）的镜头、Compur 的快门和内置的曝光表。

费理克斯知道一条简单的道理，广告的功效可以通过简单的评估得到成倍的提升，而其他的业务就不具备这个特点。

所以他开始假定这是一款户外相机。你必须测试一下广告的效果，做一些假设。费理克斯把介绍相机性质的广告打在了《体育画报》（*Sports Illustrated*），《名山大川》（*Field & Stream*）和《滑雪》（*Skiing*），其他的广告投在了《国家地理》（*National Geographic*）和《时代》（*Time*），目的就是为了比较一下广告的回响。

第二个假设是彩色印刷的成本下降了 50%，那么这部分资金可以用来多印 20%的调查单，从过去的经验能够推算出广告的反响情况。

在每家杂志上的广告价格都是通过调查单的成本来估算的，大概一份调查单的成本从10美元到50美元不等，计费的方法是正文的单词数量乘以单价。我们假定调查单的反馈比例是1%，也就是说每份调查单都有其他99位读者看完了整个广告之后并没有做出回应，所以每份调查单的价值实际上就是影响这100位感兴趣读者的费用。

第一个假设无疑是正确的。在体育类杂志上的每份调查单的成本大概在28美元，新闻杂志和《国家地理》杂志的成本高达45美元。我们的估算假设被证实了，最终我们决定把广告锁定在体育类的媒体上。我们制作了一系列的广告，每个都有不同的大标题，比如“大图片，小相机”“禄来，品质卓越，物有所值”和“口袋里的动作摄影相机”等等。最后，我们找到了最佳的创意和文字，使得成本降到了12美元。

一旦敲定了合适的广告大标题，鲍莱诺就开始着手测试用整幅页面还是1/4幅页面的广告更为恰当，因为他认为在整页纸上孤零零放上一架小相机没有必要。

经过一年的测试和评估，我们的广告越来越有效果，这款相机通过经销商在各地热销，不到4%的销售额再投入到广告方面。任何一个投放的广告都至少被测试过一次。

霍尼韦尔开始在全国各地为Rollei 35做各式广告，在东北部和西南部重点推出春季广告，西北部和东南部则是另外一种广告。关于广告对销售的影响程度调查，我们采取了以州为单位反馈授权卡，而不是通常的那样，投入额外资金来做调查。这样做也节省了不少预算。

推介活动之后的18个月，每年的广告预算从100万美元降到了15万美元，所做的产品活动没有减少，同时净增85万美元额外利润。在这个案例中，广告起到了最佳效果，鲍莱诺紧缩广告成本的做法，为霍尼韦尔赢得了利润。

另外一款同时推出的相机Spotmatic IIa就不这么幸运了。这是一款便捷单镜头优角35毫米相机。曝光表由霍尼韦尔设计、宾得制造，嵌在相机的内部。曝光表的设计非常优秀，在阴影处理和光亮感知方面都做得十分出色。它采取直测的方式，可以对柔和的阴影进行试探，或者通过一边打光来加强阴影的效果，还能够补偿曝光强度不足造成的失真。

Spotmatic IIa 的市场表现不佳，原因是难以准确定位（我们用了 75 个单词来描述它）。广告做得也不是很成功。

由于有一个新的概念支撑这款产品，所以推介的广告只能打在了那些以懂摄影技术为目标读者群的爱好者杂志，比如《大众摄影》（*Popular Photography*）、《现代摄影》（*Modern Photography*）等。在这类杂志上每个广告词大概在 5 美元左右。读者的人数众多，这些摄影爱好者通常对摄影兴趣浓厚，总是喜欢尝试一些新款的相机。为了准确地描述我们的 Spotmatic IIa，整个广告词花去了 175 美元，但是仍然没有准确传达我们要表达的意思，我们的广告代理康贝—鸣升（Campbell-Mithun）公司看出了这份广告的难度（事实上这不是他们的错，可有什么办法呢）。

我们只好请来特蕾西—洛克（Tracy-Locke）公司来想想办法。他们的客户经理查阅了我们以往的努力，紧皱着眉头离开了。一个星期后，他请我们吃中饭，告诉我们他手下富有创意的团队已经“破译了该产品的密码”。

我们急不可待。在饭桌上，这位乐观的得克萨斯人为我们展示了几经修改的媒体广告计划。“我们将为你们创造新的记录，你们在每份广告上的开销将直线下降。”他咕噜咕噜地说着，仿佛是在念诵咒语。

我们坐在饭店的一个包厢中，墙上挂着一排图表。他信誓旦旦地说，如果我们在《摄影爱好者》杂志的广告中加上一份回执卡，就会为我们增加 8～10 份调查单。这样我们只需要打一半的广告就可以取得同样的效果，他充满自信地说道，“我们的很多客户都是这么做的。”

他继续说，如果我们将广告延伸到消费类出版物，比如《国家地理》《时代》《新闻周刊》（*Newsweek*）等，将会产生更大的反响。最佳的做法是在广告中附赠优惠券，同时用粗体字打上“免费信息”。

我们对他们的劳动表示感谢，当然中饭的餐费还是由我们承担为好，在接下来的很多天我都没有任何心情给他们打电话，这太让人为难了。

这不怪他们，是我们的问题。他们出的主意不错，只是一开始我们的导向出了问题。调查单不是我们的目的，当然，他们能帮我们获得更多的各种各样的调查反馈，调查单不过是一种测试广告被接受程度的指示器而已。

同一时间，康贝—鸣升公司组织了几位相机的使用者来描述 Spotmatic IIa 的特征，他们在文案阐述方面做得越来越好，不断修改他们的广告，但从实际效果来看，只不过从“极糟糕”提高到了“一般糟”。我们决定不再尝试。

这款产品在 6 个月内取消了，如果不能想出很好的标题，就只能采取这种下策。我们这些专业人士试图解释清楚这个说不明白的产品，总共损失了 50 万美元。问题的关键在于产品，根本就没有办法为它做出让人印象深刻的广告。

查克·泰勒（Chuck Taylor），电子工程部门的负责人，和我一起制定了一份产品开发程序说明。依据这份说明，我们在任何一项产品开发计划启动之前，都要求计划的支持者给出一个大标题，必须在 20 字以内清晰准确地说明该产品将会带来的益处，如果他们做不到，这个计划就不上马，这样一来，我们砍掉了一批没有任何商业价值的产品计划。

查克后来成为夏普映像（Sharper Image）的产品开发经理，在新产品开发程序中仍然遵循“大标题”的做法。

一定要把握最本质的东西。一份返回的调查单仅仅是一个指示器，不是目标，同样在网页上，一次广告的点击也仅仅是指示作用，再没有什么别的意义。

广告决策中，媒体的选择是至关重要的一点，其次重要的是你表达了什么，最不重要的才是你如何去表达。创意固然重要，不过与在哪里做广告和表达什么相比，其重要性就要退居其次了。

下面说说如何从广告投入中获取更多的收益：

1. 任何一个广告都要经过详细的测试。首先做一次媒体的比较选择，在不同媒体上广告效用的强弱对比通常是 10∶1；其次，测试一下基本的广告词，不同的表达方式产生的效果会相差4倍以上；然后才是广告的幅面大小和广告的深入层次。

2. 严格控制你的广告代理商。他们有时候会做那种十分昂贵的广告来增加他们自己的利润。更多的时候，你完全可以用较少的金钱做出更好的广告。
3. 广告的目的只有一个：卖更多的产品。凭空捏造广告创意是一个陷阱，千万不要陷入其中。如果销售更多的产品都不能激发你的想象力，就没有必要经营公司。虽然广告本身不能代替销售，但是也没有必要忽视销售的目的，为广告而广告。

# 第55章 CUT COSTS BY RAISING QUALITY

# 提高质量以降低成本

费雪玩具公司有一个宗旨，说的是“玩具必须能够保持玩耍价值”，意思是玩具不会轻易坏掉，而且即使玩具不再崭新如初，孩子们也仍然能保持玩耍的兴趣。

公司通过玩具的持续运行测试来确定玩具的耐久力。玩耍价值的测定要花费几个星期的时间，费雪玩具公司专门为此在布法罗市办了一所私立学校，每天学校的孩子们都可以从 100 种玩具中选择一个拿回去玩耍。

我是 1976 年介入这种公司文化氛围中的，当时我所在的梦创公司被费雪公司收购。我原来在梦创公司担任负责市场方面的副总裁，收购之后，我被任命为费雪公司制造分公司墨西哥 AFI 公司的常务董事兼西海岸地区的总经理。

费雪公司和梦创公司联合开发了一种电唱机，设计十分复杂，后来我们还发现了改良产品的一些缺点。

“你们的人并没有考虑到如何设计一种旋钮，能够让小孩子们使用起来很方便，而且又不容易坏掉。”汤姆嘲笑地说，他是费雪公司视听开发部的负责人。

“你们从来就没设计过任何超过 10 个零件的产品，也没有设计过任何能动的产品。”我立刻反驳，我们双方都说的实话，但是都在钻“牛角尖”。

事实上，费雪公司的经营哲学提升了我们。不管我们自认为有多聪明，或者汤姆的嘲笑让我有多难堪，我们的的确确都从“保持玩耍价值”的理念中受益无穷。

虽然美泰公司收购费雪公司是陈年往事了，但是我依然有着浓厚的兴趣去回味他们的发展历程。美泰公司是典型的市场经营者，费雪公司只会制造高品质的玩具，在玩具展览会上，买主会参观美泰公司的展厅，看新产品的定额信息（这是一种广告展示的方式）。买主可能还会看看新产品的广告，甚至看一看玩具。这足以证明媒体展示在最大程度上决定了成功，其次是广告，最后才是产品。无论如何，对美泰公司来说，这是适用的。

不会有人到 Toys R Us 去找美泰公司的玩具，但是他们可能会去那儿找芭比娃娃或者美泰公司的其他产品。但是妈妈们会去 Toys R Us 看看费雪出品的玩具，因为品牌带来的盛誉，可以胜过广告。所以美泰公司和费雪公司的联姻被广为看好。

追溯到费雪公司刚刚收购我们之时，我们正在设计电唱机。由于费雪的理念影响，我们的成本一下子高出了许多，但是最终的产品变得不易损坏，也不像其他竞争对手的产品那样容易划损盘片。

因为我们用了焊接连接件。我还知道关于焊接件的一件事，在我读高中的时候，有一次在原子能所实习，我发现同步粒子加速器上就用到了焊接件。我发现费雪公司的焊接件标准的出台，比原子能所还要早上几年。

这样的一种标准为费雪公司赢得了赞誉。我们的电唱机投放市场初期，市场上尚有其他 12 种较为便宜的同类产品，我们产品的价格是其他产品的 2 倍。投放市场的第二年，其他 12 种产品的销售总和加起来才和我们旗鼓相当。我们的电唱机后来一直是销售最旺的产品。

品质就是金钱。买主来到玩具展览会上，会买走任何一款即将上市的费雪玩具产品，而不必问广告计划之类的事情，是长久以来形成的品质和品牌帮我们节省了市场开支。

父母采购的时候也是一样的，他们可能会到处寻找 G. I. Joe 敢死队及其零件，但并不知道是哪家产商生产的；但是他们会到费雪的柜台挑选他们喜欢的玩具，即使他们并没有察觉自己的这种心理。

这就是信任，基于质量的信任。它节省了广告的费用，减少了返回的产品，减少了不舒服的感觉，也节约了年年都要重做整条产品生产线的成本。

多亏了这条指导原则，让我们这些原来梦创公司的人越来越成功。与此同时，另外一个设计小组返回布法罗，打算对另一款主打产品“费雪风筝”做最后的改进。

这款风筝产品被视为是公司产品史上的一次跨越，事实上差一点就实现了这个目标。这款产品安装简便，消费者拆封后只需把聚酯纤维薄膜的翅膀装在两根管子上，对合之后就能够放飞了。

这种风筝的形状酷似蝙蝠，内置一条可卷缩的绳，使得重心落在底部用以平衡。放飞的时候，把风筝放在地上，拉紧控制线，向前跑，然后卷缩的线绳就会抽出来，线的长度有 60 英尺，到达顶端之后，风筝就会脱离地面，在凛冽的风中，直冲蓝天。

费雪的这个开发小组花了 50 万把一个好主意变成了蝙蝠风筝，当他们看到扇齿状的小三角在伊利湖上空飞翔时，感觉一定像个胜利者。

但是有一天他们试图在风不是很大的天气情况下放飞风筝时，发现风筝根本飞不起来，它太重了。这款产品几乎通过了各种特殊的产品检测，从空中落下时也不会轻易损坏，甚至用做三垒接球都不会断裂撕破，它是耐用的，还永不褪色，并且无毒，小孩子们还可以用它来磨牙。

然而，这些梦想着把蝙蝠风筝送上蓝天的人们，忽视了一条关键的质量因素，也是风筝本身的功能，那就是飞翔，在任何状况下成功地飞翔。在微风中，其他的风筝在空中摇曳时，我们的蝙蝠风筝只能趴在地上，翅膀煽动着，像个小军鼓，更像个笨企鹅。设计人员虽然遵循了公司的规则，但却没有领略核心的理念。

经过了艰难的 3 个月，为此花费了 50 万美金，最终的结果是费雪只好悄悄把这款产品从市场中撤出。蝙蝠风筝的产品经理很懂公司信奉的规则，风筝在下坠试验中的确表现良好，而且是无毒塑料制品，但是它没有遵从其产品本身所必须遵从的规则，也就是“玩耍价值”的本意。电唱机通过同样的下坠试验，也是无毒的，但是它有能维持全生命期使用的焊接件，同时不划伤盘片，所以它成功了，在一般的播放条件下依然效果优异。

下面是如何通过提高质量来节约金钱：

1. 质量要求是最为基本的，因为质量提高了，保险费用就会降低，效率就会提高，市场费用就会下降。质量不仅仅是一种表述、口号或者规则，它必须是一种企业遵从的商业理念。
2. 不能靠检测来提高质量。即使你能够检查出 10%的次品，你也无法保证出厂的产品个个质量有所保证，因为检查本身也并不是一个完美的过程。让你的质量部门花些时间去寻找缺陷的原因，并给予纠正，而不是剔出多少不合格产品。
3. 一个月内随机抽出一天时间，专门检查某个领域的质量问题。一定要随机选择日期，让每个月的日期都有所不同，在那一天不要做其他事情，不接电话，不见外人，不参加会议。在质量检查的过程中，与员工和客户充分地沟通，询问现状如何，请教如何改进，你的合作者们很快就会熟悉这些情况，做更多的工作。这也会成为企业文化的一部分。

# 第56章 MANAGE FROM ONE PIECE OF PAPER 从一张纸管起

一张纸，对，就是一张纸。

罗伯特·维拉斯克（Robert Vlasic）拥有并负责管理3家公司，一家是出租车公司，一家是房地产公司，还有一家是泡菜公司。

“我有一条规定，每周要求每个公司提交一张纸。这种形式的交流很重要。”他说道。他的意思是在这张纸上列出一些重要的事实，如果那些事情做得没有差错，就说明一切都尽在掌握。

他要求泡菜公司提交的那张纸上，按照不同的泡菜产品分类，列出该星期内有多少箱泡菜售出、总的金额是多少、毛利有多少以及每个加工厂的劳动成本是多少，当然包括每个加工厂管理人员的小时工资支出和员工的加班费发放情况。一个月或者是一个季度，还要做一次比较。

泡菜公司的业务增长迅速，其他两家公司发展平稳。快速发展往往导致管理失控，但是维拉斯克有办法避免这种情况发生。维拉斯克的泡菜公司经营种类广泛，包括德国泡菜、胡椒粉等73个门类。截至1970年，维拉斯克已经拥有4家加工厂，并和多位蔬菜种植者有密切的联系。即便如此，他还是有办法不让经营变得太复杂。

1962年，维拉斯克创办泡菜厂的第一年，销售额有170万美元，其中利润10万美元。截至1971年，销售额已经窜至2 700万美元，利润突破180万美元，对一个日用品业务来说，如此业绩已经不俗了。“想增长多快都可以，”罗伯特·维拉斯克在1971年说道，“只要保证5%的利润率。”当时，销售额是2 700万美元。

（在后来的几年，该公司经历了两次变化，印证了本书其他章节所说的商业规律。亨氏公司一直是泡菜业的行业龙头，后来转向调味品行业了。如果泡菜业务和调味品业务都不能协调发展，还有什么可以呢？然而亨氏却生生地把两者分开了。亨氏拾起了调味品业务，结果在泡菜业务方面输给了维拉斯克。所以这家名字滑稽的公司一下子声名鹊起，吸引了许多金融家的眼球，纷纷为他们投资，使得该公司完全应付得了市场的小小波动。然而该行业遭受了一次中等的冲击，维拉斯克只好重组公司，结果让股东和投资人都还比较满意。那时候，公司每年的利润超过了10亿）

该公司制定的所有计划都被更高的增长率和利润所超越。在1971年，公司计划截至1975年销售额达到5 500万美元，结果超过了6 000万美元。

说起来也简单，维拉斯克一直秉承简约直接的管理方式，从来不脱离销售谈利润。这两者都是很自然，在维拉斯克的商业原则中，核心就是通过一张纸来管理整个公司。这样做的好处是聚焦，不分散，每个人都把精力集中在几件事情上，比如泡菜出货量、加班时间和价格。

当然你也可以用长篇大论的财务报告来经营你的公司，这就好像是站在船尾向船长汇报，你们一共躲过了多少暗礁。

如果你想报告航行前方的情况，请尝试以下几点：

1. 把管理报告浓缩成一张纸，把不关键的详细文字全部去掉，只留下出货量、返回订单、取消订单和工资成本等几条。绝大多数的财务数据都是历史性的，前瞻性的数据是客户信誉度、回头率、广告反响情况、反馈的各种电话，这些才有益于对市场的把握。同时在纸上列出产品开发的进展情况，以确保你行进途中每时每刻都用一只眼睛看着远方的地平线。
2. 将这张纸广泛地分发给公司的员工，让每个人都对关键数字了如指掌。在纸上强调哪些背离了计划，纸上的数据要全面客观，既要有好的数据，也要有坏的数据，让每个人快速了解发生了什么。
3. 坚持不懈。不要让那些无聊的家伙创造出什么其他的“有趣的报告”。只要掌控一份报告，其他的都忽略不计。每年召开一次会议，专门讨论修订和删减这份报告条目的问题。修订的时候，千万不要增加条目，增加每一条都必须意味着其他条目的删减，另外用大号字打印。

# 第57章 INVEST SIMPLY

# 简单投资

华尔街嗅到了爱荷华州福莱斯特市（Forest City）传出的金钱的味道，金融家们迅速拎起了公文包。他们都是大玩家，在新的游戏场怎能没有他们的身影，这个新场地就是福莱斯特市的温尼贝戈工业公司（Winnebago Industries）。

1987 年，人口只有4 100的福莱斯特市，迅速变得繁华起来。温尼贝戈公司的订单如雪片般飞来，看情形到年底的时候，就会以1 000辆"汽车之家"从工厂里开出来。福莱斯特的市民有不少都成了百万富翁，但是最富有的是约翰·K·汉森（John K. Hanson），他是温尼贝戈公司的创始人，一位固执、好吹牛的 79 岁老头。

汉森拥有公司股票的一半，他很喜欢在市场上以智取胜。1985 年，温尼贝戈向雷诺公司（Renault）下了一个大订单，采购他们的底盘装配到最新的车型上。当汉森制定采购计划时，发觉法国的弗兰克公司的产品似乎更便宜一些，但是他决定赌一把，所谓"投资未来"。正如他后来经常吹嘘的，他赌对了，Franc 在价格上上涨得太多，要是当初他买了 Franc 的产品，那么同样数额的订单，足够再买上数千个雷诺底盘了。

汉森向《德梅斯风云录》（*Des Moines Register & Tribune*）的记者披露了公司的经营状况，公司当年的利润翻番，达到了 2 000 万美元，部分原因在于汉森的机智。温尼贝戈的股票飞涨，汉森的个人资产也达到了 8 000 万美元。

但是华尔街的金融家们并没有很快地到达福莱斯特市，因为通往福莱斯特的路只有两条，要么经过德梅斯，要么走 Minneapolis。这两条路都需要长途跋涉，穿越一片平坦的农场。路两边的果树硕果累累，穿着吊带裤和七片衫的采摘者们也随时可能阻住他们的去路。

温尼贝戈会见了许多聪明的短期资本经营者和投资顾问。“去年，”汉森在谈到公司的新方向时说，“我们在股票市场挣了1 300万美元，公司的业务收入有900万美元。”

第二年，温尼贝戈和IBM签署了一项主机的融资租赁合同，并且开始投资各种领域，比如股票、倒买倒卖、证券、股票选购权以及各种金融家们为有产阶层发明出来的财务“游戏”。

接下来发生的事情很好笑，房地产投资收益不错，证券交易的业绩马马虎虎，工厂扩充之后房车市场有所畏缩，IBM的主机租赁损失惨重。在1988年公司仅赚了300万美元，股票价格一落千丈。到1989年，越来越多的投资项目经营不善，温尼贝戈损失了300万美元。

温尼贝戈的主要竞争对手弗利特伍德（Fleetwood）公司，没有做任何投机性的金融投资，在1987年的时候，还远远没有温尼贝戈做得好。第二年，他们的业绩与温尼贝戈相比要好一点。他们的投资一直沿着平稳、直接的路线，他们不会到处碰运气，而是把多余的钱投入到银行存款和短期国库券上，因此他们的回报很高，而且不冒险。第二年，他们的投资回报依然很好。

弗利特伍德没有被那些诱人的投资名目分散注意力，始终专注于核心业务，经过了几年的发展，发现温尼贝戈已经被远远抛在了后面。这一方面是因为普通的旧式业务的快速增长，更重要的一方面是（根据华尔街股票分析师的意见）关注核心业务，不分散精力。想想当初这些华尔街的投资人是怎样诱惑你的，而如今又是怎样嘲笑你的。

金钱总是让人愚蠢。在后来的10年间，弗利特伍德躺在了胜利的温床中呼呼大睡，放松了进取心，结果温尼贝戈一点一点地追赶了上来，并最终超过了他们。约翰·K·汉森去世后，温尼贝戈由专业人士经营，汉森的儿子约翰·V·汉森（John V. Hanson），加入了董事会。在最近的几年内，温尼贝戈的市值增长了4倍，尽管经历了市场的衰退和燃油价格的上扬。

如果你不在华尔街，你就没必要到那儿去。如果你不如外界的投资人信息灵通，就只有一个方法能结束你只发小财的生涯：一开始就发大财。

坚持做你了解的事情。下面告诉你如何做：

1. 多余的钱投资到存款、债券和证券上。胜不骄，败不馁。你最聪明的举动就是把你的努力范围最小化，不分散注意力，在长期的发展和竞争中，你就会做得比别人更好。
2. 如果你计划招聘外部管理人员，就只雇用其中的一小部分。用最低的管理费用和最安全的控制措施把他们聘请进来，让他们具备争当第一的信念。对于他们在市场方面的一点点的突出表现，要给予奖金作为鼓励；但不能因为上好的表现就额外加薪。这是一种激励技巧。
3. 不要每天急着回顾业务表现。如果你这样做，说明你有投机倾向，用不了多久就会心生厌烦，产生抵触情绪。以简单、非投机性的方式进行投资，并耐心地等待回报。

# 第58章 NEGOTIATE FASTER 快速谈判

1973 年，我们需要新的产品。

我们是宾得在美国的相机产品经销商。那一年，种种迹象表明，宾得似乎打算放弃我们，在北美地区采取直销。事态的进展也的确如此。另外一个因素是，威达的电子闪光设备在亚洲地区击败了我们。美国的劳动力价格让我们毫无竞争力，我们最终失去了那块市场。除此之外，幻灯片投影仪和电影摄像和放映器材方面也没有太大进展，该市场长期被柯达垄断着。

是该采取行动的时候了。“AGFA 怎么样?”有人在职工大会上说道。当时，AGFA 是全球第三大胶片生产商，仅次于富士（Fuji），两者都被柯达远远地抛在了后面。

我们给 AGFA 打了电话。

“我们有 60 家美国的销售代理和 6 家电话销售商，”他告诉我们，“这个国家的每位胶片经销商每隔两个星期就会收到我们的信函，而一些稍大的经销商则每天都会与我们见面。”

这听起来太诱人了，实际上 AGFA 并不是如此风光。他们有 15 家销售代理，经销商通常几个月才打一次电话。他们的销售也不是非常稳定，AGFA 的经销商总是某一个星期产品积压，而另一个星期就有可能供不应求。

两个星期之后，我在新泽西和 AGFA 的总裁鲍勃·卡潘纳什（Bob Copenrath）同乘一辆豪华轿车，鲍勃有个绰号叫做“大嘴”，他整整说了一路话。

“萨顿先生，我想把我最漂亮的女儿嫁给你，”卡潘纳什说，他指的是 AGFA 胶片的分销，“但你必须知道，她的乳头上有个文身。”

这是他高明的说话方式，实际上是指他们的销售不力，在消费者环节上他们一直在亏损。我们只对消费者环节感兴趣，所以我们愿意凑近一些看看她那有着瑕疵的胸脯。

我们讨论了一下，霍尼韦尔代销 AGFA 的产品是否有可能促进销售额的增长。我们的战略是整合 AGFA 和霍尼韦尔的销售团队，抽调75位销售人员中的65位。经销商会更多地和霍尼韦尔的销售人员打交道，AGFA 的销售团队作为后援。销售不可以强买强卖，与其做大单生意，不如分成若干小订单。销售人员会将 AGFA 的产品放到专门的仓库中，经销商那里既不会出现缺货，也不会出现堆积现象。我们的销售人员不能分散。我们认为销售状况将会有所好转。

当我问及他们设在纽约的工艺实验室时，我的愿望是他们继续经营这个实验室，因为我们只想做分销。

卡潘纳什仍旧以他特有的方式回答道：“除非买主把厨师也买走，否则我们不会卖掉饭店的。”这个类比很切合，但是不如前面的比喻形象，不过这两句话都很让人难忘。

一切都很明了了，AGFA 在美国的销售环节并不挣钱，而霍尼韦尔需要新的产品。两周后，正式的谈判在丹佛举行。

开始之前我们已经做了充分的准备工作。事前，我们就明确提出在产品价格方面我方能够接受的极限，我们没有虚报。他们也解释了他们在销售方面的条件，也没有任何不实之词。

我们同意由 AGFA 提出销售指标，但是我们也声明如果他们提的要求太过苛刻，我们就只好放弃，去寻求其他的产品合作伙伴。当然，我们有几个这样的伙伴，但是他们在胶片行业不具备太强的竞争力，而且建立合作关系也要花些时间，但是选择的余地是存在的。

经过3次会谈，我们的谈判就胜利结束了。他们最终提出了非常合理的目标价格。问题的关键转移到我们能代理多少种产品，在第二次会谈中，我们双方各退一步，找到了共同的利润结合点，只用了45分钟就解决了这个问题。由于双方在一开始就本着合理少量的要求进行谈判，所以相互的妥协变得十分容易。

在第三次会谈中，我们同意了他们提出的销售目标，他们期望经由我们代理之后的销售会有所增长。我们经常听到他们现在的分销商抱怨销售不景气，在这样的现状下，我们的新策略似乎变得更为合适。因此超过此前的销售记录应该不成问题。

两个月后，合作协议正式签署。AGFA 的市场成本有所下降，在销售方面有所增长；霍尼韦尔的销售额增加了 500 万美元，也赚了一些钱。然而，这份合同的签署仅仅用了 60 天的时间。

你在谈判的时候不可能赚钱，旷日持久的谈判只会让双方筋疲力尽、兴趣尽失，因此谈判时不要处处追求利益最大化，而是要快速地达成一个合适的结果。

下面是如何更有效率地讨价还价：

1. 在最初就要明确你的最低期望是什么。如果对方坚持只能给出更低的条件，你就礼貌地走开。一开始就要说出你最期望达到的结果，然后不断调整。给出让对方理解你的需求并接受你的条件的充分理由。
2. 千万不要让那些热爱谈判的人参与得太多。否则即使谈判成功，也会给双方带来很大的痛苦。在谈判方面精力旺盛的家伙若非有虐待倾向就是精神失常。在取得共识之前，必须根据双方的利益，设定整个谈判过程中预期结论的底线。这是一种二者选一的取舍，如果没有取舍，就没有所谓的谈判。
3. 在进入谈判之前就列出可能的取舍。如果你不想做成这笔生意，谈判就会很轻松。谈判中最经常犯的错误，是揪住一个可能性不放，而忽视了另外一种可能。而当你有更多的选择权时，你就不会太执著于一点，因此你会把谈判处理得让双方都满意。

# 第59章 FLATTEN THAT PYRAMID

# 削平金字塔

1988年11月当我被聘为主席的时候，斯麦丽工业公司的业务很不景气。净亏损达到了历年收入的33%。由于公司没有能力向麦道公司提供运输包装，北大西洋公约组织（NATO）1/3的阿帕奇直升机订单也被搁浅。多目标导弹制导系统机架一直是有利可图的，可是和平时期情况就不一样了。

还有其他的麻烦，帕克·汉纳芬（Parker Hannafin）作为复杂的机械水压阀门的卖家，威胁要停止供货。真是困难重重。

因为交货推迟，罗尔公司（Rohr）威胁要取消订单。洛克希德（Lockheed）也这么说。我们和Northrup之间也有麻烦。我们每个月提交120份报价单，可是只有平均10%的成交率，这些现象表明，我们一定犯了很严重的错误，否则不会如此狼狈。后来，我们仔细地进行了研究，将报价单数量削减到每个月40份，结果其中的一半成交了，这样我们的利润增长了一倍。

当我被戴维斯工业公司（Davis Industries）那些沮丧的业主请来的时候，作为底特律最大的金属压模企业之一的戴维斯公司已经亏损严重，并且还在加剧。这个航空制造企业迅速衰败，并即将破产。连发下一次薪水的钱都没有了。瞧，这就是我所面临的情况！我没有时间犹豫，否则一切都会化为乌有，包括很多人的工作。

很快，我们就说服了一些债权人，承诺在以后的新订单中按期扣除一定的比例用来偿还借款。他们也同意可以用优先买卖权来偿还部分款项。我们重新与麦道公司之间就业务问题达成协议，这样我们就有足够的钱来支付3个月的薪水。企业下滑的局面得到了缓解。现在我们正在平稳地发展，同时祈祷前面不要再有什么困难。

我们观察整个业务的运作，发现设计和制造的环节完全脱离了。一共有 9 个工程师，但是只有两个在规定的时间在第一线工作。而且那两个基层工程师并不是在做设计，而是向同一个上司汇报情况，这个上司手下再没有别人了。而这个上司又向上一级的上司汇报，任何一个上司都没有其他人再向他汇报了。组织结构图类似于一个图腾柱。

我们改变了业务的运作方式。我们聘请了一个新的设计部经理，他让那 9 个工程师每个人负责 20 个项目。

混乱的局面出现了。那些工程师在工作现场走来走去，看上去很乱。

但是好的迹象也出现了。设计部门的咖啡用量由每天 3 大铝壶减少到每天一壶半。与此同时，制造现场附近的咖啡售货机由原来一周补充一次增加为一周补充两次。

尽管还有很多事情看上去似乎无法控制，但是在 3 个月内我们延迟供货的比例从 40%降到 20%。罗克韦尔（Rockwell）重新成为我们的首选卖家。现在公司已经从灾难时期走到了平稳时期。下一个挑战就是戒骄戒躁。

一个机构一旦被精简，就会变得更有效率。戴维斯公司如释重负，接到了数百万美元的订单，重新做起制造汽车零件这种轻松赚钱的生意。

多层的管理架构，以及派生的管理机制将使机构懒散。他们使经理和主管人员孤立起来，造成冗余。必须消除层级差别，摆脱可恶的“金字塔”式的结构。

下面是如何加快你的公司的反应速度：

1. 重组机构并消除其中的层次结构。当每个人都畏缩不前并抱怨局面将会失去控制的时候，不要听信别人。层次结构会使局面更加不能控制并造成更多的错觉。
2. 取消一些只有三四个下属的管理岗位。处在这个岗位的人没有足够的事情可做，因而得过且过。解除那些他不必要承担的责任，分派给他一些有意义的任务。

3. 进行机构重组。忘掉在一个机构里层次结构所产生的假想的规模效益。机构越庞大，层次就越多，也就意味着更少的响应。管理人员随着机构的扩大而被孤立，忘掉应尽的责任，甚至变得骄傲自大。重新开始团队工作，记住彼此的密切协作总是在效率方面胜过那些所谓的大规模组织。

# 第60章 WATCH FOR TROUBLE SIGNS 注意危机信号

橡树公司（Oak Industries）是一家制造煤气炉燃烧器的公司，其实做的都是体力活。但是经理和主管人员追求的不仅仅是在伊利诺伊州的保龄球道上展示他们的成功。因此，他们在 1979 年加快步伐，将公司搬迁到加利福尼亚温暖的洛克庞纳德。

公司高层人员对于搬迁的理由与将要涉足有线电视硬件和电视台的多样性经营有关。但是除了多样性经营还有更多的原因，你可以从加利福尼亚山顶上的拱形西班牙建筑里，在优美的庭院中以及在停车场的水磨石花砖上找到答案。橡树公司的高层人物打算靠华丽的外表提升公司的品位。

他们聘请了一位室内装饰设计师，这位设计师对于 IBM 的打印机外壳和公司建筑的底面色调和装饰格调的不协调倍感苦恼。结果 60 台打印机的外壳被去掉，并且喷涂上赤褐色、紫红色和新墨西哥蓝色。

虽然电视台已经遍布美国，橡树公司还是收购了一家电视台，并计划以商业信誉作为担保，在 40 多年内分期偿还额外的款项。搬迁和建筑的费用要在十几年内才能偿还完毕。公司的标识也由图案陈旧而且无任何创意的 20 世纪 50 年代的设计变成了富于现代气息的尖角形状。一切都极尽铺张浪费之能事。公司年度财务报告中还沾沾自喜地夸耀到：“橡树公司是一个不断壮大的信息企业。”

有一段时间，银行家相信了他们的鬼话。他们继续贷款给橡树公司，因为这家“有利可图”的公司看上去运作良好。

华尔街也来凑热闹，向那些不幸的人们抛售了大量的公债，所以橡树公司可以用这些人的钱来支付他们积欠下来的账单。华尔街的人士没有自己的账目，因为那样会和橡树公司产生利益冲突。是不是很好笑？毕竟，利润看起来还不错。该来的终究要来，1984 年，橡树公司几年来第一次报告公司亏损。“这很意外，应该是暂时的。”洛克庞纳德那些穿着舒适的红色吊带裤的人这样说，很明显，他试图为亏损辩解，但事实并非如此，亏损才刚刚开始。

直到人们都关注这件事情的时候，人们才知道发生了什么。后来每个人都知道是什么导致公司亏损。投资者的钱已经消失在一个无底黑洞里了。

公司主席迫于压力，黯然辞职，而后那个对过去之事震惊不已的董事会又在一个错误的前提下聘用了一个错误的人选。新的主席叫威克斯(Wickes)，这可是一位充满了个人魅力的失败者，他曾经是密歇根州一家公司的董事长。上升伊始，他就和伊利诺伊州那帮管理橡树公司的人如出一辙，把公司从加利福尼亚中西部搬迁到南加利福尼亚。

然后，威克斯买下了圣地亚哥最高的建筑，冠以橡树公司的名号。威克斯开始了疯狂地、不计后果地收购，直到橡树公司完全垮掉，成为当时美国历史上最大的破产企业。

橡树公司不断萎缩、流失，一次又一次报告亏损，直到它缩减到几乎只有它作为煤气炉燃烧器公司时的一半规模。

当这家公司对搬迁到圣地亚哥不遗余力地进行宣传的时候，有一家商业机构也在圣地亚哥成立了，你或许还记得在前面曾经读到过这家机构。提醒一下，你或许就想起来了：“普莱士价格俱乐部并无太多特别之处，除了他们的账本底线”，公司总部仍然在一个工业区的大楼内，CEO 还是使用由石灰砖和木板做成的书架。但是他们 1991 年的账本底线是1.29亿美元，这个底线应该足够向外界炫耀公司的财富了。

在任何地方，你都必须关注危机的信号。橡树公司不明白这一点。威克斯也不明白这一点。他们解决问题的时候总是离题太远，他们不明白改变公司标识、重新设计办公室、搬迁都不能解决任何问题。所有这些只能分散精力。如果你发现自己正在改变标识和家具，那么马上停下来。洗一个澡，出去散散步，清醒一下头脑。

多样性经营通常收效不佳。比如在高性能电话系统方面的投资很大，可是从来都没有任何回报。

当危机出现在财务报告中以前，你会在很多地方发现它。如果你下午7点有一个空空如也的停车场，那么你就有麻烦了。如果你和卖方及媒体关系密切，而和顾客十分疏远冷淡，那一定是有问题了。

一定要当心高薪水和低奖励、库存增加、一等商务舱的旅行、紧闭的办公室的门、新的办公环境和陈旧的机器、经理主管人员的特殊餐厅以及严重的商业协作纠纷。如果你只有热闹的股市、高额的债券、高投入的研发和值得夸耀的公司规模而不是利润，你的麻烦就不远了。

下面是避免上述情况的几种方式：

1. 一定不要在公司低迷时期改变公司标识、在其他领域收购或者改变账目核算方法。在改变外在的东西之前要首先解决实际问题。不要在已经腐烂的木头上喷漆。
2. 账目上通常把库存、债券和应收账款也当作资产。实际上不是这样。如果当地的水果店愿意接收其中的任何一项来代替现金，那么它们就是资产。它们是让人讨厌的、危险的、毫无贡献的，直到它们变成现金。只有债券、应收账款和库存减少的时候，收入才会增加。
3. 不存在任何完美无瑕的财务年度，或者完美的办公地点和家具。改变这些是以花费金钱作为代价的。不要擅自改变这些装饰品直到你有了3年以上的利润增长（即使是这样，我还是希望你不要改变那些装饰品）。

# 第61章 SELL HARDER

# 销售之道存乎于心

1968 年，鲍勃·哈特利（Bob Hartley）刚好 26 岁，他被聘为 Learjets 的销售人员。从他 3 年前开始做 IBM 打字机的销售员开始，他就有了卖喷气式飞机的念头。他第一次给 Gates Learjet 提建议是在他 23 岁的时候。他坚持每个月回来都提出建议，直到他最后被 Dallas 的经理菲尔·卢维特（Phil Lovett）雇用，菲尔·卢维特被哈特利坚持不懈的精神所打动。

哈特利加入了由一群傲慢家伙组成的团队，这些人的生活就是工作、饮酒、进餐、在天上到处飞，他们的目的很单纯，只是为了完成一年的销售定额——一架价值 100 万美元的飞机。所有的一切构成了忙碌的一年，有时候满载而归，有时候血本无回。

哈特利微笑着和这些家伙握手道别，然后按照自己的方式行动。其他人一边窃笑他，一边去打高尔夫球或者到拉斯维加斯去赌博，有时候他们同时做这两件事。他们利用额定的应酬开支和那些潜在的客户喝酒进餐。哈特利却有不同的想法。

他整理了一份材料，用来说明拥有一架 Learjet 将会带来的经济效益。材料显示了什么样的公司以及什么样的差旅模式最适合应用这样一架飞机。

材料中配有华丽而昂贵的照片，照片上是在具有异国情调的背景上飞行的 Learjets，看来，哈特利有时也喜欢充满幻想和感性的生活。他像其他售货员一样做飞行示范，不过与众不同的是，他会在飞行示范之前和客户进行几个小时的交谈，而其他人会在飞行的空中谈这些事情。其实，开始的谈话十分关键，你会从中得到某些必需的信息，比如购买人对 Learjet 的评价，他或者她的差旅模式以及他们的财务状况等。

哈特利做了更多的工作。他发展了和旅游公司以及飞机租赁公司的关系。有时候他会被告知哪些客户经常坐飞机出差。由于经常收集这些宝贵的信息，他发现了新的商业前景，于是撰写了一份关于那些特殊公司的财务类型的分析报告，专门关注一些潜在的客户公司。

紧接着他给这些公司的 CEO 发了一份信，信中结合该公司的需求特点，介绍了他本人和他所在的 Gates Learjet 公司。几天之后，他会打电话给他们预约一次见面的机会。一般情况下，他的约会都不会落空。第二周的时候，他会再打一次电话。对每一位潜在的客户公司，他都会打 5 次电话。每周平均有 10 家这样的公司列入鲍勃的电话列表中。

他坚持不懈地做着这些事，讲述产品、发现潜在客户，每次如此，但是什么也没有发生。

在公司的年度销售大会上，他讲述了他做了多少次的演示、发掘了多少潜在的客户，这引来许多低声嘲笑。一些销售人员把他拉到一边，向他传授“一年一架”的销售箴言：“你必须和这帮家伙一起喝酒，打高尔夫球，或者到拉斯维加斯豪赌，花光报销额度。”

菲尔·卢维特仍然保持着耐心。他认为哈特利的做法一定会有效，销售的机会就是从无处来、从各处来、从任何时间任何 3 地点来，也许一时半会儿还看不出来。

让哈特利唯一感到欣慰的是，他的销售费用很低。但是哈特利还是很有挫败感，后来，他也坦陈当初的心境：“我开始怀疑这是不是我职业生涯中一次巨大的选择错误，我试图用销售 300 元一台的打字机的方式，去销售价值上百万的飞机，事实上，我看不到任何成功的迹象，看到的只是别人的嘲笑和不信任。”

1969 年 5 月，休斯敦的钻矿大王 C·K·斯蒂尔威桢(C. K. Stillwagon) 从鲍勃·哈特利手里买了一架飞机。这架飞机为哈特利带来了 1 万美金的提成。他的年薪却只有 14 000 元（注意了，读者朋友，这是 1969 年，1 万元的提成足够买回 3 辆高级豪华轿车了)。

当年 6 月份，哈特利又销售了一架 Learjet，7 月份，又一架。在短短的 7 个月内，他总共卖出了 11 架飞机，赚了十多万（这可是一大摞钱啊）。他的业绩给 Gates Learjets 公司带来了巨大的震撼，人们都不敢相信，一位远离拉斯维加斯赌场的销售人员居然能有如此上好的表现。

销售和其他的职业都是一样的，靠要小聪明和临时抱佛脚式的努力当然无伤大雅，但是要想成大器，就必须像哈特利这样，去发现潜在的市场，并进行频繁的电话拜访。

在未来的 10 年，你可以检查一下究竟是谁创造了最高的销售额。现在，你看看是谁打了最多的电话。你会发现他们是同一个人。无论哪个行业都是这样的，是不是?

下面传授如何让销售变得更有效：

1. 强调市场开拓的能力。教育新来的销售人员如何去做。在销售年会上以“市场开拓”作为一个专题，让那些金牌销售员共享他们的知识和经验。
2. 做一张对照表，一列是每个销售人员打电话的次数，一列是销售业绩。将电话、邮件和登门拜访都计入其内。身处都市的销售人员坐一次电梯的工夫能处理 6 次通话；远在偏僻的地方则可能要多利用一下信件。
3. 在对客户的熟悉程度上，做一次小小的竞赛和奖励。谁签的支票？谁下的订单？他们的销售上升了还是下降了？他们是不是经常中标，中了多少次？是不是标的越低越容易胜出？这会测出你的销售人员是在向客户提问题，还是在闲聊。

# 第62章

RAISE ETHICS, RAISE PROFITS

# 照章办事，提高利润

当巴巴多斯的地方长官来到墨西哥的蒂华纳市为新成立的费雪玩具工厂剪彩时，我们的电话尚未接通，即使在后来的 30 个月内，电信局也没有解决这个问题。如果承包商不提醒的话，我们甚至没有意识到应该有剪彩仪式。

这是一座很宏伟的建筑，建筑面积有 160 000 平方英尺，承包商应按照我们的设计在 3 个月内竣工，包括一条联结城区的水泥路。这座城市有两个承包商，另外一个承包商不愿意投标。但是当我们的承包商提出每平方英尺 11 美分的报价时，难道你不感到非常愤怒想挥舞拳脚吗？

当建筑竣工的时候，承包商问我是否介意让地方官员参加剪彩仪式，我说如果他们能来当然更好。

承包商问我："你希望他们什么时候到场，并希望他们讲些什么？"那的确是要我们安排的，但是我们依然处于窘境中，我们正在为未能通过电话就卡车通行问题与政府方面达成一致的事情烦恼发愁呢！

我们举行了剪彩仪式，享受了墨西哥流浪乐队的表演，免费的玉米面饼和水果。简短的仪式过后，每个人都站在街道上，欣赏着这座建筑。孩子们拿易拉罐瓶当足球踢，几只狗兴奋地吠叫着，地方官员一边暧昧地对我们使着眼色，口口声声地答应解决我们的电话问题，一边坐上有着特大号轮胎的敞篷小货车绝尘而去。

两天后，就在同一个地方，承包商把我拉到一边对我说："那位官员的办公室打电话来，提供了一家咨询公司的名字，他们说你应该知道怎么办的。"

于是我打电话给那个咨询公司，公司的一个业务代表给了我一份准备好的报价单，一条 6 个星期的通信线路，收取 10 000 美元的费用。他微笑地告诉我，他们公司在政府内是有背景的，并要求先付一半的定金，线路接通后收取另一半的费用。

他拿出了一本公司简介的小册子，在他的极力劝说下，我接过小册子，翻开后看到了 5 个名字，其中 4 个是电信公司的高级官员，第五个就是参加剪彩仪式的那个官员。

唉！没有办法。

我在梦创公司工作，一年前被贵格麦片公司收购后，与他们的费雪玩具部门合并。在我接手墨西哥分厂的运营重任时，公司要求我签署一份关于不恰当行为的声明书，而且每年都要重新签一次字。声明中陈述："我绝不能接受任何值得怀疑的报酬，即使在所处的国家地区这种报酬是合理的，或者在美国也说得过去，也断然不可以接受。如果那种报酬来路不明，即使不接受会令公司经营困难甚至没有利润，也不可以违反规定。要心存畏惧，想象一下一旦东窗事发，我的所作所为将登在家乡报纸的头版，会令我的父老乡亲、亲朋好友为之蒙羞，我简直无法想象我会如何面对这一切。"

声明中的这条规定节省了不少时间和精力，因为在美国周边地区类似的灰色收入的机会是非常多的。

严格的规定让人们生活得更简单，有些事情我们不用考虑如何去做，只要按规矩办就可以了。

对于这样的咨询公司，我告诉他们我没有职权拿到 10 000 美金的酬金。他们微笑着告诉我："随便你吧"。

于是我们硬着头皮照章办事，当然电话是打不通的，这对一个新成立的公司，不能不说是一种困境。

我们后来遇到了玛丽亚·康塞普西翁·冈萨雷斯（Maria Concepcion Gonzales），她有一台无线电发报机。她住在美国和墨西哥交界的地方，有一座两层的木房子，水油布的屋顶、两个纸板窗户和一面镜子，房子距美国和墨西哥分界线的铁丝网大概有 300 码。我们见到她时她正在家门口用洗脸盆煮玉米，随后我们雇用了她。我们要求玛丽亚·

康塞普西翁每天给美国那边送 2 到 3 次口信，并付给她 75 美元的月薪。美国那边的人再打电话给我们圣地亚哥的工程部和运输公司，每个电话收取 5 美元的费用。这样的通信方式看起来很原始笨拙，而且办事效率很低，容易出错。但是这是合法合理的，并且比10 000美元的电话线路租借费便宜得多。

幸运的是，利润和合法经营是一致的。更值得高兴的是有时利润会更多一些。如果总是想走些捷径，那法规的意义何在？企业必须按照法规经营，否则企业将不会长期生存下去。

要向员工建立起职业道德和公司的伦理，你必须：

1. 用清晰、明确、无误的语言制定规范，包括在款待客户方面的限制。对待政府官员时，这一点非常重要，准确地说就是什么样的馈赠是合适的，什么样的礼物是违反规定的。
2. 与买家周旋时，不允许提供免费的午餐、钓鱼等娱乐活动或是赠送礼品。在竞标过程中绝对不允许某位买家和卖方有所谓的私下交易，黑幕操作的结果是让你得到一个毫无疑义的投标买家。
3. 及时的支付账单，如果不事先声明就不要让立即支付的账单打了折扣。如果你的主任会计由于出账银行太远，行程不得不多一天时，在卖方提出质疑之前告知支票的出账处及出账时间。在支付问题占点儿针头大的便宜，往往会导致精神方面的巨大损失与亏欠。

# 第63章

RIDE THE BIG WAVE

# 乘胜前进

“所有的长途电话公司都将灰飞烟灭。”我的伙伴爱德·塔克(Ed Tuck)如是说。他总是喜欢穿着宽松的大汗衫，大口大口地嚼着火腿鸡蛋奶酪。

本文的故事发生在1989年10月，这是一场挑战全球电话公司的完美战役。在圣地亚哥蒙哥马利地区的一个假日旅馆内，他一边大口地咀嚼着食物，一边发表着看似有理的见解。这些看似有理的见解，就是如何挑战全球最大的电话公司。

“对于每个电话公司来说，发展一个新的用户要花费2 000美金。”在最后促成了数十亿资产规模的公司的建议书的前言中他如此陈述：“截至1995年，全球将有1.4亿的用户渴望电话服务，他们能够支付这笔费用却无法得到服务，这就是市场。”

这种状况的确让人无法容忍。塔克继续说电话公司的连接成本还会继续攀升，而且几乎不可避免。“这是必然的。”他说。

这是事实，他把握得非常准确。在他还没有正式讲述他的“近地微型卫星覆盖计划”之前，我就已经对此赞许不已。

他的演说没有一丝一毫让人感觉无聊和困惑的东西，不像一般的技术人员那样总是术语连篇、云山雾罩。他的设想十分迷人。他梦想着建立：“覆盖全球的长距离网络，特别是遥远偏僻的地域，以通常成本的一部分实现客户的接入服务。”

塔克可不是寻常的70岁老头，他喜欢开“巡洋舰”跑车，在高速公路上以3位数的速度狂飙，出远门时要么坐私人飞机，要么驾驶新型直升机，就是那种很怪异的无尾部螺旋桨Notar机。

我是在1986年和塔克相遇相识的，当时他正在描绘他的对手持导航仪的愿景。他的想法是发明一种和计算器差不多大小的东西，能够从卫星读取可以精确到几英尺的位置信息，在世界的任何地方都可以迅速确定自己的所在。后来才出现的GPS卫星系统那时还没有任何端倪。

后来他做到了，而且效果不错。在海湾战争时该产品成为军队必不可少的装备。航运贸易商也成批购买。现在GPS几乎成了我们日常生活的一部分，每年在汽车上都要安装成千上万套这种装置。

当塔克在早餐的时候向我说出他的电话公司的设想时，我突然有种似曾相识的感觉，这种感觉在几十年前迪安·彼得森瞪大了双眼告诉我“自动对焦”的想法时一模一样。

时代总是带给某些天才无与伦比的逻辑思维和巨大的商业潜能。当冥冥之中把这些人和这些想法送到你的面前时，你一定要睁大眼睛，紧紧握住机会。要是你说你每天都会碰到这样的灵感，对不起，你一定需要去看看心理医生了。

我当时一跃而起。在塔克的领导下，我们开创了Teledesic。

首先，我们需要资金。塔克整理了一份简单的演示稿。我们一起理出了100位最有可能的投资商，并给他们每人寄去了一页纸的项目描述。我们需要的100万没有进行可行性论证，这大概要花一年时间。我们给每位潜在的投资人打了电话。

大约有20位投资商勉强同意抽出时间听我们说上一个小时。我们的战略极其简单：如果20人都说没门的话，我们就放弃这份计划，继续我们原来的生活。但是只要有一两个人，哪怕有所踌躇，我们也要叨扰100位投资商。这最初的20位就是测试我们心智是否健全的人士。

我们两人每次都会修改润色、反复斟酌我们的演示稿，直到做得更好。

第一个星期，我们就有些眩晕了，因为我们最初要见的3位投资者，立刻同意给我们注资。

Teledesic 在 1990 年 5 月份成立，一半资金来自克雷格·麦考，另外一半来自 G. D. Searle 家族。我们还不得不拒绝一些投资，这些是我们始料未及的。

12 名专家顾问签署合同同意为我们负责卫星设计、市场调研、天线、火箭发射、频道转换、专利、常规法案和星群设计等事务。他们的薪资并不高，但是每个人都有大量的公司股票，总有一天这会变成大把的现金回报。

他们的工作取得了巨大的进展，到 2001 年截稿时间为止，银行的资金已经有几亿美金，公司价值 30 个亿，也就是说这家公司在 10 年间增长了 30 个亿。

在 1993 年我写的一本书中记录公司开创的情形，并说这就看你怎么做了。我提到了我们的一位竞争对手铱星，并预言了它的纯市场行为的必然失败；我还提到了另外一个公司全球星，将会成为我们强有力的竞争对手。摩托罗拉，原来的铱星主要支持者，从铱星计划抽身后注资 Teledesic，目前拥有大约 1/ 4 的 Teledesic 股票。

经过了若干年的经营，消耗了几十亿的资金之后，铱星最终破产了，出于私人目的转给了军方。全球星公司也在步履蹒跚地经营着。Teledesic 公司则在自己的方向上又有了新的进步。

Teledesic 将成为电话界的沃尔玛，充分挖掘因孤立隔绝地域无法架设电话线而带来的广阔市场，同时支持数据传输，将成为快速增长的电信业务的宠儿。

AT & T 投资了，比尔·盖茨投资了，摩托罗拉投资了，沙特阿拉伯的王室投资了，波音也投资了。我们的公司壮大了，它将会有辉煌的前景吗?

只能等待时间说话。我们将以月为单位计算时间，而不是年。Teledesic 将会给这个星球一些新的变化，将创造 3 万个新的工作岗位，在偏远地区创造知识型的岗位，同时平衡报酬结构。但是我们也很清楚，现有的资金很快就会用光，因为我们的目标十分远大，给蹒跚学步的孩子一个支撑的拐杖，总是辅助的和初始的。只有尝试，才会成功。

梦想中将要看到的东西总是让人感觉“腹内空空”。

下面告诉你如何引领团队穿越梦想之旅：

1. 一旦巨大的机遇悄然显现，就不要给予任何阻碍。三心二意的努力总会扼杀最好的点子。如果市场广阔就一定要全力以赴、快速响应。犯一些错误没有关系，只要能够迅速实现目标。在此征途中，你以前积累的经验将会让你如虎添翼。
2. 不要试图自己投资、独家控制。快速尽所有可能引入各方面资金。孤单一个人永远无法占领市场。
3. 公司的发展必然要经历阵痛期，要坚持你的理性。如果是内部的声音把你推向风险边缘，你就要留心了。

# 第64章

SEED YOUR CULTURE WITH THE EMPLOYEE

# 通过员工手册培育企业文化

许多商业方面的书籍都谈到了企业文化，他们也都认为企业文化十分重要，但是并没有涉及如何去创建它。企业的事业是庞大的、分散的，但如果管理不善的话，管理者与雇员之间的关系将会疏远。

所谓文化，不是空洞的教条，也不是简单的文字，而是你期望公司应该具备的一种状态、一种氛围、一种精神，是具体的、实际的东西，是内部员工共同遵从和信奉的理念。

创建这种理念和态度有一个最佳时期，那就是在每一位员工刚刚上岗，或者正准备加入到公司的大家庭的时候。

那时他们充满好奇心，对公司的一切充满着浓厚的兴趣。所以，员工手册必然扮演着关键的角色。

作为公司的CEO，你应该亲自撰写这份关键的员工手册，而不是让人力资源部或者法律顾问代劳。这将是指导一位新来的员工开始新的职业生涯有效而且易行的办法。1997年，我第一次为天之台公司写了一份员工手册，一年之后当我们拥有了将近100个雇员的时候把它进行了更正。

天之台公司感谢你的加盟！

这份手册几乎涵盖了我们能够想到的所有关于天之台公司的内容。提前快速浏览一下将会回答你们的一些问题。由于我们长期在繁荣的市场与蓬勃发展的技术领域内工作，为了顺应用户日益增长的需求和期望，我们注册了这家公司。所以，公司的某些业务必然有光明的前景。当然，也许到了2001年回过头看的时候，某些目前十分看好的东西将会是十分可笑的。

我们正在忙于吸引客户并且在构想着突破性的服务，这意味着这本员工手册可能由于时间的问题，未必能够及时准确地更新。

保持不变的是公司的价值体系和核心理念。

公司有很多的部门，部门内将会制定若干政策条例，毫无疑问，这些你都必须阅读和遵守。但是作为一个全新的公司，最为重要的事情就是关于：(1) 雇用条款；(2) 知识产权；(3) 保密的规章制度。

天之台公司是数据的保护、协同和迁移服务的主要提供商。行业的领导地位不是一朝一夕就能建立起来的，但是我们公司已经拥有了向一流迈进的潜力。

当然，我们也有一些讨厌的竞争对手，马上我们就会说到他们，不过他们任何一家都无法提供和天之台公司一样的服务内容。

首先让我们看一看天之台公司的服务内容：在线备份（@Backup），文件大使（SkyFiler）和智能克隆（SmartClone）

在线备份是我们公司的立身之本，也是天之台公司的技术核心。在1998年开始提供这种服务，每天我们都在做着成百上千的恢复操作，而据我们所知，至今为止没有造成哪怕一个字节的用户数据损失，更重要的是，我们不断提高易用性，这才是占领市场的头等大事。嗨，说起来人也真奇怪，他们都喜欢自己的数据得到保护，但却不愿意亲自去维护、去思考这些烦人的工作，所以只好由我们代劳了。

在网络中我们的服务销路很好，因为网络让人感到舒适，而且尚未形成巨大的服务产业。然而在网络服务相当集中或别无选择的地方，我们的合作关系将有希望带来成千上万的使用者。我们的一些合伙人似乎也这样认为，真是要祝福自己了。

上面提到的两种销售方法也揭示了关于在线备份的很多的事实。那就是必须预先安装好，然后客户可以轻轻一点就完成订购，否则就不会有任何市场。在这里我们不能不提到洁齿线的销售理念——让一切变得快捷、方便，唯有如此，生意才会自然而然地产生价值。我们几乎都知道该怎样做，但很少有人愿意去做。

我们再换一种方式考虑：在圣地亚哥街上驾车的时候，你找不到一个卖保险的店铺，其他城市也如此（记住这一点）。如果你试图招募员工，但不附带保险计划，就不会有应聘者上门。第一个事实是，这里没有保险店铺，也就证明没有人出来买保险，说明保险是一种卖方服务，而不是买方服务。在线备份就是一种“保险”。第二个事实就是新的雇员期望并要求保险作为雇用关系的一部分，所以人们想得到保险。没有它人们会感到不自在，但是他们不愿意自己去买，而是希望别人帮助购买、管理和照看。这就是在线备份的“故事”。

现在我们一年服务费用约为99美元，相当廉价——无限制的恢复操作，高达100M关键数据的随意备份。只有不到1%的用户会要求超过100M的备份服务。硬盘上的大部分空间都安装着软件（这些软件都是可以再现的，也可能是无用的，基本上没有人会要求去替换这些东西）和下载的资料，显然这些都是可以再现的。硬盘的空间越来越大，足够任何挑剔的用户使用了，由用户创造生成的特殊数据量其实只是非常小的一部分。

特殊的数据大多是通过键盘等方式输入的，丢失了就再也找不回来了。年复一年，打字速度似乎还是原来那个样子，所以每天建立的关键数据总是保持不变。幸运的是，随着时间的推移，这些关键信息的价值逐渐增长，而不像储存信息的个人电脑和服务器那样会贬值。

在线备份是一个有甜头的生意，拥有极大的价值，免去了人们的许多麻烦、头痛或损失。越来越多的人听说了这项服务，同时我们也在努力使操作更加简单。如今的市场反响依旧乐观，我们的销售额每个月都有一个可观的增长幅度。

在线服务面临着来自4个方面的残酷竞争：

第一个就是冷漠，这是最最糟糕的。人们不愿意抽出时间做这件事情；他们总是在备份完毕之后才会感觉良好，可是没有起初的参与，怎么可能有完毕后的良好感觉呢？这是有再大的雄心也无法解决的事情。在线备份倒是接近最佳解决方案了，它所有的操作都是自动的，而且可以让大家通过网络在线测试。

第二个是压缩磁盘（Zip Drive），一种我们所提供服务的呆板的替代品。很多人喜欢实实在在的感觉，尽管这些实实在在的磁带或者磁盘系统也并不完全可靠，就和许多银行的存款人更希望有张纸制的存折一样，旧习惯的扬弃还是要花许多时间的。

第三个就是公司连线（Connected），在1996年—1997年涉足在线备份业务领域的5家公司中，它是唯一的幸存者（X-Act是先驱，经历了一次“外科手术”，改头换面以Atrieva的面目重新出现，目前刚刚结束又一次转型，现在的名字是Driveway……经过了几次波折之后，它已经不再经营在线备份业务，而成了在线存储服务的提供商。连线公司紧随其后，现在的经营策略是向需要自己解决在线备份问题的公司出售支撑软件，经历了两次战略“撤退”，已经不像最初那样积极地提供与我们同样的服务，成了现在这种状况。其他 3 家是 SureFind、tuneup. com 和 SafeGuard，在 1998 年都已经销声匿迹了)。

第四个就是像 Driveway 这样的在线存储服务公司。仅去年一年，X—Drive、I—Drive、Driveway、NetDrive、FreeDrive 和 Visto 如雨后春笋般纷纷出现，吸纳了大笔的投资。他们和在线备份业务根本不具备直接的竞争冲突，他们提供的是存储和访问，重点在于安全、手工操作和免费使用，所以慎重的用户不会光顾他们，但还是侵吞了不少低端用户市场。打个比方，如果是你，你会从美泰公司那里买挂锁吗？

请你们睁大眼睛，关注来势凶猛的 CD—RW 光盘和驱动器，这将是在线备份的又一个威胁。这种设备还在大幅度降价。它的特点是在本地实现备份存储，不施行加密。它是一种产品，而不是我们所提供的服务。用户会面临一个选择。但是我仍然坚信，客户会更喜欢服务，而不是一大堆线和移动零件，以及一个丑陋的盒子，就像自动应答机最终被语音留言服务所取代一样，我们的服务一定会胜出。

在线服务是天之台公司提供给商务用户的 3 种互联网存储服务的第一种。

文件大使是第二种。它的核心理念是互联网存储的行业增强版，行业用户可以通过浏览器的形式访问和操作自己的数据。这种服务有 3 个竞争对手，但都不构成正面冲突。

第一个是膝上型电脑，或者叫做笔记本设备。文件大使在多数情况下都可以取代这些“盒子”。第二个就是刚才提到的那一群免费存储服务提供商，而由于这种服务免费的特点和安全上的漏洞，决定了他们面向的用户将是那些临时的、非商务的人士。第三个是 Lotus Notes，这个东西又复杂又昂贵，只有大型公司才用得起。它已经超越了一般意义上的协同。但是我们的产品，由于凝结了不少天才的想法，同时收购的 Shared Planet 也为之注入了不少先进的技术，已经超越了所有的同类产品。

你可能会注意到我们对文件大使谈之甚少，因为这种服务技术还在研发阶段，很多特性都没有最终确定，目前某些“秘密行动”正在进行。它将比市场上现有的产品更有效率，我想到了最后的调试期并且准备好向外界发布的时候，要给它起个更好听的名字。

最后一种天之台公司提供的服务叫做“智能克隆”。这种服务的概念就是把数据从旧 PC 机向新型号机器中平滑地迁移。往往导入导出数据的工作让人倍感厌烦和头疼，我们想了很多办法，让这个过程更加简便容易。一些主要的 PC 制造商也同意我们的观点。这份开发计划也正在执行之中，在最终投放市场之前，我们必须对智能克隆的细节守口如瓶。能够透露的是，这将是一个快速的解决方案，包括线路连接。随着技术的发展，调制解调器的速度更加快捷，连接管线的通道也越来越宽，基于互联网的解决方案也会出台。我们已经有了强大的技术和专利优势来印证那一光辉时刻的到来。

天之台公司是唯一一家面向 B2B（Business to Business）应用的互联网存储服务提供商。轻量级的免费服务不适合商务应用。连线公司卖的是产品，而不是服务。我们两家都有各自的小生态圈，并不构成正面的竞争冲突。

上面列举的就是公司计划在不久的将来所提供的服务内容。下面我们谈一下如何才能达到这些目标。

为了创造这些服务，我们的工程部门迅速扩张，并且要继续保持扩张的趋势，招聘高级工程师以及少量的优秀毕业生。在开发过程中，我们力避“特征蔓延”型的无休止的求好求全，因为市场变幻莫测，及时发布已经成为生存的法则之一，为了及时出击，我们必须有所牺牲。

我们新成立的产品管理部门，就是专门来负责监控整个进度、为产品的特性列表排定优先级和整理场所布局、外部装饰以促进产品推广。

我们仍然在不断地学习。天之台公司的最大弱点在于我们拥有了一支技术能力很强的员工队伍，以至于有的时候忘记了产品需要简单化。美国在线并不是因为技术能力强才战胜 Prodigy 公司的；微软也不是每个产品都完美无瑕、毫无错误。如果你从一开始就拥有那些公司其中任何一家的股份……抱歉……不说这些题外话，如果你真的买了他们的股票，你现在肯定不用工作了。简单才能征服用户。点击的操作越少，产品就卖得越好。

在我们公司，如果不能对一项新的服务开发计划，用少于 20 个单词来描述它的卖点和用户将会从中得到的方便，这项计划就会被取消或搁浅。原因很简单，如果你做不到这一点，就说明这项计划不可行。

我们在测试方面相对比较落后，庆幸的是，这并没有阻碍整个公司的发展。现在这个部门也即将设立，负责在新的服务正式发布之前，发现和弥补一些错误和重大的产品漏洞。毋庸讳言，我们在这方面的行动太迟了。比如在备份业务上，我们还远远没有达到目标速度，不过有了测试部门之后，情况正在逐步好转。

直接网络服务（Direct Web Service）市场蕴含着巨大的利润空间，而且正在以每月20%的速度递增。随着网络服务的下载和安装更加简单易行，一些曾经让人畏惧的繁琐工作也变得不那么可怕。市场对网络服务的认识日渐深刻，而在网络广告方面则呈现长期下滑的趋势，这种趋势已经持续了一两年，或许这就是所谓的"互联网生命周期"，目前这个趋势趋于平缓，说明市场变得更加理性。我们将继续在网络服务方面不断努力，投入的心血越多，所得到的也会越多，客户的认可率也就越高。合作市场（Partnership Marketing）的发展越来越快，与此同时，直接网络服务将是市场发展的方向，它将指引我们和我们的合作伙伴沿着这个方向继续努力。

合作市场才刚刚开始，第一家和我们签约的是戴尔公司。我们几乎和每一个近几个月来表现良好的PC制造商签署了协议，还包括3家最大的DSL提供商，和两家高速调制解调设备产商，目前正在和网络服务提供商（ISP）进行洽谈。所以目前看来在合作市场方面的最大挑战已经悄悄发生了变化。我们不再需要它了，因为我们已经拥有，我们现在应该让市场合作为我们带来实惠，比如把天之台公司的服务制定成行业的标准。我们猜想其中的一两项容易集成的服务将会领先朝标准化的方向发展，在取得一定的效益之后，其他方面也紧接着在一年内跟上。

我们的预算财务小组面临着两种挑战。一是要对我们所拥有的支付订户的数目保持跟踪记录。这种工作看似简单实际上很难，因为合作者数目的扩展，不同的试用方式和太快的更新速率使问题变得更加复杂。这是一个需要我们认真回答的问题，因为这是外界来衡量我们的一种方式。我们都知道美国在线公司拥有2 300万的注册用户，但我们当中没有人能猜到他们去年的收入或利润，对吗？因此，确信评价标准具有完整性才是关键。现在我们拥有信用卡用户62 000人，他们的服务费用也由我们的合作者来提供。他们之中有些人仍处在30天免费试用期，但我们知道那些尝试过在线备份的人中将会44%的人转变为付款用户，并且这个比例正在上涨。（我们并没有卖掉文件大使或智能克隆，现在这两项服务正处在Beta测试阶段）付款用户总计就这么多。这个小组的第二项任务是不断吸引新的投资。过一会儿我会谈到为什么要不断注入资金，现在你只要记住这也是该小组集中办理的事情之一。

业务实施的费用支出，是投资资金的一个主要流向。因为我们需要不断增加用户，所以必须要有一个能够由我们控制的、专门的后期支持。最初，我们通过租赁的方式来获得后期的支持，但是后来发现我们自己做更划算，这没有什么特别好的理由，最好的解释是我们做会更加迅捷、可靠，这对初期的客户捕获以及后期的客户支持都很重要（如果你看到某些在走廊上拿着手机不停打电话的人，那就是实施人员）。

留住订购者当然是非常关键的。顾客的满意度是公司赖以生存的基石。公司的所有人员必须不遗余力地宣传我们令人满意的销售服务，在用户能够放心使用的基础上，让我们的服务有口皆碑。他们经常向顾客询问发生了什么、有什么需要帮助的等等，掌握顾客遇到的问题，便于我们了解自身的不足并及时更正，这样对我们非常有益。保持住大量的订购者意味着保持住了大量的消费者，那些不付费的人不算是订购者。因此，我们用更多的、更好的服务及大量的免费使用作为补偿，来留住大批的订购者，这是渐进的留住顾客的方式。

对我们所处的行业和时代来说，还有另外一个值得注意的方面，那就是对速度空前的追求，以及因此带来的巨大风险。基于这种认识，我们会发现有成堆的投资资金摆在那里，用来支持各种稀奇古怪的想法，而要想在信息高速公路上飞驰，小心谨慎则是生存和发展的稳妥之路。

正如那位有着一头蓬松杂乱的头发的大科学家爱因斯坦所说的："如果最初这个观点不是看起来荒谬无比，那就说明它没有什么希望了。"他是在研究经费远不如今天的情况下得出那个论断的，当然这个论断在今天显得越发真实。

天之台公司总是想让自己的服务好于其他公司。"更好"意味着这些服务更有效，也意味着更容易使用。点击的操作越少，流失的用户也就越少；语言越简单明快，用户使用起来就越容易上手。要做到让你的妈妈，或者亨利大叔也能够轻松使用，如果是那样，我们的业务就会暴涨。是的，我们有着众多的商业用户，但是在任何地方，都不会有人拒绝使用的简便。简便仍然是产品能够广泛应用的催化剂。

谈了这么多的观点，下面我再强调一条，那就是不要天真地幻想着发布一个完美无瑕的产品。这是不可能的。如今的世界，存在着各种各样的机器品种，彼此不同的应用习惯，以及用户的个人癖好。只要做到及时地发布，在应用的过程中，通过逐渐的改进以趋向完美，然后向更多的用户提供更好的服务，除此之外，别无他途。所以，我们就这样做了，并在这个过程中进行了大量的测试工作。

我们将举债经营，当然这会增加风险，而且抛售如此之多的股票也降低了员工在认购权和作为股东利益上的损失，同时增加了下跌的可能性，但是市场风云变幻，哪里也没有免费的午餐，唯一能够支持我们铤而走险的理由是，有太多的竞争对手在我们身边崛起，如果我们冒着风险辛苦经营的公司因为缺少像样的服务而落败，那将是一个多么严重的悲剧。

操作和实施将变得更加慎微。在与服务可靠性相抵触方面，我们的选择将为可靠性而增加额外的付出。

公司的经营将会面临种种风险与失败。我们今年做了很多的事情，但短期内未必就能看到经济上的回报（统计结果可能与这个市场的持续增长态势相悖，一般说来，当业务的规模逐步扩大到一定程度，才会在数据托管和在线访问方面有利可图）。直接网络服务市场似乎注定了每月都在不断增长，正像两年来一直那样持续下去。但是每当我们试图显著地扩大网上交易时就不可避免地遭到挫折，并引起持续的阵痛。我们合作市场业务的表现也一定会有所差异，有的方面应该表现良好，有的方面业绩平平，另外一些方面可能会收益甚微。我们难以预料将会发生什么，但在这一年中局势应变得更加明朗。目前，我们的服务好像还只是其他服务的附属，我们猜想那些具有战略性动机的合作伙伴会发现亮点，给我们带来转机，提高公司的利润。

这种动机可能是更多的利润，也可能是更高的用户忠诚度，或者是减少风险。短期内可能还有所差别。所以很难预料哪个途径热门，哪个环节报冷，就是那些PC生产商、ISP和DSL提供商自己也说不清楚，但是可以确信的一点是，他们绝对不会因为我们的需要而偏离主营业务，所以我们必须准确地给自己定位，我们是给他们提供更好的服务而不是捣乱。

在这篇“布教”一样的手册的一开始，我曾经严正声称里面有些必须遵从的规章制度，好了，现在就说说这些。

你可能会期望有一个服装标识码，对不起，我们没有。

工作的时间有要求吗？还是对不起，我们制定了一份休假时间表，放在了公司的内网上，有兴趣可以去看看。

因为每个人都是公司的股东，所以没有那么多规定，至少目前没有。在天之台公司，要是你提起八小时工作制，肯定会有人笑话你，在这里，这种老套的规定早就过时了。你会在周末发现有疯狂加班的一群，还有一些工作狂甚至通宵工作，电子邮件满天飞。当公司的业务又有前途又有乐趣时，一切都会变得不一样。

我们通常每天或者每个星期有个双向的沟通交流，而不是一年一度地总结回顾。我们希望员工们都能向更高的目标挑战，获取更高的地位、价值和人生境界，在双向的互动交流中，我们希望彼此都有启发、激励和进步，并且希望一旦做出结论之后大家都要给予足够的支持。

一切都得付诸行动。当你读到这些时，点点头是很容易的事。以后你会回想起这些话的。一旦冲突和对质发生时，这些道理就该发挥作用了。

当出现了某些问题，你能及时地做出反应，这会给整个组织带来巨大的帮助，而且会使我们的团队日益健康起来。庆贺胜利是水到渠成的，放弃问题只会使疼痛加剧、恶化。这并非易事，但要勇于尝试。

公司有一张组织结构图表。但更重要的是，每个人应该在数周之前知道该完成什么，如果你不知道，就去询问你的老板（当然，我们都有老板，我们都只是雇员。称做“同事”就会模糊了职责和分工，我的意思不是说要搞等级差异，我们一直试图建立民主的气氛，但绝对不是让糊里糊涂的合作关系搅乱了管理的秩序）。

关于薪资政策，我想你们可能会颇有微词，但是给员工的配股，将以一个共同的梦想把大家凝聚起来，股票的升降都将牵系每一个人，更能激发你的热情，难道不是吗？

我们这里没有秘书这个职位，一切都得你亲自动手。我们设立了办公室管理的职位，会做一些日常的事务和人力资源的活儿。

我们只在有所回报的地方或者新产品方面花钱，其他的方面尽量俭省。如果可能的话，一般会订购打折的机票，如果没有商家的优惠券就不会坐头等舱，在经历了旅行旅馆的早期艰苦历程后，我们会把花在万豪（Marriott）酒店的住宿费看作是一种奢侈。

我们很快就会看到利润。越早占据一个全新市场的份额，代价就会越少，越到最后花费，就会越多甚至没有机会。鉴于此，在很长时期内利润并非我们的目的。我们并不是简单地复制亚马逊书店（Amazon）的经营模式，因为没有迹象表明他们会有盈利的可能，也有可能他们留着杀手锏，没准何时就能异军突起。我们渴望有一笔很大的利润，而且也不希望花费18个月至2年这么长的时间。

每个人都持有股票，所以我们有着共同的利益，问题是如何把这些股票变成实实在在的价值。有很多办法可以达到这个目的，一种是IPO，一种是与需要我们技术的战略伙伴合并，这也许是最有可能的一条路。IPO的市场前景显然难以预测。然而有了大公司的支持就会不一样了，事实上有几个这样的公司已经注资，另外一些公司还希望给予更多的投入。如果时机成熟，我们都会大赚一笔。为了得到这些利益，我们必须做点什么，那就是去创造卓越的新型网络服务，做别人没有的东西，这将大大地提升我们的价值，也为新的投资人带来利润。

在最近几年，我总共劝走了两位非常聪明的员工。一个工作十分卖力，另外一个逻辑严谨。但是他们两人都有些固执己见，而且不愿意接受大家的意见。如果他们知趣离开倒也罢了，结果他们待在那里发脾气。所以只好劝他们走人。我们也为之感到不安，有点怀疑是不是我们自己做错了什么。但是我们不需要高傲的女主角，不管什么理由。良好的技能素质和勤勉的工作态度才是我们需要的，在招聘的时候如此，工作中也必须如此。

另外不管你有什么样的好品质，如果与天之台公司的精神有所违背就必须加以修正。我们不愿意看到这样的问题出现，但也可能无法避免，所以在此郑重声明。

好了，现在该说说3项不可违背的政策了。

首先，天之台公司是一家人员流动性比较大的公司。当你加入之初，就要明白这一点，在这里没有任何对雇用关系的承诺，不管是暗示的还是现实的，因此公司可能会以任何理由在任何时间解除聘用关系。这听起来很苛刻，但是我们律师发明的这条很怪异的雇用规定，你是无论如何都必须遵守的。

其次，是关于知识产权的规定。在数据存储或者管理方面你的任何构思和创造，都将是属于公司的。这些费用已经含在工资当中了。

最后，你应该清楚，在我们所处的竞争激烈的领域当中，我们的竞争对手会想方设法获取我们的商业计划，或者通过某些友好的投资形式，或者通过假意的合作兼并（这就是现实），所以我们所有的设计、营销、运营包括讨论的计划都必须保密。亲戚、同学和媒体都不应该在公司的发布信息之外了解到任何关于公司的事情。商业泄密将会让我们大家都受伤害，所以请小心。

好了，就这么多了。我们很高兴你们的到来，为了证明你们阅读并同意本手册的内容，请在下一页签上你的姓名。

我已经阅读了天之台公司的员工手册，最为天之台公司的新成员，我接受其中的理念和规定。

日期：________________________

签名：________________________

姓名（签名盖章）：________________________________

我认为在手册中尚需斟酌讨论的：____________________

________________________________________________

________________________________________________

好了，一开始说那些技术问题的确有些沉重，不过天之台本来就是一家技术公司，所以这些介绍对员工来说是必要的，但对你就不一定，你需要从整体上来把握这份手册。这是几年前写的，经过了这几年，我在此发表这份东西不会泄漏什么机密，除了公司的理念。

仔细回想一下最后几段，这为职业道德定了一个基调。这里阐述得很清楚，公司不需要明星，也不会有多余的工资，但是如果业务进展良好，我们都会因股票而获利。

事实上，我们的确有一个员工泄漏了公司的机密。我们那些费用昂贵的律师顾问们一直建议我们把这一条写进员工手册。你能想象那是怎样的灵机一动吗？

好了，当时是律师极力鼓动说，如果他们一旦陷入类似的诉讼，员工手册的这一条将会比任何材料都更有力度，会让案子处理起来容易得多。

这是可以理解的。陪审团也会买账的。而且它的的确确在泄密事件发生后起到了作用，虽然当初撰写的时候并不是一种苛责和惩罚的目的。所以，我们做得不错。

还有一点更为重要，就是作为公司的 CEO，你必须亲自动手写员工手册。

你定下了一个公司的方向，建立了一个公司的哲学。具体条款也许会改变，但其核心精神不变。作为总裁你必须自己来完成这项任务。这是一项不应该也绝不能够由别人代劳的工作。如果你无法胜任，另谋出路应该是一个相当不错的主意。

即便你不善于斟词酌句，你也必须承担这份工作。这迫使你力求精确，令你集中精力。在起草手册的过程中，你需要调动你的智慧，运用你深刻的思想，写下你对公司目标的期望、如何实现愿景的方法以及每位公司成员的责任，我相信你一定能写出一份漂亮的员工手册。

这很好。

开始写吧！

# 第65章 ELEPHANT HUNTING

# 猎“象”

本章将告诉你如何招募到“永久”的CEO。

这是一次非同寻常的猎寻。这是全书中最重要的章节，因此我力图写好以便你可以毫不费力地读下去，甚至一再重读。

首先，我们不是在克隆挽救经理人。公司已经正常运营，因此没有必要再来一次新的挽救行动。

挽救人员喜欢读书、滑雪、做木工活或者摄影。接任的CEO会参加书社，他们经常打网球或高尔夫球、航海或者打桥牌。前者喜欢独处，而后者更加合群。

再次浏览一下第1章的内容，那里会告诉你在何处可以招到成功的CEO，比任何招募者所期望的更多。如果你浏览一下16章中有关面试的评论，发现自己受了欺骗，就请忘掉那些不快吧。CEO们有紧凑的日程安排，你很难在同一时间把他们召集到一起，同时他们也相当自负(对不起，我就是一个这样的人)，如果他们觉得你在控制局面，就会毫不犹豫地离开。

在挽救的过程中，你最重要的工作就是挑选一个合适的CEO，把企业带向下一个阶段。这是显而易见的，所以我不再赘述。

现在从董事会中指定一些人组成招聘委员会，其中大多数人为现任CEO或前任CEO。把委员会压缩到2～3个人，确信他们都是董事会中有威望的人。拥有丰富的阅历是很关键的，这样可以使他们自如地和应聘者开玩笑，或者讨论战争局势。

挑选一个猎头公司。做到第1章中所列出的所有要点。要知道没有一家猎头公司的成功率能达到90%，当然也不会有一家公司的失败率会超过80%。明星公司和完全失败的公司都是不存在的。但是每个公司的管理模式都存在着巨大差别，可谓是各具特色。我说的是你的公司，不是他们的。

多花点时间准备出搜寻的范围和要求，少花点时间和他们直接沟通。从他们的回答你可以判断出哪些公司正在超负荷运转，哪些公司的业务比较轻闲。由于每周的情况都有所不同，所以我也想不出找到最佳猎头公司的办法。

从招聘委员会中指定一个人经常和猎头公司联系，至少也要以电话的方式。我们称这个人为首席招募官（CRO）。CRO在此过程中必须面试4～6个人，从中选出2～3个人交给委员会讨论。CRO必须参与绝大部分面试。

猎头公司将会通过电话调查的方式从20个应聘者中选出12个单独面试。

CEO不应该充当CRO，但是他应该参与面试。挽救行动时期的CEO和下一阶段的CEO的差异很大，性格的差别如同油和水，一个充满活力，一触即燃，能够“快速地改变，做出重大的变革”；一个冷静深沉，处变不惊，适合“一步一个脚印地处理问题”。

你可能会突发奇想，让行业心理学家来挑选最终的“决赛选手”。如果你真的这么做了，那么选定之人必定不适合CEO的职位，因为他太缺乏自尊心。

然而，了解应聘者的思想是很重要的。下面是CRO使面试更有意义而必须要做的事：

1. 首先，我们假定公司的简要描述令人满意，能够取悦应聘者，同时使他们认识到真实的挑战。搜寻公司的积极作用应该着重于此。
2. CRO与应试者的第一次会见，应单独进行。在一间宾馆的房间里或者机场的私人会议室里，不要开手机，找一个便笺簿以便记录，尽量避开外界的干扰。你应该有所准备，比如带上一些公司的简介、年度报告以及相关材料，可以及时让应聘者对公司有个大概的了解。

3. 采取主动的交流姿态。花几分钟向应聘者介绍一下背景，添加一些新的细节。告诉应聘者为什么董事会会对他的背景感兴趣，并认为他将是合适人选，这些意思要表达得简明扼要。你所做的就是彬彬有礼，在从应聘者那里获取更多信息之前给他一些信息。
4. 现在，我们开始正式面试了。询问对方是否介意做一些记录。不要把应聘者的姓名写在纸上，用代码表示就行了。应该尽量让应聘者感到轻松。
5. 简短地告诉应聘者自己父母的工作，然后问他父母是做什么的，问他的家庭是否美满。

   把这些都记下来。这有助于获取更加详细的信息，使得你能够在事后通过记录上的回答判断此人，以免弄混淆。从这个简单问题中，你能得到两点。第一，你可以看出他是来自特权阶层还是工人阶层，或介于两者之间。第二，你可以看出他的交际能力。

   一个好的背景可能意味着这个应聘者有比别人更广阔的视野和更大的雄心，也可能说明这个应聘者以前的成功来之甚易或有可能过多地依靠别人。这并不简单地证明好与坏，只是为你后面的观察和思考提供依据。不好的背景意味着有更高的激情去追求结果，或者表明应聘者已经达到或超过了舒适生活的水平。
6. 用一句话告诉应聘者你在哪上学和学校的概况，然后说：“我知道你上的是某某学校，你觉得它怎么样?”

   当然，这里答案也没有好坏之分。如果他们上过哈佛大学或斯坦福大学，这证明他们的智力没问题，但是你无法衡量他们的判断力。如果他们上的是二流大学，也没关系，来自那里的学生往往有着更好的工作品质，你会发现他们更渴望挑战。同样如果你毕业的学校越好，得到的学历越高，别人对你的期望也就越大，你将会因此而背负更多的责任，至少你的表现得符合你的学校和学历带来的声誉。毕业的学校本身并不代表个人的差异，但是要关心的是，他们是否不止一次地换过专业或未能毕业。随着年龄的增长，我们的知识结构也愈加全面，同时也具备了转行的弹性，但是一开始就专注一门或者所学甚少的人，往往要学习和提升的更多。

7. 告诉他你最喜欢的工作方面的事情，然后问他同样的问题。
8. 告诉应聘者你业余时间做什么，用几句话简单描述一下，然后问他的业余爱好。

    这是了解别人真实情况的窗口。如果他没有从事业余活动的兴趣，并不能说明他们就此丧失了机会，但是办公室中多了这么一位一周 7 天都加班的人，一定会影响别人的工作步调。如果他喜欢参加 PTA，去参加贸易协会研讨班，喜欢在商会演讲出风头，兼任几个公司的董事，他就可能给你带来新的问题。最好的 CEO 绝对不是四平八稳的人，也不是屈从命运的人，他应该是一位专注于自身业务的人。

    如果他有业余活动的话，你将会知道他是否是天生喜欢社交还是喜欢孤独，积极还是消极，富于创造精神还是传统守旧。

9. 告诉他在工作中你最不喜欢的事，询问他不喜欢的事。问话的过程中不要停止做笔记。如果他说得多，你就多记一些；说得简短，你就少记点。你必须感兴趣的事是，记住他花了多少时间谈论最感到高兴的工作，和他最感到厌烦的工作。从中你可以得出他工作中最关心的问题是什么，而且他回答的长短和丰富程度也能反应其积极或消极的程度。
10. 现在暂时脱离这个行动列表，说一些关于公司业务的事情，尽可能完美地回答他们的问题，并且记下他们问的问题。这些将告诉你他们的关注焦点所在。
11. 给应聘者吃点东西放松一下，保持自然直接，不要太过机械死板。给他添加咖啡，或者水和果汁。

12. 然后问他有什么建议。结合公司的实际例子来精心准备此类问题。比如描述某某地方有位业绩平平的管理人员，说说这个人的详细情况，问问应聘者将会如何对待他。

如果他们的答案是简单的“开除他”，那说明这位应聘者绝对不适合。因为挽救行动已经结束，随便开除员工是公司的大忌。

如果他们说给雇员提出明确的警告，并且在两周或一个月之后再看看他的表现，这位应聘者能够做一个守业的管理人。

如果他们的答案是观察一下再说，对不起，淘汰掉这些人。我们要的是实干家，一个懂得明智地采取行动的人，而不是一位观察家。

再次征求他们的建议。这次是关于一个新工厂建设方案的可行性论证的问题，可能牵涉到行业税收债券，或者邻近的办公地点租赁，给出详细的数据，包括价格、比率等，让他们做出反应。如果这两种情况都不存在，就虚拟一种设备的租借或者买入的决策情境，给出他们各种相关数字，问他们将会采取那种方式。

13～19 这 7 个问题在此一并讨论。询问他们对以下 7 件事情的建议：一次和数次谈判；一位客户遇到了麻烦；在产品、服务或价格方面的一次战略调整；一次向投资者阐明业务方向的游说；一个运营中存在的问题；一次演讲的机会；一次设计工艺的重组。尽可能地使询问的问题切合实际、言之有物，注意他们的反应。

你将会从中了解应聘者和你的业务。如果他们的回答含糊不清，尽可能有礼貌地迅速淘汰他们。注意到以上情况中，他们倾向于深入研究哪一个问题，试图搪塞地回答哪一个问题。这些问题中一半关于如何处理内部事务，一半是关于外部事务，从他们的回答中你可以看出他们的管理重心将会放在哪里。

20. 在整个过程中，记下他们问的每个问题。从中你可以知道他们的好奇心所在。
21. 询问他们的配偶对这次换工作的看法。如他们还没讨论这些，他们要么是家庭的极权主义者，要么就是对这次换工作的态度不够严肃。注意他们现在处于第一次、第二次还是第三次婚姻中。有过一次或者两次的婚姻历程是正常的，人们总是在不停地变化着，而且社会的压力必然会影响家庭的生活。有过 3 次婚姻的人，你就要小心了，要么是他的判断力太差，要么是他不够包容。好了，现在该鸣金收兵了。

按照上面的顺序，和你将要面试的 4～6 位应聘者会谈，按照同样的方式记录与每个人的谈话内容。最后把这些记录罗列起来，你就会发现他们的不同，往往这些差异在你谈话之中并没有明显地意识到。按照上面的提纲进行面试，既不做作，又不笨拙。

下面要向招聘委员会汇报你对这 4～6 个人的面试情况，着重谈谈你所欣赏的两个人，然后安排负责挑选责任的另外一位或两位成员，与应征候选人进行一次自由的谈话。从你的报告中，你的伙伴应该得到了必须知道的详尽信息，所以这次谈话将会十分有趣和轻松，可以让候选人畅所欲言。抓住一些主要的问题，比如确定候选人成功的可能性。引导候选人把思路延伸到薪资待遇方面，并陈述你的“奖金为主，工资为辅”的观点。

当招募人员在做这些的时候，CRO（还记得吗?）要核对记录。CRO 必须对记录显示的内容极度敏感，当然不是所有的谈话记录，而是从记录中发现应聘者谈话中泄漏的“蛛丝马迹”：比如最近或者过去一些事情，同伴、老板或者下属的信息，以及来自哪个公司等等。

你这么做的目的是在不暴露应征候选人身份的前提下，核实他的背景，因为这些情况是不能做假的，除非有意欺骗。我们也可以把这种做法称做不得已的“极端欺骗”。

给有希望聘任的人曾经工作过的地方的同事、经销商和客户打个电话。

不具实名地描述一下你的公司，解释说你们正在寻找一位适合在董事会列席的人。这当然都是事实，但不是重点，你的重点是在不妨碍候选人目前工作的前提下通过描述候选人的基本情况，看看经销商、客户和同事们最先回想起的名字里有没有他。

如果这些人并没有提到候选人的名字，或者提到另外一两个人后，顺带提了一下，你就要问他们，如果这个人成为我们的候选人，是否合适，并询问是或不是的理由。为了保护你的候选人，刚才这个问题一定要放在最后一分钟去问，而且一定要表现得很随意。这样做的另外一个好处就是可以得到更接近真实的答案，因为他们没有想到你是严肃地问，所以他们可以放心地答。

首先，你可以核查一下这 6 位候选人的信用，查看一下交通违规和犯罪记录，确认他们所说的教育和工作情况。通过候选人的许可之后，你可以请服务机构帮助你一一核实上述情况。这些工作不是猎头公司应该做的，他们的职责是为你提供好的候选人。

好了，现在该是剔除不合适的人的时候了，你选定的 6 位最终候选人中，你可能会发现其中一个在工作经历或者教育背景上撒了谎，那么他就自然而然地失去了资格，有时这种结果会让你震惊，这又有什么办法呢，这就是今天的世界。如果你发现其中一人甚至有犯罪的记录，那么他一定是靠不住的，不要在这个问题上打赌，你会输的。要注意这些。

如果你发现他竟然涉及过一大堆的官司诉讼，不管是被告还是原告，都说明他这个人有些问题，你都没有必要再对此人抱有希望，迅速离开他是你的明智之选。如果你发现他有过交通违规的历史记录，你就可以断定这个人有违反社会秩序的心理，还是趁早让他走人，不要祸害到公司。如果有不良的信用又将如何？放弃吧，他不具备应有的责任心。

现在到了关键时刻，已经只剩下 3 位候选人了，你必须鼓励他们继续参与这场角逐；先给这些幸运者每人一份接收函，同时给他们的配偶送上一大束花。3 人当中，必然有两人出局，所以现在你还是要与 3 人共舞。

确信招募委员会的人在为你的最终结果做积极而充分的准备，同时仍然要快速地思考如何最后抉择。他们必须知道这个位置目前尚未落实，以便继续对此过程给予更多的支持。

请允许我重复一下，多一些奖金、少一些工资的薪资结构有利于公司未来的发展。如果他们中某个人最终还是提出了要提高工资比率的话，就毫不留情地放弃他。他们都有着良好的素质，这是我们需要的，但是不健康的心，则是我们所摒弃的。

做好以上几点，同时遵从第1章中的忠告，你将有80%的几率招聘到能使人们生活幸福并充满活力的CEO；如果是另外20%发生的话，你就得在公司内部寻找你印象中的最佳人选。告诉他们应该感到荣幸的是，随着公司CEO招募过程的进行，你发现他们才是更适合的人选，然后让他们来担任这个职务。如果这位内部人选的确经验不足，你需要设立一个主席的职务，为期1年，前提是12个月后这位主席必须离职，他存在的目的就是在整个董事会接受这位经验不足的CEO之前，每个月和他进行一次简短的谈话和指导。

# 第66章

BOARDS SUCK. HERE'S HOW TO COPE

# 如何对付讨厌的董事会

任何与下文描述雷同的人都纯属巧合。

如果你不善于为公司实施挽救行动，那就表明你不是世界上最善于社交和协作的人；如果你不履行你的承诺，那么作为一名政客，你很快就会失败。而问题在于，当开始一次公司挽救事业时，你不得不和那些有时几乎神经过敏的董事会打交道。

这很容易会使所有事情成为泡影！

永远不要忘记董事会本质上的政治性，一位董事，一张票，他们可以随时解雇 CEO。同时，他们和 CEO 又是平等的。但是，有多少位董事，就会有多少份议事日程。

挽救行动中必须要具备独断专行的气魄，必须暂时独立于董事会行动。

为了理解这个观点，让我们看一下董事会通常是怎样运行的。

董事会只做 3 种决定：

第一，解雇 CEO。第二，雇用新一任 CEO。第三，校核预算和行政费用、公司合并以及公司的整顿和财产分配。

当董事会决定的事超过了以上范围，就没有 CEO 什么事了。如果 CEO 无事可做，董事会就是失败的。

现在的问题是，如果董事会不了解一些客户，不经常和职员交流（很有可能只和竞争者交流），不和审计员一起校核，那么他们不可能做出明智的决定。除了极少数重大决策之外的活动，都应该委托给别人，这就是 CEO 和董事们经常交谈和磋商的原因所在，但最后做决定的还是 CEO。

获得董事会的关注和支持，意味着你必须在自己身上找到一种一般的挽救人员所不具备的成熟老练的社会交际能力。现在，停！不要开口，我知道你要说自己不会搞那些政治伎俩，如果这样，你就帮股东们一个大大的倒忙。我希望你是一名股东。因此不要总是闭口不言，记住：一位董事，一张票。这就是最高层做事的原则。

下面要讲两个公司的故事，都与挽救行动无关，但能表明董事会的这个特点和我处理这类事务的能力，甚或缺乏处理这种事务的能力。

那是我第一次当 CEO。喔，有位董事会成员十分怪异，而且时间证明了他不光外表看来怪异，而且骨子里也怪得很，简直就是怪透了！

我的另一位董事会成员表现得很理智，但这位董事老是发脾气，大吼大叫。

他对个人电脑很着迷，感觉自己掌握着整个宇宙，因为他在 20 世纪 80 年代初，开了一家电脑公司，那家公司拥有我们公司以及很多其他商业公司的控股权，这位董事在公司中的地位使得他有机会和其他的首席执行官接触。一个七月的下午，当经济衰退，差不多每个公司都面临停业时，他把每个公司的财务结果制成了一个程序，能够自动打出信函责备每个首席执行官，并且列出他们无法衡量的特殊结果。

一个会自动批评人的程序！

在 4 份严辞责备的信件中，每位 CEO 都嗅出了火药的味道，责骂的原因无非是销售不景气或者下降，信件中因他们的利润下降或损失而大吼大叫。

但是我收到这封包含责备内容的信的时候，我们的销售却侥幸地出现上升势头，我们的利润是去年的两倍，虽然并不总是这样的，只不过恰好在这个时刻上升。所以我看着这个稀奇古怪的信，十分惊讶，这是我第一次与总公司的正式交流，竟然发现信的开头对利润比去年增长近一倍的事实进行无耻的亵渎。我知道母公司正处于亏损的恶劣时期。

除了怪人和信件之外，我的领导们啊，你们能不能想出别的激励方法，使得上下级步调吻合呢？

两年以后当我决定收购一家北方的公司时，这位前任董事会成员大声尖叫着反对，以至于经理们匆匆忙忙地从走廊赶到会议室，看这儿是否发生了什么紧急情况。

好了，无论如何我们买下了它，结果证明它是公司有史以来在资金运作上所做的最成功的投资。就像任何其他重要的事一样。

现在，前任董事会成员想经营它，他询问是否可以由他担任该公司的 CEO。

我否决了，我说："罗伯特，你情绪不稳定，那不是一位 CEO 所应有的性格，特别是对于一个有着 700 名员工的公司。"

从政治角度来看，不该如此评价，但是我必须实事求是。他每周都去看精神病医生，有时每天都去，消费了公司的一大笔颇引人注目的医疗津贴。同时他还和一些人通过电子邮件进行交流，这些人大部分都是女士，她们喜欢每天花上一两个小时在所谓的因特网上互相说一些无聊的建议和感受。

与此同时，另一个控股公司想要收购我们的公司，我无暇分心其他的事情。

我那些精神不稳定的董事会成员们自行处理了谈判事务，但是却忘了告诉我他们正在谈判！在我知道这件事之前，他们已经做出了一个决议，其中的一部分内容就是任命那位奇怪的董事会成员成为西北分公司的 CEO。

在他们讨论的谈判事宜中我获得了一定的股份，所以任何疼痛都被金钱所麻醉，但是西北的人们不得不忍受这个家伙的脾气。最后，他出了事，在公司的账面上发现了问题，他被扫地出门，不过那已经是两年以后的事了。

那件事情本没有必要发生的，那是我的错，我本应该处理这些事务并向其他董事会成员们提及他的奇怪行为。那么他将没有机会获得这个职位，谈判中分心的事也不会发生，也不会为此付出不可预测的代价，甚至新的业主也不会遭受牵连。

我应该早早动手削弱他的地位，在暗中悄悄地进行。这是不是耍权谋？是的。这是不是对股东最有利？是的。我们全都为股东们工作，所以偶尔要一些善意的“权谋”也未尝不可。我不是说经常，那不必要也不健康，只是说在董事会甚为敏感的时期，需要特殊的行动方式，而且对他们的一票否决权的正当行使要进行一些额外的培训。

董事会本质上是政治性的，它是一个选举机构。你需要改变你的行为方式，对不起，你必须疏通你的董事会成员们，在选举方面做些工作。很多事情通常是他们在会议之前就预先确定好了。摆脱那些捣乱的董事，如果你不能，那就确保他们的影响力正在逐渐丧失，否则他们就会趁动荡时期为他们自己抓住机会。

上文叙述了在公司的正常时期如何与董事会周旋。在非常时期，比如公司的挽救过程中，你担不起也没时间去理会董事会员们，那也是为什么在你开始接管一家公司之前有必要在合同里清楚地限定你权力的原因。在挽救的危难时期，你必须明确提出你的要求，不可姑息纵容，否则你会处处掣肘。记住，在聘书签字之时谈妥一切。

但是，在你的招聘条款中，保留董事会无条件解雇你的权力。只要你有合同，他们不会过早解雇你，因为不管怎样他们害怕混乱的局面，解聘你也会威胁到他们自己的位子，但是即使你能掌控局面也不要过分自信。你也不要尝试改变董事会，即使只是想改变几个职位。你要让一些董事会员们在安定后仍然清楚地记得你的“丰功伟绩”，并对你感恩戴德。而如果你更换了新的董事会成员，他们就会把一切变化当作理所当然的。

一开始不要召开任何董事会会议，仅仅安排与一名董事在第一个月里每周谈一个小时左右就行了，在此以后也可以与几个董事在非正式的谈话中聊上几个小时，那样的话你就可以把更多的宝贵时间花在公司的整顿上了。

董事管理权在正常时期是一件很重要的事情，但是在困难时期，你不可能需要那么多只手来操纵。你能说出世界上有多少伟大的事业是开会决定的？有多少？

当人们谈论起某公司卓尔不群的原因，你是否会听到他们提出因为该公司有一个伟大的董事会？有没有？

战争还在继续的时候，疏于职守是不对的，吉米·卡特（Jimmy Cater）总统总是事必躬亲，他在伊朗解放人质行动中的作用发挥到了极致，整个过程中他和执行任务的长官保持直接联系，结果导致了悲剧。其实那场灾难本不该发生的。罗纳德·里根（Ronald Reagan）在一次与利比亚空军的激战中，因为睡觉错过了遥控指挥而受到批评，但结果却是我军零伤亡。

对这一点需要做另一方面的深入理解，想想看在美国拥有参谋首长联席会议和国防部长的职位之前，从没有在战争中失败过。自从有了这些疏于职守的成员，我们在朝鲜发表过一次停战声明，在越南遭受过一次失败的屈辱，仅在海湾战争中取得过一次胜利，如果三十几天的小规模战斗也算战争的话。

现在你明白了一个糟糕的董事会造成的潜在问题了吧。现在让我们考虑另一种情形，这是一家新近创办的公司，不是挽救行动，我是CEO。

公司在 6 个财年总共挣了大约6 000万美元，在第一轮行动中，资产就达到了1 300万美元，然后在 5 年内逐步稳定地达到 2.4 亿美元，表现不算太差。

在第三轮行动中，一家轻率的纽约证券交易所上市公司承诺提供给我们 600 万美元，同时也提供该轮行动的领导者，并签订了协议。这 600 万美元绝对不是小数目，一家我们十分看好的波士顿公司同样也承诺会渐进地推动业务发展，担当该轮行动的领导者，同样也会投资多达 600 万美元。公司的价值提升了，好多的钱啊。

我们的董事会成员举行了一次私人会面，拒绝了任何内部人员参加，讨论的结果是选择了另外一家公司，该公司仅仅提供不到 100 万美元，可董事会给出的评价却非常高。

这虽然提高了每个人拥有的财产的价值，但同时也意味着我们不得不在此后不久继续寻求更多的资金。这次会谈使得波士顿公司从此不在我们的投资者之列，不然也可能成为一项议事日程，我不清楚，我不是那次私下会谈的成员之一。

所以我们选择了少于 100 万美元的投资公司作为领导，并且以稍高一些的代价又吸收了 600 万美元的投资。

这家公司给予我们少量的投入资金，并且在董事会占一席之地，尽管他们的总股份还远远低于其他董事们的股份额。这家公司的主要合伙人，我叫他迈克·亚当斯（Mike Adams）（不是他的名字，只是首字母的组合词），对我们的一家子公司的兴趣甚为浓厚，几乎超过了对我们的主营业务的兴趣。

在我们的第二次董事会议之后，迈克·亚当斯私下里怂恿我与另外一家公司合并。他把我介绍给一家他熟悉的投资银行。这家银行不是什么家喻户晓的大银行，甚至比起我以往打过交道的任一家银行都要低几个级别。他们的官员们穿金戴银，气质庸俗。迈克·亚当斯信誓旦旦地向我保证，那家将要合并的公司很快就会走出财务困境。那位不入流的银行家恬不知耻地说，一旦合并之后，股民们会疯狂抢购我们公司的股票替我们买单。

迈克·亚当斯把我介绍给了提议合并的那家公司的执行总裁。结果这位绅士恰好是迈克·亚当斯的一位朋友，而且看上去迈克与这家提议合并的公司有财政上的联系。

但是我拒绝了合并，而这家提议合并的公司也在 70 天后宣布破产。

OK，财政上的渎职行为，玩忽职守，差点儿使得我们受骗。除此之外，亚当斯还以相当灵活的方式直接贿赂我，并且不断地保证不会向董事会里任何其他成员提及一个字。他希望人们认为合并是我的想法。

我扼杀了这个想法却也未免显得有点愚蠢，因为我没有把迈克·亚当斯的行为告诉给那些因他而遭受巨大损失的合伙董事们。更愚蠢的是，在以后的日子里，我也未向任何董事会的成员提起过，以致他们每月都与这个卑鄙的人坐在一块，现在想来实在是无知得很！

我再重复一遍，董事们都是有政治倾向的人。我原以为与迈克直接打交道是无伤大雅的，然而这种想法是错误的。天真并不会受到庇佑，因为在政治环境下，纯粹的、直接的行为会产生可怕的后果。特雷莎修女也可能因为雇用了一个讨厌的警察，使得你不愿在她的辖区生活。修女是伟大的，但警察太让人恶心了。

此后不久，迈克·亚当斯欣然同意担任我们子公司的主席，前提是得到 5%的股票。

这是在一次董事会上由一位董事提出的，该董事仍然坚持以高额代价收取迈克的小额数量的股份，因此他以高价获得了东部的资金。

我目睹了这一切在我所主持的公司的董事会上一件件地上演，但是我并没有意识到这里面的内幕，直到两年之后才恍然大悟。这帮家伙在事前就到处散布消息，议论纷纷，说什么要换人了云云，最终在我的小木槌下定夺一切。或许是，也可能不是!

因此，亚当斯成为子公司的主席，并且要求我在几个月之内不要插手。他的新任执行总裁被调到了总部，并雇用了两家广告公司，在 3 个城市里出售昂贵的地产，而其他绝大多数职工都只是停留在那令人烦躁的两个月里，然后被更有才能的人代替。

但是，自从迈克·亚当斯告诉董事会我们应该从一家美国西部的公司获取发盘，并以大约 10 倍于我们的投资额对这家公司进行投资后，似乎一切都进展得很顺利，好戏很快就要上演了。

从未发生过这样的事，过量抛售股票并没起到太大的作用，我让亚当斯站到一边去，解雇了 CEO，收回了投资的钱，我们费力地经营着公司，力求挽救它，但是最终还是不得不以寒酸的价钱卖掉了它，即使这样也没能让我们很快摆脱这段屈辱史。

同时我们经营中出现了资金短缺问题，真是雪上加霜。我的经理们建议道，他们是否可以不领薪水，而把这些薪酬折合成优先认股权。这的确是个好主意，好想法!

我向两人组成的补偿委员会征求意见，他们也在当天便对这个提议表示了赞同，并用电子邮件和传真两种方式给予了回复。

资金的筹措越发紧张，而管理人员的工资也有几个月没能得到兑现。就在这时，我们收到了一份项目列表。

我把下一次的董事会议交托给我们的 CEO 来主持，这是我 5 年来唯一一次缺席会议，利用这点时间，我把东海岸区的所有财政投资全部结算清楚。

但是我后来才知道这个决定是个错误，因为迈克·亚当斯扰乱了那次会议，他认为经理人乱用投资者的钱，为此还对其他的一些事大发雷霆。记住，现在他的股票有所升值，包括几乎没有影响到升值的管理部门的股票认购权所造成的价值损耗，他的股票在两年内翻了 5 倍。

所以亚当斯抓住了这次机会，补偿委员会其实已经让步，并承诺我回来时重新议定管理部门的认购权。当然，这个补偿委员会也是由抱着同样想法的两人组成的。他们决定以极小的投资获取高昂的价值，这使得我们在资金筹措时显得有些仓促！

我拒绝了补偿委员会要求我们放弃购买权的建议，但是同时也提醒他们，董事会完全有自由来解雇一名 CEO 或者我们中的任何人，只要他们觉得我们的所作所为不值这些钱，同时只有他们那么做了，我们才会更加尊重他们。

真是让人不耐烦的时刻!

你们也知道，如果我同意了对亚当斯的丑事的张扬，把他之前的丑事吹到其他董事的耳边，那么，他想搅浑董事会的想法只能被投之以嘲弄的微笑和狡黠的挤眉弄眼。我本该那么做的，如果做了也最好不让他知道是我做的，这样不公开的敌意就不会使董事会产生交流上的障碍，最好是以沉默的微笑和嘲弄的皱眉来否决他而不让他明白这是为什么。

但这就是董事会的工作，就像民主主义一样，董事会是特别麻烦的一个机构，但有时这几乎会比任何抉择都好。因此，要意识到董事会到底是什么，它并不仅仅是事务上的一个流程，董事会是个可以随意干任何事情的机构。幸运的是，这一轮行动的结果皆大欢喜，我们使公司财务盈利、价值提升，同时也保住了我们的认购权。

有一点你们还不太清楚，某公司的一名执行总裁提议我们两家公司合并，并要求马上跟我见面，这没什么，但是你无论如何都可以猜到，这个公司的执行总裁是迈克·亚当斯资助的，很明显亚当斯掌控了这家公司的大部分股份，并且一旦我们获得了一点利润，迈克就会想方设法来弄到它。这个不合适的计划我甚至不曾向董事会提出过，而这家公司的执行总裁也没有提及。最为仁慈的是，我没有向董事会反映迈克·亚当斯的这个过失，只不过告诫他打消这个念头，否则我会向董事会提及的。

同时，股市出现了前所未有的牛市。帝杰公司、所罗门美邦(Salomon Smith Barney）公司和贝尔斯登公司联合起来要为我们公司上市，最后我们与美国证券交易委员会签订了合同。

在此过程中，两名自发的新投资者出现了，并要求投资2 000万美元或者更多，他们中有一位要求我写一份关键人物的人身保险政策来保护他们的投资，我们同意了。

我的身体已经搞坏了，每周 7 天的工作使我的血压升高，因此我不得不经常吃药控制血压。问题是，这使我整天昏头昏脑的，但是我已经成了合格的保险对象，并且是高价的保险额，所以我们买下了那个计划并把他们的2 000万美元存了起来。

然而，作为一名 CEO 所应具备的最典型的特征，昏头昏脑绝不是其中之一，是我离开的时候了。

与此同时，我们输掉了 IPO 市场，但我们有令人想不到的一大笔现金，所以这无关紧要。我雇用了一家猎头公司同时告诉董事会找人来代替我。

在为 IPO 做准备的时候，许多内部的董事成员都被辞去了，我们征募了一些高素质的人才，我请求迈克·亚当斯在这个改变时期离开一下，但他是唯一一个不同意的人。其他人也获得了不菲的报酬以及一大堆值钱的股票，虽然利益少了，但他们都同意招募顶尖的董事成员，这对于公司利润是有好处的。

除了迈克·亚当斯，我们也在寻找高素质的委员会。委员会的成员们，除了亚当斯，都比我有更好的职业成就、教育背景以及自己打拼赚来的财产。我只能更加谦逊。

因此，我们沉迷于金钱的生活，我不适合继续战斗，并且一个重要的问题是，我们所建立起的一些市场合作关系正在逐步减弱，是该做出相应调整的时候了。

现在，迈克·亚当斯已经见识过我们管理部门证券猛跌的情形了，而且在两年前也出现过相似的情况，刚好在他投资之后，一系列合同都失效了。那真是个糟糕的时期，因为那时我们在60天的时间内解雇了80%的在职人员，同时也使公司改变了经营方向，并取消了一系列的合同。这一系列的改革也起到了一定的作用，在接下来的一年内公司的股票升值了，并且在第二年又增长了5倍。“失足、恢复”，这就是新兴公司的一部分。

然而，这次的情况却略有不同，财务在恶化，这是个坏消息，而公司有一大堆现金却又是个好消息。我的血压问题是一个未知因素，作为一名执行总裁，基于对首期上市股票的预测，我和新的董事会参与了股票的认购，而新的董事会从未见过一家公司如此沉入谷底又绝处逢生。

他们已经做好了迎接失败的准备，具有讽刺意义的另一个问题是：这个董事会的优秀使得所有的董事会成员都把精力花费在他们自己生活中更重要的事情上，而不是我们的业务，并且都不愿意分散精力做其他事。

所以，迈克·亚当斯的下一个目标是要让董事会因为我的过早离开而不安！

这很公平，然而我要说的是，这不止是公平甚至是无可争议。除了仅仅留下两位有一年处理商务经验的董事以外，迈克·亚当斯和另一位最初的投资者，都没有工作经验，却都拥有操纵的权利。而我这位昏头昏脑的CEO身体又有问题，也没有战斗的准备。

不太明显的事情就是迈克·亚当斯不仅仅疏通这些董事们，他还给那些不在董事会里工作的主要投资者送去匿名信，这使得他们很不安，然后他们向我提出告诫。

那当然很麻烦。

对于匿名信，我这一生中从未送过，下辈子也不打算做这类事，匿名信揭露得更多的是发信人的性格品质，你们不这么认为吗？

无论如何，在这儿还发生了其他的事情，在动荡时期，最不繁忙的董事操纵着最重要的分量，他们有的是时间。其他人都没有，最不繁忙的人可能不具有最好领导人的标准，但是如果你还没有弄清楚自己的议事日程的话，那就在董事会里进行一切。还有一些事情发生：当一名董事正面临着机遇的时候，他将会给予你的业务过分的关注，这种关注有时只会为你设置更多的障碍。

亚当斯成功地使他的一位老朋友暂时就职，就是那位以前关于合并公司和我们打过交道的家伙。他的好友摆出一副对工作不感兴趣的姿态，但在开始工作前却是他在网站上把工作项目入账，不过他却忘记了之前他曾给过我他的简历，就是我所收集的 44 份执行总裁候选人简历中的一份。但是在我离开的那天，44 份简历从电子邮件上消失了。

警方不能够推断出谁删除了这些简历，因为我离开的那天，为了便于电话留言和电子邮件，我给了行政工作人员我的密码。亚当斯的老朋友同行政工作人员会了面，他们都同意 CFO 每天浏览我的电子邮件和电话录音留言，以决定哪些是公司的，哪些是私人的，并适时地传递它们。

一件很合理的事情。

然而，亚当斯的老朋友在开完会之后溜到工作室，同一名下级的工作人员谈话，并让工作人员把电子邮件在 CFO 看见之前转发到他那儿，并暗示工作人员这没有必要向任何人提及。

我将要假定的另一件没那么合理的事情是，除非商务是有质疑的或者有诈骗的迹象，如果有人发现的话将会有少许的窘迫。结果每个人都发现了。暂时，亚当斯的老朋友，那个愚笨的家伙，开始回复我的电子邮件，当然他没告诉我他那天的行动。

记住，这是在我精心挑选的董事会的领导下发生的事情，真是世界第一流的董事会啊！可见我允许这个道德上有潜在问题的董事会存在是多么得糟糕。可见这些被公司证券购买权上市所引诱的新的董事们，在 IPO 收回以后的极短的时间内想法发生怎样的转变。

你不能责怪他们，他们只是在参加不同的竞赛或者在市场垮掉以前获得了他们想要的。对于聪明的人来说，加入董事会是明智的。持其他理由加入你的董事会的人都会是一位糟糕的董事，因为这里只有那么一点儿加入董事会的合理的理由。签约承担责任证明他们是愚蠢的，情况是虚假的而债务是真实的。如果你真的那么做的话，你会丧失控制权。所以，你为什么加入呢？

我很晚才告诉两名董事关于迈克·亚当斯的错误行为，亚当斯辞职了，但是他的朋友继续进行着调查。一次混乱的对 CEO 的调查就该结束了，就好像这一切都没发生过一样。

他到底怎么样？时间会证明一切。委员会并没有核查，这令人叹息。他们让招聘人员核查了，就像你向理发师询问是否需要理发一样，答案是能预言得很准确的。

我走了。但是我忍不住核查了一下。不要问我是否曾经有某家公司以书面形式告诉你，不要雇用一个他们以前的雇员？并且泄漏他曾经有过虚假销售行为？

好了，那就是我在电话上所得到的一切消息。

我猜，他们一定心情很愉快地把所有的现金都升值，董事会决定花费得更快一点。因此这位新任执行总裁的薪水比我的最高工薪的 3 倍还多，那有点夸张了。他们付给他通用支票；在商量是否为他租房时，我开玩笑说不，同时指出公司从无先例，不过董事会为他租了一辆豪华汽车并报销所有费用。我从不知道其他的合同细节，但是仅仅为了在执行人员中树立起威信，他宣称说他的合同要求上有些重大的条款，董事会承担不了解雇他的违约赔偿。

这让整个团队一下子紧张起来，在他任职期间，雇员们不得不在 9:00 以前工作，而且直到 6:00 才下班。在他露面的两个小时以后，他还指定了一名职员关掉他办公室的灯并锁上门，愚弄每一位职员。

在快要疯掉的这段日子里，亚当斯的老朋友代替了他在董事会的位置。愤世嫉俗者会说，他把自己放到了一个使领导者困惑的毫无意义的位置上，这看起来是一个极为安全的选择。亚当斯宣称他的老朋友将加盟他那家投入很多资金的公司，认为这家公司的人员有冗余。看起来他对过去所感兴趣的事失去了兴趣。

亚当斯，他的老朋友，以及其他的控股董事，这些拥有时间的人们，设立了高津贴、高薪水的职位，以吸引那些追求高薪的人。他们正在用那些我辛辛苦苦为公司挣来的钱，大肆上调工资标准，似乎要冲破某些记录，不过现在已经开始下滑了。

让我再说一遍：每一位董事，除亚当斯以外，都是从有威望的大学毕业的；每一位董事都有建立或担当过上市公司董事的经历；每一位董事，除了亚当斯以外，都有上百万的支票和比他们薪水更值钱的股票。

无论如何，在这次骚动中，公司的一名执行人员看起来比其他人更有才能。迈克·亚当斯和他的好友立刻准备把他招募到另一家公司去。

对了，你猜对了。迈克·亚当斯是那家公司的主要投资者。一名愤世嫉俗者会说：他们都从自己拥有股份少的公司把所见到的人才挖走。他们没有一点公道，仅仅只有占有意识，简直有些无耻。但我不是一名愤世嫉俗者，所以我从不说这些。

请记住所有业已发生的悲剧，都是因为我不能剔除或孤立出某位道德上存在问题的董事。而这位当上公司主席的董事刚好从他的投资伙伴关系中转变出来，所以迫切地需要找一些事情来做，并且需要一间新的办公室，他也得到了。即使他和迈克·亚当斯彼此看不起对方，他们也在重新彼此妥协，亚当斯的好友被给予了他想要的工作，直到最后他因滥用职权而被解职。最后他们重新招聘了一名品德不好的执行总裁，并付给他超额的报酬。

让我们公平一点，或许这只是我在吃酸葡萄。我们也曾见过许多执行总裁们都没有那么大的胸襟去祝愿击败他们的成功者获得成功。我所能说的只是我自己投入了比任何人都多的钱在这桩交易上。我的平均净资产占有量比其他任何董事和投资者都低，因此我比任何人都想让它继续发展。

但这并不能保证我的合理性。因此有可能新的执行总裁会用他的领导才能向我们展现他与众不同的一面。

让我们来回顾他的第一次被雇用情况。在这位新任执行总裁的第一次计划宣布以后，我做了雇员们建议的事，以其姓名为关键字在网上搜寻并找到了他的资料。

在他以前的雇主的网站上，有他被任命为干事的资料。

《先驱者》（*Herald*）的六月号上有一篇介绍他的文章：“达拉斯城市的县治安干事一声不响地到来了。”报纸报道说，“在 6 个星期以前，一个暖和的春天的早上，在总部……”，并描述了一家欺骗性公司的倒闭。

“这条消息对于公司的主要财政负责人来说犹如晴天霹雳”，他们还说出了我们新雇的执行总裁的名字，“那个人在两天前出去度假了，没有丝毫迹象表明他还有财政问题尚未解决，‘我不知道审判的结果，’他说，‘我现在才明白我有很多的消息都不知道……我对此很生气。’”

呵，你认为下一次银行工作人员在向我们公司贷款前会有可能做一次网上搜寻吗?

为什么让这些肥皂剧发生在你的身边呢？一定要明白，选择错误的董事会成员是多么具有灾难性。所以你能够防患于未然的办法之一，就是建立一种完全不同的体制，这才是你身处绝境时获得生存的好办法。

我没有向任何人提及那篇报道，也没必要让每个人都知道。但是我的确把我了解的事情告诉了主席先生，他听到此事的一刹那有些眩晕，我知道他深受打击，但他是否把此事告诉了其他董事，我就不清楚了。新任执行总裁让律师送了一封信给我，说任何核查他身份背景的行为都侵犯了他的个人隐私。

是的。

而我如此轻易地得到了他在前任雇主那里表现平平的资料，以及他凭空捏造的担任某一个公司部门的副总裁的虚假材料的原因很简单。我的一位大学好友是那家公司的创始人，他从没有听说过这个家伙。而我只不过充当了一次闹事者的角色。

我不能就此罢休，但事态继续发展。我并不是在编造一个有趣的故事，有些地方必须弄清楚。

董事会的成员们都是一些豪奢之人，几乎人人都有私人飞机，即使全部董事会成员在飞机里开会，都不会觉得空间蹩仄。这也成了一个问题，顺便说一下，除了亚当斯以外，每一位董事都比我富有得多，他们都无可厚非地受过更好的教育。另外，让我无语的还有，他们都比我年轻。

哦，关于迈克·亚当斯的缩写词吗？它是由我自己捏造的。“我的直觉使股票贬值（My Instinct Kill Equity）”，这就是 Mike 产生的缘由。嘿！你能允许我这一次孩子气一点儿吗？迈克·亚当斯在一年内搞垮了我的生意，一桩可以赚大钱的生意。他并不是单独一个人做的，他从他的老朋友那得到了帮助，然后从几乎可以称之为西方历史中最糟糕的一次寻找 CEO 的过程中坐收渔利，同时，还被另一位游手好闲又没有工作经验的董事教唆。

这位董事就是“经常以其他方式使资金能够流通（Always Divert Any Money Somehow）”，这就是 Adams。

对董事会的事情，我承认自己有责任，然而我只能保持缄默和难堪，而最后出现了极糟的结果。这是我从未掌握过的或者被介绍过的一种技巧。对于想要取得胜利的公司来说，执行总裁必须能够很老练地处理与董事们的关系。对于像我这种需要社会磨练的执行总裁来说，挽救行动为此提供了好的庇护。

在我们的最后一桩生意上，迈克·亚当斯在我的最后一次激烈争执的董事会议上，声明说这桩生意价值 5 亿美元，打消了我准备以 35 万美元为起点卖掉的想法。

公司仍然存在，如果那桩买卖能取得胜利，使得本章所述的内容从长远看来是错误的，将是令我最高兴的事。

听到新任执行总裁在 5 个月后被解雇，是一件令人高兴的事情，而那位招聘他的董事也辞职了。但是同时，浪费了这么多时间也是一件很令人沮丧的事，而这更多是我的而不是其他人的错误。

在撰写本章的时候，公司仍然有很多资金，还有一个我向董事会推荐的行政团队。这位蹩脚的、多舌的股东最终在嘈杂中离开了。

董事会需要在平时得到悉心照料。如果你不这样做的话，公司就会摇摆不定。这也是在常理之中的事情。他们很不容易对付，你只能够提出忠告。董事会应该只是为处理重大事项而存在的。

你引导他们，他们也知道自己被引导。当出了岔子的时候，他们就会有大动作并换掉 CEO。

你必须开除那些被雇用的有些精神分裂的董事会成员。他们的世界越小，在不稳定时期他们捣乱的机会就越多。

你必须在董事会议召开之前逐个会面，一个一个地做工作，这样投票的结果才能提前确定。如果他们很忙，并且你也祈祷他们如此，他们会很赞成提前准备。他们都是大人物，并且明白你在做什么，他们会处理好的。

但这是正常情况下如何对待董事会，也是他们所熟悉的方式。

在挽救过程中，你根本没有时间顾及董事会员。他们不愿卷进来。除非买卖开始复苏，你才会看到有几个董事会员自愿去看文件。

你必须在挽救期间首先调查交易的情况。这样你才能确定你是否想接手，并且对如何行动有一个大致的想法，这是关键。最好的外科心脏医生只有知道怎样对待病人，才能使他们的恢复几率提高。

对董事会来说，你这种做法非常重要。你必须经过详细地调查并给出你的构想。在挽救行动正式开启之前，他们必须了解这些构想。这样当出了岔子的时候，他们才能给予你强有力的支持。既然你是临危受命之人，充当英雄的就不是他们，他们存在的目的就是为英雄创造施展身手的战场，他们会期望你的表现的，越快越好。

我允许你复印本章（仅限于章。让我和 Wiley 出版社也休息一下。你将花很多的时间去复印其他文章，去买更多的复印件吧）。

如果这对你有帮助，你就在挽救期间把这些专家意见拿给董事会看，作为你要求更加独立的理由。一旦资金流再现，你就必须立刻更换策略，采用那些在正常时期处理和董事会之间关系的技巧。

签署条约规定，在第一个月每周要开一两个小时的会，没必要准备，只是随机的，时间上也不要多于此数。从第二个月到第六个月，要求每个月召开一次一两个小时的会议。如果董事会觉得合适，要求他们签一个简单的合同。在这些问题上要把合同具体化。

不要改变董事会。他们是负责任的，也许有人会出于害怕而离开。他们的确有很多阅历，有些东西你也未必能够向一群新董事解释得很清楚、很明白。而且任何愿意现在加入的人都不会有很高的智商。

我在挽救时期的第一次合同就要求有控制权的人离开大楼，如果未获允许他就永远不要回来。他没请求回来，而且只有在我召集他们时才会开董事会，但我从来没有召集过。我们只请律师开一些宣讲法律问题的年会。

公司的股东们见到了开办该公司以来最多的一笔钱，那是赚得的利润。

在我的第二次挽救行动期间，我指定每周打一两个小时的电话给董事会成员，第一个月以后每月拜访一次他们。那次挽救行动进展得太过顺利，以至于他们极力希望延长我的合同任期。我欣然同意，条件是必须在增加的第一个月任期内把我的报酬降低 50%，以后每一个月增长一倍。这给了他们一些刺激，所以他们才会严肃对待正在进行的招聘 CEO 的事，并且没有怨言。

如果你打算终结一项传统业务的经营，而此业务并没有为你带来业务增长、利润增加以及所有可爱的东西，你就必须做好内部人员的工作。你需要逐个和董事们谈话，提前确定他们都会投赞成票。这只是整个剧目的一部分，这样做的结果一定是一场好戏。

要明白新老董事的不同。在我提到过的类似情况下，一组正规、有经验又专业的董事进入 Keystone Kops 公司。新的董事上任，分配股权，市场垮掉，CEO 脱离干系，市场交易失败，猜猜还有什么？历史总在重演。

我在指导新董事的问题上很失败。我正在等待 IPO 的表现，精力分散了，而且吃了点药，头发昏，如果你善于挽救公司，你可能就不会对董事会的各种伎俩缺乏耐心。

那就是为什么这本书的主题是挽救时期的经营变革，以及 6 个月业务稳定后的第二次经营变革。不同的风格需要不同的领导。

（给你们这些 CEO 一个建议：高血压是一种应该给予高度注意的危

险疾病。配合一下医生，让他们给你开点药。停止工作，并且还要减肥。当以上情况发生时，我开了20毫克的Lotensin，而且在不起作用时加到了40毫克。我的血压达到了170/120。离开公司的一年后，我体重减轻20磅，用药减少一半，血压也降到了105/80。那时，我加入了5个董事会，写了这本书和一部小说，并开了一家公司，所以变革之事并不是生活的全部。你最好对自己负责，并且在你的医生相信你之前做到这一点。很多的病人没这么做，才备受疾病的困扰。如果你能坚持，你就可以远离瓶瓶罐罐的药品，这可是一件好事情）

# 第67章 SHAREHOLDERS ONLY

# 只谈股东

出于善意的面面俱到之辞总是会扰乱公司。随便翻开一份年度报告或者是项目总结，你都会发现各种各样的善意之辞揉杂其中。

“统一装饰品公司（Consolidated Widget）一直以向客户提供优质的产品为宗旨，为所在地区做出了巨大的贡献，向员工提供具有挑战性工作的同时，为我们的股东提供了巨额的利润回报。”

一堆空话！

试图面面俱到，结果都蜻蜓点水地提了一下，任何一方都不会记住你说了什么。

你要明确你存在的唯一目的，就是要向股东提供出色的回报。

直说就行了，不要拐弯抹角。让你的员工都成为持股人不就避免了语意上的冲突了吗！另外没有哪个公司靠劣质产品来让股东满意的；如果你公司经营状况足够好，你就会按时足量地交纳税款，也有可能向公益事业捐上一笔钱，也就自然而然地服务了所在地区。

你注意过真正的好公民团体是谁吗？对了，是电力和电话公司。论贡献，他们两家的排名准是靠前，至少避免了政府对经济的干预和绝对控制。他们通过向政府提供一定的管理费用，间接地向本地的交响乐团提供年均 10 万美元左右的款项，同时他们的存在还避免了垄断价格的任意涨浮，每个月至少为大家节省了 20 万美元的账单。这可是不容忽视的贡献啊。

你还要使用公路，依赖军队带来安全的保障。虽然公共学校越来越像个资金的黑洞，但在某些地方你还是受惠于它。只有盈利，你才能纳税，才能把许许多多的事情摆平。有了税金才可以保证整日在危险情况下工作的警察的体面生活，才能让那些无所事事的救火人员舒服地躺在漂亮的大楼里，你才有时间到宾馆讨论预算和制定计划，或者悠闲地翻一翻烹饪技巧的书籍……对不起，说的有点远了。

为了股东的利益，努力地创造利润。员工会因此受惠，客户会因此得益。否则你就死路一条。你偶尔的捐款和长期的纳税，会泽被当地，有时还为那些急需帮助的员工解决燃眉之急。

下一次再听到某些人不无炫耀地说自己在非营利组织做事的时候，你可以自豪地宣称你正在为他们分担税务负担。

如果你是按照顺序读到此处的话，你应该开始盈利了。要注意，此时会有一个让你变得愚蠢的陷阱，千万不要迷失你已然确定的行进方向。公司既已生存，你经营的唯一目的，就是产生更多的利润，仅此而已。丧失了这一点，任何热心的想法都将成空。始终如一地强调利润，这绝不是羞耻之事。

# 第68章

AUTHOR'S TRACK RECORD

# 作者履历

现在是该说出一些小秘密的时候了。在这本书上，你所支付的远远多于纸张、油墨和胶水的成本，除了金钱，还有时间。

好了，我们开始吧。如果我的书不能让你有所收获，你一定不会尊敬我本人，更不会认可本书的主旨。我自认为书中的某些观点还是有些价值的，在此假设之下，我曾在开篇就建议读者朋友在接受本书的观点之前先对作者本人有些许的了解，也许这有助于你的阅读。

在此我将详细列出撰写本书之前20年间我个人的经历和取得的业绩。在这20年之前的16年间，我整日在杂务堆里打转，十分平凡和普通。此间有两次例外。第一次是在霍尼韦尔，大力支持和参与自动变焦相机的研发，当时我们在公司是个少数派。正如在前面某一章提到过的，当时研发总共花去了10万美元，结果仅在1993年一年内就产生了5亿元的专利使用费。

非常好的想法。我有生以来所从事的充满激情的营销工作，和富于进取品质的律师工作，为我做出如此果断和美妙的决定提供了莫大的帮助。

另外一个值得一说的事情发生在但任梦创公司的市场部副总裁期间，梦创公司以一种玩具产品起家，最后被费雪玩具公司收购。在这个过程中，我体会到产品创新的乐趣远胜于财务回报给人的欣喜，但是很多人会不以为然。

下面就是我这20年间的经历了，从1980年－2000年。如果你发现本书中某些故事与这里所列出的履历有些出人，请不要大惊小怪。我把某些地点和公司来了个乾坤大挪移，以免伤害某些不怎么称职的生意人的颜面。

下面简历的详细版本可以在我的个人网站上看得到，包括注册会计师出具的签名文档，还有SEC的标准档案，可以保证简历的真实性。

1980年－1986年，联邦印刷厂，CEO：以复利计算，通过收购赚取的营业利润平均每年增长78%，内部营业利润年均增长31%。每年的涨幅不一，上述是平均水平。总计收入是预期收入的32倍，回报从800万上升到9 000万。净利率高于行业平均水平，但是常被利息费用耗去一部分。在资金抵付了所有的收购费用之后，公司开始大规模盈利。

1986年－1989年，Checks To-Go公司，CEO：在我出任的第一个季度，公司就从连续10年的亏损困境转向盈利，在18个月之后卖给了落基山钞票业务公司。

1989年－1990年，斯麦丽工业公司，CEO：在第二个季度，将亏损额度在35%的公司转向盈利，并在第二年把公司售给了精密空间科技公司。

1990年－1996年，骑士保安公司，CEO：给股东提供了35倍的现金回报。

1996年－2000年，天之台公司，CEO：公司的资产总值从最初的130万，经过短短的5个财年，达到了2.4亿。

这就是我20年间从事全职CEO的工作履历，更为详细的资料在www.sixmonthfix.com可以看到，在这段时间，我还有4份兼职。

第一个是PopAD公司的CEO，一家注定撑不了多久的夏威夷广告业务公司，我所能做的就是尽可能延续它的生存期。

第二个是ALTO废品公司（ALTO Waste）的顾问，这是一家垃圾收集公司，我的贡献不怎么显著。

第三个是Teledesic的合伙创办人，并担任了5年的负责人。在10年间这家公司从最初的一个点子发展到现在30亿市值的大企业，AT&T、比尔·盖茨、波音、克雷格·麦考、摩托罗拉、沙特王储等都是它的股东。当然，陪审团那些人不在其内。

第四个是凯尔茜－甄妮商学院（Kelsey-Jenney Business College）

的导师，后来荣升为主席。挽救行动在学校也很奏效，集中体现就是学生的数量从 125 人发展到了 980 人，不过这回我可不是 CEO。

# 第69章

THE 31 STEPS THAT CONVERT BLEEDERS INTO WINNERS

# 从亏损到盈利的31步

请原谅我一直以来对渴求魔法规则的人的婉拒，因为我不相信存在这样的规则。但是频频地发问让我不胜其烦，所以我只好罗列所谓的“31步”法则，帮助你从亏损走向盈利。

事实上，严格按照这个步骤的挽救之法永远都不会有，本来“世界上就没有完全一样的两片树叶”。

并不是说只有当你的生意陷入绝境、濒临破产、人才流失、四面楚歌之时，为了保持你的冷酷和优越，才去应用这些规则。你必须仔细斟酌何时可以跳过某些步骤，或者改变顺序，或者提高某个环节的重要性。

既然你常常为一连串支票清单的签字而烦恼，就好好地阅读下面的文字吧。

1. 调查情况。作为一名局外人士，你的观点和看问题的角度往往比较独特。在一个星期内深入调研，与商务编辑、客户、员工、管理人员、股东进行广泛的交流。在第二个星期，向董事会提交你的报告。如果这家公司并非无药可医，就在报告中提出签订挽救合同的事宜。
2. 如果他们聘请了你，你们就是同舟共济的团队了。现在你无需仔细地向董事会解释每一步行动的意义，你所要做的就是专心致志地开始实施你的方案。如果他们没有接受你，你不过只损失了一个星期的时间而已。

   有些公司是濒临死亡边缘的。假如这是你的真实感受，当董事会接受了你的建议之后，他们会把你带给他们的每一次小小的成功当成伟大的转折。

如果你看到了希望，就在建议书中写明讨论和签署合约的周期不要超过一个星期。如果他们花了更长的时间，就说明他们尚未感到“疼痛”，或者是肌体已经麻木不仁。如果你是被债权人请来的，就拿你丰厚的酬金好了。如果你是被股东请来的，报酬最好分成薪水和股权两块。

如果董事会已经签署了合约，却在宣布问题上耽搁了几天，你就有必要拜访债权人，在公众接受你之前获得他们的支持，并且你的行动只能让负责此事务的 CEO 知道。

3. 重新谈判贷款问题。在上任的第一个星期立即着手此事，一定要在短时间内获得资金，并为债务偿还能力出具一定的证明。
4. 与公司的管理团队成员会面。基于公司目前的成本和盈利状况，预估公司将会在多久之后关门大吉。确保每个管理人员都沉浸在会议的气氛之中，并把会议延续到深夜。帮助他们认识到，只有变革，大的变革，才是生存的唯一出路。

当晚想出向员工和供货商阐述这个问题的办法，并在次日向大家宣布。

你要是那种具备独特魅力的人，抓住这个机会，重新赋予每个人责任，让大家齐心协力。

莎士比亚坚信，1415 年英王亨利五世于法国北部阿金库尔村重击兵力数倍于己的法军的阿金库尔战役前夜，亨利对下属部队的一番演讲起到了关键的作用。战争将在克里斯宾节（St. Crispin’s Day）的那一天爆发，恰好是英国的假日，亨利的部队在法国的土地上，忍饥挨饿，装备不良，人困马乏。法国军队有 6 万之众，而英军只有区区 12 000 人。他的堂弟希望再加 1 万人，亨利作了答复，他向所有的指挥官说道：

是谁提出的请求？

是我的堂弟威斯特摩兰多（Westmoreland），不，我亲爱的堂弟。

如果我们注定失败，这足够美丽的英格兰为我们伤心哭泣。如果上天让我们活下来，我们的人越少，所享受的光荣就越多。

上帝也不会再为我们增加一个人。

我不在乎谁领受了我的黄金作为参战的赏赐，也不在乎是谁穿上了作战的盔甲。

在我心中，没有思考这些事情的空间。

如果渴望荣耀是一种罪过，那么我就是世界上最尚武最可怪罪的灵魂。

不，我忠实的堂弟，不要再从英格兰调来一兵一卒。

上帝知道我的心，我不会让任何一个新来的人从我这里拿走哪怕一丁点战争的荣耀。我现在最大的愿望，就是不要多加一个人。

在开战之前，威斯特摩兰多，我声明任何一个为这场战争担忧害怕的人，现在就可以离开。我们会在他的钱包塞上足够的金币，并安排他安全返乡。

我们不会在那种人的陪伴下慷慨赴死的，他们也害怕和我们一起面对死亡的威胁。

明天将是克里斯宾的节日。

那些生还的人们，将荣归故里，在值得永远铭记的这一日，回首豪迈的往事。他们会在垂垂老矣的那一天，向邻里子孙讲述他身上伤疤的来历。

在一切往事如云烟的年纪，他仍能记得今日的壮举。我们的名字将会在人们中间口耳相传，亨利国王、白德夫（Bedfor）、艾科斯塔（Exeter）、瓦威克（Warwick）、泰伯特（Talbot）、塞利斯百瑞（Salisbury）、格勒赤斯特（Glouchester）……

所有的一切都将会流芳百世。

我们的故事将是讲述给儿孙最好的故事，克里斯宾日的伟大意义将会永生，直至这个世界毁灭之时，而我们，这些参战的勇士，将会获得无限的荣光。

我的兄弟们，我们虽然人数不多，但是每一位在战场上追随我的人、撒下了热血的人都将是我的兄弟。这一天将会彰显他的伟大，那些在英格兰熟睡的绅士们会为今日的缺席悔恨终生，他们会在别人自豪地说出参加了伟大的克里斯宾之战时，惭愧地低下头颅。

接下来的战役中，有1万名法国士兵化为枯骨，而英军仅阵亡了520人。要是在你的演讲中没有任何自发的掌声，请套用亨利国王的方式，或者类似的办法，一定会为你带了意想不到的效果。

所以，和管理层的人一起，花上几个小时，仔细斟酌你的计划。听取他们的意见，如果的确有充足的理由，就做上一些修改，然后落笔成文，请每位签字。保留好这份文档，当正资金流再次出现时，拿出来庆祝一番。

设定资金流回转的日期，只关注现金的运行，心无旁骛，一定支撑到资金流回转的那一天。关注每一个人，并不是让他们都能在挺过艰难时刻之后享受那片刻的欢欣，而是要他们在战斗的时候都坚守岗位。

5. 约见债权人，向他们解释你的计划。如果存在联盟之类的组织，你也要向他们做些解释。对那些想要知道更多的员工，你要反复阐述你的计划。工作之余、午饭时间、在你的办公室或者会议室，都是恰当的时间和地点。
6. 接管支票本，每周花些时间签支票。你会对你所看到的吃惊，这也会使你保持不断节缩开支和压低成本的好习惯。
7. 清空所有的库存。以一个能够承受的价格，卖掉每件东西，你会了解这些东西究竟价值几何。
8. 代理经营你的应收账款。让那些负责收账的人每个月花上几天时间去要账。开始的时候每个星期花上一天，在经过最初两个月难堪的收账过程之后，把这些杂事交给专门接受应收账款作为短期借贷担保的人或公司来帮你办理。
9. 找出最大的利润空间在哪里。如果书中给出了某些提示，当然更好，但是不要就此坚信不疑。要倾听客户服务活动的反馈，观察销售表现，以及客户的回馈意见或者是取消订单的行为。从中找到究竟是哪一项服务、哪一种产品产生了最大的收益。坐下来，和财务人员认认真真地谈上一会儿，告诉他们你的观察和发现，看他们是否对此认同。

10. 对利润偏低部门采取裁员行动。拍卖或者出租与之相关的空间和设备。允许这些部门的20%最为优秀的员工转移到其他部门和领域工作。大致终止你所经营全部业务的20%，就可以不多花一分钱换取生存的空间。
11. 重新谈判合作条约和租期问题，这是最佳时机。
12. 向供货商展示你的成本结构，赢取更好的条款。
13. 减少采购数量。站在码头或库房的门口，看看究竟买回些什么东西。每月制定紧缩的采购额度，以限制采购行为，每周召开例会，确保一切都在控制之中。
14. 调整销售人员的薪酬比例，降低基本工资，提高销售提成。
15. 对某个人或某个部门的出色表现进行奖励，要么提高薪资，要么晋升职位。在公司的新闻列表中大肆宣传他们的成就。
16. 修补剩余的业务，无论是产品还是服务，让它们变得有利可图。抬高10%的价格，看看会发生什么。如果效果不佳，就降价20%，仔细观察带来的变化。如果这样都不能带来利润，就果断地砍掉这项业务。
17. 取消至少两项新产品开发计划，把精力放在现有的计划之上。
18. 现在该是寻找合适的CEO的时候了。6个星期已经过去了，你对公司的业务也熟悉得差不多了，所以时机来临了。
19. 再做一次业务修整。这次要深入细致，因为这是最后一次调整了。
20. 改变你的信用政策。要么紧缩，要么放松。价格和销售佣金同时做些调整，使之对内部的影响降到最小。
21. 放弃一部分问题客户。
22. 重新回到关键的债权人那里，再次磋商贷款问题。
23. 除掉仍旧存在问题的业务领域。
24. 在第二个月花上两个星期和客户进行电话交流。
25. 调整价格和打折政策。

26. 如果现金回流，在规定还贷的日期之前，偿还关键的供货商或债权人的钱，以此换取一定比例的折扣。让其他的供货商和债权人知晓此事，但不要请求他们也这么做。肯定会有一两个人主动找你，你就好好和他们谈。
27. 在内部开展最佳客服和最佳成本节约的竞赛活动。把他们的照片和事迹登在公司内部刊物上，或者以公司名义请他们进餐，或者周末一起出游。
28. 举行一次公司野餐会。和大家一起烤肉饼，一起做小丑表演，或者玩“三足人”的竞技游戏。
29. 选择一个部门或者服务，将它外包给别人。一定要这么做。
30. 聘请新的 CEO。
31. 抽身引退。给新 CEO 留下你的电话号码，以防万一。

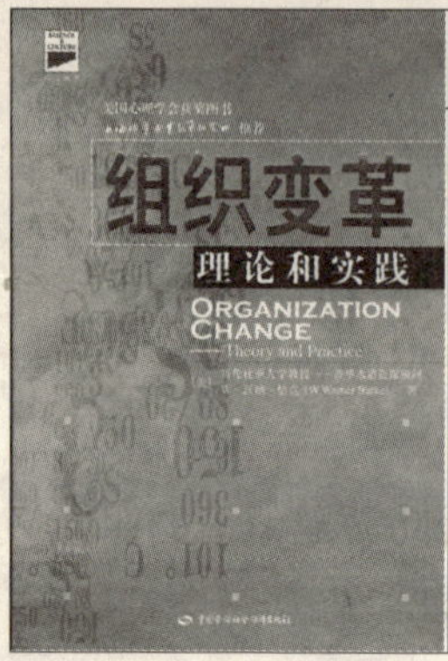


## 《组织变革》 [美] W · 沃纳 · 伯克 著

●中国劳动社会保障出版社 ●16开 ●平装 定价：48.00

**★ 内容简介**

本书对目前已有的组织变革的理论和研究基础进行了总结，包括变革的本质和组织所经历的变革的各种类型。作者回顾了各种模型，包括新提出的伯克—利特温模型，并用案例对如何利用这些模型来对组织变革的有关事宜进行诊断进行了说明。伯克强调有计划的、革命性的而不是逐渐的、进化性的组织变革。他把理论研究与它们在组织变革中各个方面的应用有机地结合了起来。

这本书对于组织变革、组织心理学、产业心理学和组织行为学的学生和讲授MBA课程的教授们来说都极具参考价值。对于那些进行组织分析需要相关参考书的从业人员和咨询顾问阅读本书也将有所裨益。

**★ 关于作者**

W · 沃纳 · 伯克是纽约哥伦比亚大学师范学院组织学和领导学系的心理学和教育学教授和社会组织心理学研究生项目的协调人。他还是普华永道公司（PricewaterhouseCoopers LLP）的组织和变革实践的高级顾问。

## 《退出战略》 [英] 约翰 · 霍基 著

●中国劳动社会保障出版社 ●16开 ●平装 定价：58.00

**★ 内容简介**

对于私营企业主而言，成功地实现企业退出是企业生活中的一件大事。本书将向你展示如何以“麻烦”最少、回报最大的方式实现企业退出。本书是独一无二的，因为作者是站在企业主的立场上，把企业退出计划需要的所有知识都整合到了这本书中。

本书强调了退出计划应有一个坚实的基础，而企业连续经营计划则确保了企业能够平稳交接并为业主带来最大回报。

本书不仅能在现在和未来为你节省时间和金钱，它还能帮助你从毕生的事业中获得最大的回报。

退出战略的制定需要审时度势、谋定而后动。退出战略的时机选择、方式选择需要科学性和艺术性，尤其需要专业的分析方法和工具，随着市场化程度的深入，企业主的退出不再被认为是失败的表现，企业家也有了更多的选择空间。必要时企业家甚至可以借助专业战略咨询机构的指导，并以此推动企业退出。

**★ 关于作者**

约翰 · 霍基，商学硕士，注册会计师，出庭律师，他在商业、咨询等专业领域有丰富的经验，曾担任制造业、出版业的企业经理，也曾拥有自己的企业。他在企业破产和重组方面有多年经验，并从事过15年企业并购、出售和退出战略方面的专业咨询。

## 《服务竞争优势》 [瑞典] 安德斯·古斯塔夫松 等著

●中国劳动社会保障出版社 ●16 开 ●平装 定价：28.00

**★ 内容简介**

对于企业的成功而言，为客户提供创新的、高质量的服务是至关重要的。但是几乎没有几个企业懂得如何制定综合性的服务开发计划。本书为组织设计、建立和完善服务战略和计划提供了一整套行之有效的方法，从而为组织的发展和成功奠定了坚实有力的基础。书中从三个方面帮助企业建立起有效的创新服务计划：保障现有服务质量；改进服务水平；创新服务内容。书中广泛列举了国际领域里各种成功组织的案例和典范——迪斯尼、爱立信、宜家家居、全国便利店协会、丽嘉酒店、北欧航空公司、瑞典泰利亚移动通信公司——这些组织皆因其出色的服务战略和计划而被收录于书。

**★ 关于作者**

安德斯·古斯塔夫松负责教授瑞典卡尔斯泰德大学服务质量管理课程。他是服务研究中心的主任，致力于技术准备、用户驱动型服务活动的研发及以客户为导向的管理模式等课题的研究工作。

## 《企业决策管理》 [美] J·弗兰克·耶茨 著

●中国劳动社会保障出版社 ●16 开 ●平装 定价：24.00

**★ 内容简介**

本书首先讨论了什么是决策管理。书中指出每一个实际决策都需要先解决 10 个重要决策问题。这些问题包括从是否需要此次决策到保证该决策行动的实现等一系列重要元素。如果公司制定了一个极好的决策，这意味着公司的决策者极好地解决了所面临决策中的 10 个重要决策问题。在介绍了一些重要的概念和工具以后，本书的核心部分详细介绍了这 10 个决策前需解决的重要决策问题。书中用现实生活中的具体例子对这 10 个重要决策问题进行了详细的解释。并且根据这些案例给出了管理者可以在自己的管理实践中使用的基本原则和决策管理技术。

**★ 关于作者：**

J·弗兰克·耶茨是密歇根大学商学院工商管理和营销学教授，获奖教师。他在密歇根大学商学院讲授决策管理达 20 多年，并在许多国外高校——包括北京大学、莱顿大学、东京大学——担任访问教授。他同时还是《行为决策制定》杂志的副主编、判断与决策制定协会的原主席。他写过许多决策方面的文章，并且是许多决策研究方面的期刊的资深编辑，这些期刊包括：《组织行为和人类决策过程》、《应用心理学》以及《医学决策制定》。

## 《普华永道论变革型领导力》 普华永道变革整合小组 编著

●中国劳动社会保障出版社 ●16开 ●平装 定价：48.00

**★内容简介**

本书首先明确地提出了管理当中变革与稳定、分权和控制、个人价值和集体绩效、利润最大化和社会责任的关系这些难点和热点问题；其次，对于如何协调和解决这些看似悖论的问题提出了独到的思路和精辟的见解，是一本不可多得的好书。本书的行文方式不是以理论研究的形式出现的，而是非常注重可读性，注重解决问题，是一本管理领域的经典畅销书。

**★关于作者**

普华永道变革整合小组（The Price Waterhouse Change Integration Team）是一个全球性组织，为全球范围内成千上百个机构客户提供管理咨询服务。该组织帮助世界级公司实施大规模的转型、解决复杂的商业问题，助其获取最优的运作。

## 《明茨伯格论管理》 [美] 亨利·明茨伯格 著

●中国劳动社会保障出版社 ●16开 ●平装 定价：48.00

**★内容简介**

明茨伯格在他以往的著作中革新了我们对“管理者应该做什么”这个问题的理解。如今这本《明茨伯格论管理》中，明茨伯格又拓宽了他的视野，不仅探究了管理的功能，而且还探究了组织本身的功能以及它对社会的意义。这本书表现了这位具有影响力的学者的整体智慧——在战略、组织结构、权力以及政治各个方面。

本书涵盖了明茨伯格曾经在《哈佛商业评论》和其他著名刊物上发表过的最著名的文章，并加入了明茨伯格最新的关于管理和组织的观点。像他的其他代表作一样，本书有望对各个领域的管理都产生广泛的影响。

本书分为三个部分，第一个部分是关于管理的理论，第二部分是关于组织的各种形态，第三部分是关于这个由各种组织构成的社会。

**★关于作者**

亨利·明茨伯格，麦吉尔大学管理学布朗夫曼（Bronfman）教授，欧洲管理学院（INSEAD）组织学教授，战略管理学会（Strategic Management Society）主席。其研究领域主要涉及一般管理学、组织学等，致力于考察管理的本质与模式、组织的形式与战略形成过程。

## 《管理是什么》 [英] 尼尔·格拉斯 著

●中国劳动社会保障出版社 ●16开 ●平装 定价：29.00

**当今的企业管理者们面对太多不实的蛊惑，层出不穷的新思想、新理论目不暇接，真伪难辨。为此，我们为您呈献：**

**《管理是什么——10大管理关键领域的核心思想和方法》**

**⋆ 内容简介**

本书是过去10年管理思想革新的简洁实用的总结。书中对各种新的管理理念做了详尽的介绍，并对如何将之运用到复杂的日常组织中进行了阐述。书中建议管理者从旧有的控制性思维中转变到弹性的、重视网络关系、充满活力并能持续学习的思维中。

本书不是要你抛弃传统的管理实践，它要做的是带领你在纷纭的商业环境中寻找最有效的管理思想，以实现企业绩效的重大突破。

作者在欧洲和美国的成功管理实践保证了本书与实际管理生活的密切接近，为管理者们提供了现实的操作指南。

**⋆ 关于作者**

尼尔·格拉斯（Neil M. Glass）任职于Gemini咨询公司。作为全球知名管理咨询大师，他已成功地为众多欧美企业与公共部门组织设计提高绩效的实施方案。他的管理经验涉足很多主要行业：铁路、航空、汽车制造、制药、保健、食品等。

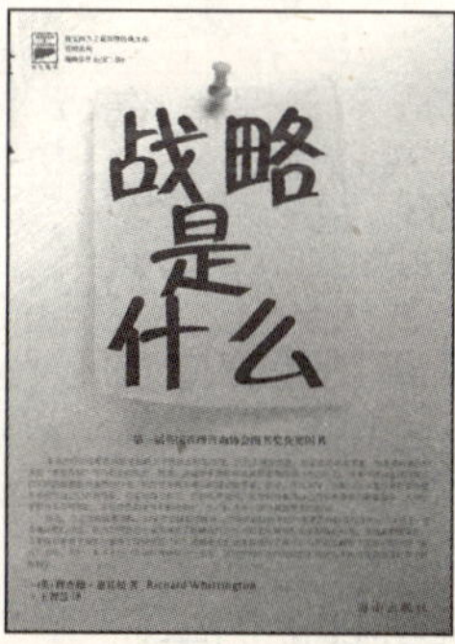


## 《战略是什么》 [美] 理查德·惠廷顿 著

●中国劳动社会保障出版社 ●16开 ●平装 定价：28.00

**好的战略很少意味着做与其他人同样的事情**

**⋆ 内容简介**

为了回答“战略是什么”，作者选择了一种观点综述和对比的方式，细心地将战略管理发展进程中的主要观点划为四种基本分类，古典战略观、进化战略观、过程战略观和系统战略观。

本书的特点是取材广泛，涉及美洲、欧洲、亚洲等多个地区的企业案例和研究状况。这些材料能让读者领会到战略管理理论是如何被现实中的企业所理解和执行的。由于存在以上四种不同的理解前提，企业的执行效果也产生了很大的差异。这将使现实的企业管理者不得不深入地思考自己所采纳的战略前提是什么。

**⋆ 关于作者**

理查德·惠廷顿（Richard Whittington），牛津大学赛德商学院（Said Business School）战略管理教授。他是众多学术管理评论杂志的编辑委员会成员，包括《英国管理杂志》、《欧洲管理杂志》、《组织研究》与《战略性组织》等，并任管理研究发展学会委员会委员。惠廷顿已出版六本著作，发表了许多学术和实践类文章。

SCIENCE & CULTURE

科文工商管理经典文库·管理大师系列

定价：29.00 元

2004 年 10 月出版

# 马斯洛论管理

★ **作者介绍：**

亚伯拉罕·马斯洛，著名心理学家。最初任教于布鲁克林大学，后任布兰戴斯大学心理学系的主任，曾任美国心理学协会的主席。他的需求层次、自我实现理论闻名于世，对于管理学学科的发展有着深远的影响作用，对于德鲁克等管理大师的思想也有很大的影响。

★ **内容介绍：**

亚伯拉罕·马斯洛是人本主义心理学的祖师,他再造了心理学,在心理学的第三思潮中力图把全部的人性回归到科学中去。他最著名的理论：需求层次理论、自我实现、峰值体验等，已经为大家耳熟能详，成为现代心理学不可或缺的一部分。本书是马斯洛挑战美国60年代的管理大师之作。当时的管理大师，如杜拉克、麦格莱高等都把注意力集中于工业化的工作场地，而很少有人关注人的因素。马斯洛最早认识到这个问题，他说：“工业领域也许能够当作心理动力学研究、高级人类发展研究和人类思想生态学研究的新实验室。”本书中马斯洛阐述了他的著名理论在管理中的应用，以及他对于经济学和管理学的心理学思考。本书中马斯洛一直在回答两个问题：人类的本性能够允许怎样的一个社会？社会能够允许怎样的人类本性存在？他的观点很具有颠覆性、穿透性和准确度预见性。一些对于经济学和管理学的反思也饶有趣味，给人耳目一新的感觉。

# 北京科文剑桥图书有限公司

1. **欢迎您到当当网或当地新华书店购买本公司的图书**。当当网的送货上门收款城市遍及全北京、天津、上海、沈阳、南京、杭州、广州、深圳、福州、武汉、西安等,更多城市请查询当当网!(www.dangdang.com) 2. **邮购**:一律免收邮寄费;在收到您的汇款后3个工作日内,我公司即挂号发出。如需特快,请另付费。3. **换书**:如果您收到的图书有质量问题,我们将免费为您调换。请于10天之内,将图书和发票一起寄回本公司。我们收到退书,将在3个工作日内为您换发。4. **邮局汇款、联系地址**:北京市东城区安定门外大街208号三利大厦(100011),客户服务E-Mail: kefu@beijingkewen.com 5. **电话**:010－64203023

| 书 名 | 著(译)者 | 定(估)价 | 出版日期 |
|---|---|---|---|
| **营销系列** | | | |
| **新型消费者营销** | (英)苏珊·贝克尔 | 38.00 | 2005.4 |
| **创建强势品牌** | (美)戴维·阿克 | 28.00 | 2004.5 |
| **品牌组合战略** | (美)戴维·阿克 | 58.00 | 2005.5 |
| **谈判是什么** | (英)盖温·肯尼迪 | 29.00 | 2004.10 |
| **服务竞争优势——制定创新型服务战略和计划** | (瑞典)安德斯·古斯塔夫松 麦克尔·约翰逊 | 24.00 | 2004.5 |
| **创意——并非广告人独享的文字饕餮** | (美)詹姆斯·韦伯·杨 | 16.00 | 2004.5 |
| 技术销售顾问实用手册 | (美)里克·格林沃德 詹姆斯·米格伯瑞 | 48.00 | 2004.5 |
| 赢销战 | 李亚编著 | 24.00 | 2004.4 |
| 大客户:识别、选择和管理 | (英)彼得·查维顿 | 29.80 | 2004.1 |
| 聪明人鬼点子系列:提升企业形象 | (英)蒂莫西·RV·福斯特 | 15.00 | 2004.6 |
| 聪明人鬼点子系列:妙用口碑营销 | (美)古德弗瑞·哈瑞斯 格里格瑞·哈瑞斯 | 15.00 | 2004.6 |
| 聪明人鬼点子系列:抓住更多商机 | (英)蒂莫西·RV·福斯特 | 15.00 | 2004.6 |
| 聪明人鬼点子系列:赢得忠诚顾客 | (美)保罗·蒂姆 | 15.00 | 2004.6 |
| 聪明人鬼点子系列:获得更多利润 | (英)大卫·李 | 15.00 | 2004.6 |
| 如何制定营销计划(中英文对照) | (英)约翰·韦斯特伍德 | 24.00 | 2003.5 |
| 广告企划的艺术 | (英)斯蒂尔 | 35.00 | 2003.1(2印) |
| 新产品市场营销 | (美)琳达·平森等 | 29.00 | 2003.1 |
| 旅游业市场营销 | (美)劳乃尔·贝克勒 | 32.00 | 2002.4 |
| 英国IPA广告培训教程 | (英)莱斯利·巴特菲尔德 | 32.00 | 2002.4 |
| 公司广告运作 | (英)罗德里克·怀特 | 24.00 | 2002.1 |
| 少儿用品品牌营销 | (美)基思·德尔·威切欧特 | 16.00 | 2002.1 |
| 赊销管理圣经 | (英)波特·爱德华 | 28.00 | 2002.1 |
| 产品经理的营销计划 | (美)唐纳德·R·莱曼 | 24.00 | 2003.1 |
| 低费用的市场营销 | 英国市场营销协会编 | 26.00 | 2002.1 |
| 创建销售渠道优势 | (美)英伦斯·弗里德曼 | 24.00 | 2002.9 |
| 最大化营销 | (美)斯坦·拉普等 | 25.00 | 2001.2 |
| 向女性推销 | (英)卡罗尔·纳尔森 | 18.00 | 2001.2 |

| 书　名 | 著(译)者 | 定(估)价 | 出版日期 |
|---|---|---|---|
| 市场调研 | (英)保罗·海格等 | 20.00 | 2002.1 |
| BTOB 营销 | (美)拜端·斯丽斯丁 | 30.80 | 2001.10 |
| E-mail 营销 | (美)莎依·金纳德 | 22.80 | 2001.10 |
| 忠诚营销 | (美)凯瑟临·辛德尔 | 24.80 | 2001.10 |
| | 管理系列 | | |
| 管理的现在和未来 | (美)托马斯·科汉　理查德·施马尔茨 | 39.00 | 2005.5 |
| 信息整合的新竞争力 | (美)马克·赫德　拉尔斯·尼贝里 | 28.00 | 2005.5 |
| 6个月扭亏为盈 | (美)加里·萨顿 | 58.00 | 2005.5 |
| 组织变革 | (美)W.沃纳·伯克 | 38.00 | 2005.1 |
| 退出战略 | (英)约翰·霍基 | 58.00 | 2005.1 |
| 凯洛格论技术和创新 | (美)兰杰·格拉特等 | 58.00 | 2004.9 |
| 普华永道论变革型领导力 | 普华永道变革整合小组 | 48.00 | 2004.9 |
| 财富大家 | 湖南卫视《财富中国》栏目组 | 28.00 | 2005.1 |
| 成为更出色的经理 | (英)麦克尔·阿姆斯特朗 | 26.00 | 2004.5 |
| 明茨伯格论管理 | 亨利·明茨伯格 | 48.00 | 2004.5 |
| 企业决策管理 | (美)弗兰克·耶茨 | 24.00 | 2004.3 |
| 管理是什么 | (英)悉尔·M·格拉斯 | 32.00 | 2004.3 |
| 战略是什么 | (英)理查德·惠廷顿 | 28.00 | 2004.3 |
| 公司治理与评级系统 | 李存修　柯承恩 | 48.00 | 2004.1 |
| 公司定位 | (美)杰克·泰斯默 | 25.00 | 2004.1 |
| 企业管理表格手册(附光盘) | 英国企业管理协会编 | 45.00 | 2003.7 |
| 第五项修炼教程:学习型组织的应用 | (美)伯特·弗雷德曼等 | 29.00 | 2003.1 |
| 马斯洛论管理 | (美)亚伯拉罕·马斯洛 | 29.00 | 2004.5 |
| 战略管理方法:定性与定量分析 | (美)若热·瓦斯康塞洛斯·伊·萨 | 22.00 | 2003.1 |
| 产品经理手册 | (英)琳达·葛彻尔斯 | 24.00 | 2002.1 |
| 把公司搬上网:企业网络经营生存指南(精装) | (美)乔纳栗·伊佐 | 20.00 | 2002.1 |
| 跨国经营失败案例 | (美)戴维·A·里克斯 | 14.00 | 2001.2 |
| 美国女经理人的管理策略 | (美)凯罗·加拉赫 | 26.00 | 2002.1 |
| 米奇的魔杖:迪斯尼的经营之道 | (美)比尔·卡波达戈利等 | 19.80 | 2003.2 |
| 战略采购管理 | (美)蒂莫西·M·拉塞特 | 25.00 | 2003.1 |
| 项目经理的 MBA:从策划到成功 | (美)菲利普·特利文 | 24.00 | 2003.1 |
| ISO14000 执行手册 | (美)詹姆斯·哈灵顿 | 28.00 | 2003.1 |
| 管理悖论:高绩效公司的管理革新 | 普华永道变革整合小组 | 29.00 | 2003.1 |
| | 咨询系列 | | |
| 从培训讲台到咨询现场 | (美)凯洛琳·尼尔松 | 28.00 | 2004.5 |
| 高绩效咨询 | (美)罗伯特·谢弗 | 28.00 | 2004.3 |
| 咨询项目建议书写作指南 | (美)赫尔曼·霍尔茨 | 38.00 | 2004.5 |
| 管理咨询:优绩通鉴(第二版) | (英)菲利浦·萨德勒主编 | 48.00 | 2004.1 |

| 书　名 | 著(译)者 | 定(估)价 | 出版日期 |
|---|---|---|---|
| **完美咨询:咨询顾问的圣经** | (美)彼得·布洛克 | 39.00 | 2004.3 |
| **创建咨询公司:从起步到成功** | (美)阿兰·卫斯 | 22.00 | 2004.1 |
| 造就卓越的咨询顾问 | (美)杰伊·A·贝切斯 | 18.00 | 2003.1 |
| **人力资源管理系列** | | | |
| **管人的伪真理** | (美)克利斯·艾吉里斯 | 48.00 | 2005.6 |
| **招聘！招聘！得到你想要的员工** | (美)凯文·克林维克斯　马修·奥康内尔 | 15.00 | 2004.5 |
| **激励！激励！发掘员工最大潜能** | (美)安妮·布鲁斯　詹姆斯·伯比顿 | 15.00 | 2004.5 |
| **培训！培训！推动员工持续进步** | (英)彼得·哈尼罗杰·贝内特 | 15.00 | 2004.5 |
| **绩效！绩效！如何考评员工表现** | (美)罗伯特·巴克沃 | 15.00 | 2004.5 |
| **团队！团队！游戏培养合作精神** | (美)斯沃塞乐姆·撒格莱恩　格伦·帕克 | 15.00 | 2004.5 |
| **转型:与企业战略匹配的人力资源管理** | (美)琳达·霍尔比契 | 45.00 | 2004.3 |
| **留驻核心员工** | (美)利·布拉纳姆 | 22.00 | 2004.1 |
| 高绩效团队训练法 | (英)托马斯·G·克兰 | 18.00 | 2002.1 |
| **创业系列** | | | |
| **青年创业指南:建立和经营自己的企业** | (美)史蒂夫·马若堤 | 29.00 | 2004.4 |
| 合伙还是单干:成功合伙的8个秘密 | (美)阿兹里娜·杰夫 | 25.00 | 2003.1 |
| 创业融资商业计划 | (英)约瑟夫·科万罗等 | 25.00 | 2003.1 |
| **金融·财会系列** | | | |
| **无形财富(精装)** | (美)玛格丽特·布莱尔　史蒂文沃曼 | 38.00 | 2004.5 |
| **无形资产(精装)** | (美)巴鲁·列弗 | 48.00 | 2004.1 |
| 财务报表分析及案例 | (美)科斯特斯等 | 22.00 | 2002.4 |
| 中小企业财务管理 | (英)科林·科罗 | 18.00 | 2002.9 |
| 金融市场风险及监管 | (美)理查德·德尔 | 28.00 | 2002.1 |
| 零重力:高科技风险投资与上市(精装) | (美)史蒂夫·哈蒙 | 45.80 | 2001.2 |
| 英汉证券与金融工程词典 | 陈胜权　圣才 | 68.00 | 2003.1 |
| **个人理财系列** | | | |
| **股票买卖原则** | (美)威廉·欧奈尔 | 29.00 | 2005.5 |
| **笑傲股市(第三版)** | (美)威廉·欧奈尔 | 26.00 | 2004.3 |
| **股票技术分析新思维** | (美)瑞克·贝辛格尔 | 28.00 | 2004.3 |
| **专业投机原理(第三版)** | (美)约克多·斯波朗迪 | 38.00 | 2004.3 |
| **证券混沌操作法** | (美)比尔·威廉姆 | 19.00 | 2004.3 |
| **股票K线战法(第三版)** | (美)史蒂夫·尼森 | 28.00 | 2004.3 |
| 固定收益证券 | (美)布鲁斯·塔克 | 48.00 | 2002.7 |
| 变波投资:筛选下一只超常增长股 | (美)托宾·史密斯 | 15.00 | 2002.1 |
| 财富新时代:投资者如何从未来经济的五大趋势中获利 | (美)布赖恩·S·韦斯伯里 | | |

| 书　名 | 著(译)者 | 定(估)价 | 出版日期 |
|---|---|---|---|
| 与财富有约:个人投资组合方略 | (美)塞米尔·凯斯 | 24.00 | 2001.9 |
| 汇市圣经 | 黄荣灿 | 19.00 | 2001.9 |
| **传媒管理系列** | | | |
| **报纸经营与管理** | (美)康拉德·芬克著 | 45.00 | 即将出版 |
| **杂志经营与管理** | (美)谢里尔·伍达德著 | 32.00 | 即将出版 |
| **电台经营与管理** | (美)迈克尔·基斯 | 45.00 | 即将出版 |
| **高管商学院** | | | |
| **数据挖掘** | (美)迈克尔·贝里 | 48.00 | 2004.10 |
| **税收与企业战略** | (美)迈伦·斯科尔斯 | 45.00 | 2004.10 |
| **价值评估** | (美)阿斯沃斯·达蒙德理 | 45.00 | 2004.10 |
| **运作管理** | (美)罗杰·施罗德 | 48.00 | 2004.10 |
| **产品管理** | (美)唐纳德·莱曼 | 48.00 | 2004.10 |
| **公司治理** | (美)罗伯特·蒙克斯 | 48.00 | 2004.10 |
| **战略人力资源管理** | (美)杰弗里·梅洛 | 42.00 | 2004.10 |
| **全美最新工商管理权威教材系列** | | | |
| **战略管理(第13版)** | (美)亚瑟·A·汤姆森 | 43.00 | 2005.5 |
| 精通战略——企业战略前沿问题 | 芝加哥大学商学院等合著 | 68.00 | 2004.5 |
| 管理学(第5版) | (美)托马斯·S·贝特曼 | 53.00 | 2003.9(5印) |
| **公司治理(第2版)** | (美)罗伯特·蒙古斯 | 39.00 | 2004.1(首印) |
| **经济学(第14版)** | (美)坎贝尔·R·麦克康奈尔 | 69.00 | 2004.6 |
| **战略人力资源管理** | (美)杰弗里·梅洛 | 39.00 | 2004.5 |
| **商业和经济统计学** | (美)詹姆斯·麦克莱夫 | 79.00 | 即将出版 |
| **营销精要(第8版)** | (美)威廉·D·皮诺特 | 59.00 | 2004.6 |
| **市场营销管理** | (美)约翰·A·昆克 | 49.00 | 2004.6 |
| **销售队伍管理(第10版)** | (美)斯坦顿 | 39.00 | 2004.6 |
| **产品管理(第2版)** | (美)唐纳德·R·莱曼 | 39.00 | 2004.6 |
| **营销调研(第7版)** | (美)戴维·阿克 | 69.00 | 2004.1(首印) |
| **数据挖掘** | (美)迈克尔·贝里 | 38.00 | 2004.1(首印) |
| **税收和企业战略(第2版)** | (美)斯科尔斯 | 49.00 | 2004.1(首印) |
| 价值评估 | (美)达蒙德理 | 43.00 | 2003.1(首印) |
| **投资学** | (美)汉姆·列维 | 69.00 | 2004.6 |
| **精通投资——全球投资前沿问题** | (英)詹姆斯·皮克福德主编 | 68.00 | 2004.5 |
| 财务案例(第11版) | (美)W·凯斯特 | 58.00 | 2004.6 |
| 会计学(第9版) | (美)罗伯特·N·安索尼 | 29.00 | 2004.6 |
| **管理会计(第4版)** | (美)唐·R·汉森 | 69.00 | 2004.6 |
| 财务报表分析(第5版) | (美)伯恩斯坦 | 38.00 | 2002.3(3印) |
| 运作管理(第4版) | (美)罗杰·施罗德 | 59.00 | 2003.9(3印) |
| 财务管理分析(新版·第6版) | (美)罗伯特·G·希金斯 | 38.00 | 2003.1(首印) |